Joseph
Leoni

Vergessenes Bayern

hrsg. von Dr. Ingvild Richardsen und Prof. Dr. Waldemar Fromm

Christian Lehmann

Joseph Leoni

Ein Italiener am Starnberger See

Volk Verlag München

Die Buchreihe *Vergessenes Bayern* wird gefördert von:

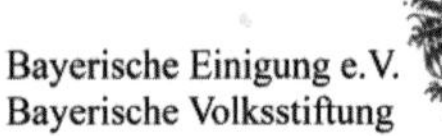

Die Deutsche Bibliothek verzeichnet diese Publikation in der Deutschen Nationalbibliografie; detaillierte bibliografische Daten sind im Internet über http://dnb.ddb.de abrufbar.

Neumarkter Straße 23; 81673 München
Tel. 089 / 420 79 69 876; Fax: 089 / 420 79 69 86
Druck: Himmer, Augsburg

ISBN 978-3-86222-251-3
www.volkverlag.de

Inhaltsverzeichnis

Leoni: ein Name, den man kennt

> Auf dieser Stelle nun, wo ehevor nur eine unbedeutende, jetzt noch vorhandene Fischerhütte stand, haben sich in den jüngsten sechs Jahren mehrere Verehrer und Freunde des liebreizenden Starnberger-Sees angesiedelt, und nach und nach auf derselben geschmackvolle Lusthäuser erbaut, die jetzt zusammen eine höchst elegante und überraschende, im Sommer ungemein belebte Kolonie bilden, welche die Zierde des Sees ist. Den ersten Impuls zur Gründung dieser kleinen Pflanzstadt gab der königl. pensionirte Hofmusikus Herr Leoni, welcher hier i. J. 1825 eine allerliebste, im italienischen Geschmacke angelegte und mit einem bedeckten Balkone versehene Villa erbaute, dieselbe mit englischen Parthien umgab und sofort Leonihausen nannte. [...] Man findet in Leonihausen schöne Zimmer, herrliche Betten und eine Bedienung, welche nichts zu wünschen übrig läßt; bei günstiger Witterung im Sommer versammelt sich hier viele Gesellschaft aus den gebildeten Ständen der Haupt- und Residenzstadt; es wird table d'hôte gespeist, und Madame Leoni sucht als Köchin ihres Gleichen; überhaupt fühlt man sich in Leonihausen bald heimisch, und man glaubt nicht in einem Gasthause, sondern im Zirkel einer befreundeten Familie zu leben. Herr Leoni überreicht den Fremden Karten, auf welchen die Villa, in Kupfer ausgeführt, dargestellt ist und die Worte zu lesen sind:
>
> Erfrischung; Aufenthalt mit Freundlichkeit gepaart;
> Ein unbeschränktes Thun, nach Jedens eigner Art;
> Und den Naturgenuß vom schönsten Standpunkt aus –
> Erbiethet, sonder Zier, dies freundlich-kleine Haus.

Diese ebenso anschauliche wie charmante Schilderung stammt aus der Feder des bayerischen Schriftstellers Adolph von Schaden, der sich Anfang des 19. Jahrhunderts mit der Veröffentlichung von Reisehandbüchern einen Namen machte. „Nach einem längeren Aufenthalte am See" schrieb von Schaden 1832 die *Neueste topographisch-statistisch-humoristische Beschreibung des Würm- oder Starnberger-Sees, seiner Ufer und interessanten Umgebungen.* Darin nennt von Schaden zum ersten

Mal einen Ortsnamen, der zuvor nicht existierte: „Leonihausen". Wenig später wurde daraus einfach „Leoni".

Leoni, Ortsteil der Gemeinde Berg am Starnberger See, ist heute in München und Umgebung ein Begriff: beliebtes Ausflugsziel, Anlegestelle der Starnberger Seeschifffahrt, Café, Fischverkauf, Bootsverleih. An der Stelle des „freundlich-kleinen" Gasthauses heute ein nicht so kleines Hotel. Tausend Schritte nordwärts im Schlosspark Berg die Votivkapelle für König Ludwig II. und das Holzkreuz im See, wo der Märchenkönig im Juni 1886 ums Leben kam; tausend Schritte in die entgegengesetzte Richtung den Hügel hinauf die imposante Rottmannshöhe, früher Hotel mit Seilbahnanbindung zum Dampfersteg, heute Klinik. Unten am See eine Dependance der Münchner Volkshochschule mit ganzjährigem Seminarbetrieb. An der Uferstraße und am Hang malerische Villen mit parkartigen, verwunschenen Gärten.

Kein Geringerer als Karl Valentin kalauerte einst über diesen Ort: „Am linken Ufer des Sees liegt eine Leoni, kurz genannt Leoni. Wie in Neuyork, so landen auch hier stündlich Dampfschiffe." Ob die Lyoner Wurst im Volksmund Leoni getauft wurde, weil ihre Bezeichnung in den Ohren der Bayern so ähnlich klang wie der italienische Name, den sie vom Starnberger See kannten, wissen wir nicht. Der weltstädtische Rummel am See jedenfalls, auf den Karl Valentin 1938 anspielte, nahm mehr als hundert Jahre früher seinen Anfang – in Leoni.

Seit der zweiten Hälfte des 19. Jahrhunderts ist der Starnberger See nicht nur eines der beliebtesten Naherholungsziele der Münchner, sondern auch ein bevorzugter Wohnort wohlhabender Bürger. Künstler und Fabrikanten ließen sich an den Ufern nieder und bauten sich großzügige, individuelle Landhäuser für den Sommer am See. Nach dem Zweiten Weltkrieg kam die Prominenz von Film und Fernsehen. Auch heute gilt der Starnberger See als Kolonie der Reichen, Schönen und Berühmten, der Schickeria. Wie alle Klischees stimmt auch dieses nur zum Teil, aber tatsächlich belegt der Landkreis Starnberg immer wieder den ersten Platz unter den Regionen mit dem rechnerisch höchsten Pro-Kopf-Einkommen in Deutschland. Auch beim Zahlenverhältnis von Autos zu Einwohnern liegt Starnberg gut im Rennen.

Eine erstaunliche Entwicklung, wenn man sich vergegenwärtigt, dass diese Region zur Zeit Adolph von Schadens eine wirtschaftlich schwache, unterentwickelte Gegend war. Am Ufer des Würmsees standen keine Villen, sondern ärmliche Fischerhütten. Die Landwirtschaft gab wenig her, die Schlösser am See wurden vernachlässigt, Fremdenverkehr spielte kaum eine Rolle.

Am Ostufer, südlich des nur zeitweise bewohnten Schlosses Berg, lag ein verschlafener Weiler aus drei kleinen Bauern- und Fischerhäusern, einigermaßen bequem erreichbar nur mit dem Ruderboot. Genau dieser Ort ist der Schauplatz der wundersamen Verwandlung, die von Schaden 1832 beschreibt: die Verwandlung des Fischerweilers Assenbuch in einen Anziehungspunkt für die „gebildeten Stände der Haupt- und Residenzstadt", in die „höchst elegante und überraschende, im Sommer ungemein belebte Kolonie, welche die Zierde des Sees ist" – Leonihausen.

Schon von Schadens kurze Schilderung verdeutlicht die Schlüsselrolle dieses Ortes: Leonihausen ist die Keimzelle der bürgerlichen Entdeckung des Starnberger Sees.

Aber was wissen wir über den Mann, der dem Ort seinen italienischen Namen gab? Die Auskünfte der Chroniken und der Reiseliteratur über die Person Leoni sind spärlich und lassen sich in groben Zügen so zusammenfassen: Giuseppe Leoni, gefeierter Opernsänger am Münchner Hoftheater und Spross eines italienischen Adelsgeschlechts, erbte von einem Verehrer seiner Gesangskunst, dem Staatsrat Franz von Krenner, jenes Landhaus am See – oder erbaute es neu (hier gehen die Überlieferungen auseinander). Dort ließ sich der Sänger nach seinem Abschied von der Oper nieder und eröffnete mit seiner Frau eine Pension mit Restaurant.

Bereits diese dürftigen Informationen bestehen nur zur Hälfte aus Wahrheit. Die andere Hälfte ist Dichtung – und der größte Teil der Geschichte fehlt.

Die schlechte Überlieferung der Biografie des 1834 verstorbenen Musikers steht in einem Missverhältnis zur Bekanntheit des Ortes. Diese Schieflage könnte ein Grund dafür sein, dass die Person Leoni später etwas verklärt worden ist – und vielleicht hat der Sänger dazu schon zu Lebzeiten selbst ein wenig beigetragen.

Doch die Details, die bei historischer Detektivarbeit über Joseph Leoni, seine beiden Ehefrauen und seinen Freund und Gönner, den Staatsrat von Krenner, zutage kommen, lassen das bunte, schillernde Mosaik einer wechselvollen Lebensgeschichte in einer Epoche großer historischer Umbrüche entstehen. Leonis Geschichte ist noch nie ausführlich erzählt worden. Dies soll nun ohne Schönfärberei geschehen, auch wenn dabei ein anderes Bild des sizilianisch-bayerischen Sängers und Gastwirts sichtbar werden mag als das, was wir uns bisher gemacht haben.

Von Palermo nach München

Die Mittwochsausgabe der täglich erscheinenden *Kurfürstlich gnädigst privilegirten Münchner Zeitung* ist ein Anzeigenblatt mit verschiedensten Verkaufsannoncen und mit der Bekanntmachung, wer in der letzten Woche in welcher Gaststätte in München Quartier genommen hat.

Am Mittwoch, den 12. Lenzmonat (März) 1788 ist unter der „Anzeige der hier angekommenen Fremden“ zu lesen, dass bei Herrn Albert, Weingastgeber zum Schwarzen Adler in der Kaufingergasse am 7. desselben Monats Gäste aus Italien angekommen sind: „Madam. Leoni, eine Sängerin, mit Madm. Tochter, von Rom. Herr Leoni, Baßist von Rom, mit Madm. Schwester. Herr Guglielmini, Tenorist von Bologna.“

Der Gasthof Schwarzer Adler ist eine der ersten Adressen in München. Hier logieren wohlhabende Kaufleute, Adelige und Prominente, manchmal inkognito.

Eineinhalb Jahre zuvor, am 6. September 1786, nimmt hier ein gewisser „Herr Möller, Kaufmann von Leipzig“ Quartier. Hinter dem auffällig unauffälligen Namen verbirgt sich der Finanzminister des Herzogs von Sachsen-Weimar-Eisenach, Johann Wolfgang von Goethe, der unbehelligt nach Italien weiterreisen will, um sich dort endlich wieder der Kunst zu widmen. Doch das ist eine andere Geschichte.

5) Bei Hrn. Albert, Weingastgeber zum schwarzen Adler in der Kaufingergasse.

Den 6ten März. Hr. Nesina, ein Weltpriester, von Bormeo. Den 7ten — Madam. Leoni, eine Sängerin, mit Madm. Tochter, von Rom. Hr. Leoni, Baßist von Rom, mit Madm. Schwester. Hr. Guglielmini, Tenorist von Bologna. Den 9ten — Hr. Baron von Schreckenstein, von Freising, mit 1 Bed. Hr. Werthmüller, Kaufm. von Baune.

„Anzeige der hier angekommenen Fremden“ vom 12. März 1788

Der Schwarze Adler ist auch ein ausgesprochen musikalisches Haus. Zwei Randnotizen der Musikgeschichte machen das deutlich: Anfang 1775 hält sich gerade der Dichter und Komponist Christian Friedrich Daniel Schubart in dem Gasthof auf, als der Besitzer des Hauses, der musikliebende Weinwirt und Ratsherr Franz Joseph Albert, zwei bekannte Virtuosen zu einem Wettstreit auf dem Fortepiano in seinem privaten Spiegelsaal einlädt: Ignaz von Beecke, Offizier und Musikintendant des Fürsten zu Oettingen-Wallerstein, sowie den 19-jährigen Wolfgang Amadeus Mozart, der gerade im Münchner Salvatortheater seine Oper *La finta giardiniera* (auf Deutsch meist *Die Gärtnerin aus Liebe*) aufgeführt hat. Nach dem Urteil Schubarts und des Münchner Publikums unterliegt Mozart in dem Wettstreit, was dieser dem Instrument zuschreibt.

Diese ärgerliche Episode hält ihn jedoch nicht davon ab, im Herbst 1777 wieder im Schwarzen Adler zu logieren und bei einer von Herrn Albert veranstalteten „kleinen Schlakademie“ etwas Kammermusik aufzuführen, „auf dem elenden Klavier Nota bene! Auweh! auweh! auweh!“ Zu guter Letzt greift Wolfgang daher lieber zur Violine, und „da schauete Alles groß darein; ich spielte, als wenn ich der größte Geiger in ganz Europa wäre“, berichtet er nach Salzburg an den Herrn Papa.[1]

Weinwirt Albert, der „fürs Große und Schöne enthusiastisch eingenommen ist“,[2] hat schon länger erkannt, welcher Gewinn Mozart für München wäre, und schlägt ihm vor, zehn gute Freunde zusammenzubringen, die ihn mit je einem Dukaten monatlich unterstützen, damit Mozart in München bleiben und von dem Stipendium plus künftigen Aufträgen des Theaterintendanten Graf Joseph Anton von Seeau leben kann, bis er eine feste Anstellung bei der Hofmusik bekommt. Dieses erste geplante Crowdfunding-Projekt der Musikgeschichte zerschlägt sich jedoch.

Der aus einer Musikerfamilie stammende Wirt bemüht sich nicht nur um den jungen Mozart. Regelmäßig stellt er den Saal seines Gasthauses für durchreisende Virtuosen und fahrende Musikanten zur Verfügung. Daher dürfte auch die musikalische Familie Leoni am 7. März 1788 willkommene Gesellschaft sein.

* * *

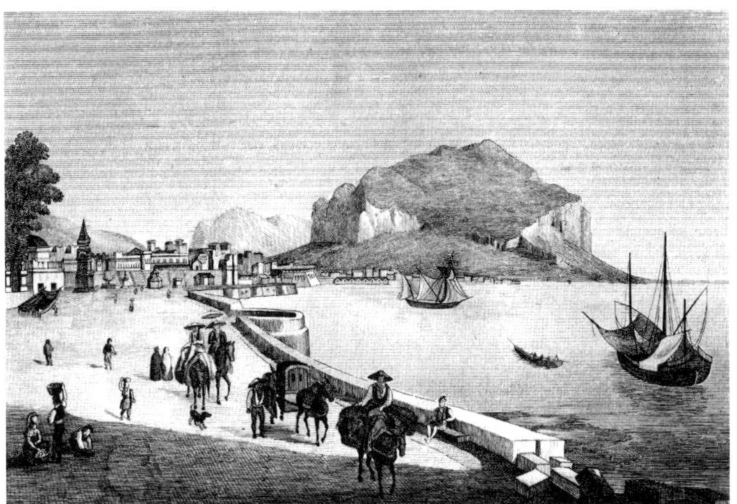

Giuseppe Leonis Herkunft: Palermo mit Monte Pellegrino, Anfang des 19. Jahrhunderts

Doch wer sind diese Leonis, die an diesem Tag im Schwarzen Adler einkehren – und wie viele sind es? Um das zu klären, ist etwas Detektiv- und Puzzlearbeit nötig.

Einige Zeit nach der Ankunft jener italienischen Gäste in München ist in den Kirchenbüchern der Münchner Frauenkirche eine Trauung registriert. Die Bücher werden teilweise auf Latein, teilweise auf Deutsch geführt, manchmal auch gemischt. Hier ist eingetragen, dass „Josephus Leoni panormitanus Nicolai Leoni et Theresiae Coppola conjugum filius legitimus" die Jungfer „Maria Anna, des Anton Schmaus von Mannheim, und Helena dessen Ehegattin eheliche Tochter" geheiratet hat. Der Bräutigam Joseph Leoni (zur Braut später mehr) ist demnach panormitanischer Herkunft – „panormus" ist die lateinische Bezeichnung für die sizilianische Hauptstadt Palermo – und legitimer Sohn der Eheleute Nicolaus (oder Nicola) Leoni und Theresia (oder Teresa) Coppola.

Teresa Coppola Leoni (oder Lione; die Schreibweisen variieren in dieser Zeit) ist in der Musikwelt kein unbeschriebenes Blatt. Vielleicht stammt sie aus der Musikerfamilie Coppola, die sich Ende des 18. Jahrhunderts in Catania auf Sizilien einen Namen macht. Pietro Antonio Coppola wird wie sein Vater Giuseppe Konzertmeister am

Theater in Catania, das später „Teatro Coppola" heißt – übrigens der Ort der Uraufführung der Oper *Norma* von Vincenzo Bellini, dem berühmtesten Sohn der Stadt.

Teresa macht Karriere als Sängerin – keine glänzende, aber eine respektable Karriere. In den 1760er Jahren steht sie auf der Bühne des berühmten Teatro dei Fiorentini in Neapel. Diese Bretter sind das Epizentrum der Opera buffa, also der komischen Oper, die sich dort gerade von der ernsten, tragischen Oper emanzipiert hat. Teresa singt in Neapel vor allem in Opern des seinerzeit überaus populären Komponisten Niccolò Piccinni. Dessen Musik wird zwar heute nicht mehr aufgeführt, sein Name findet sich aber in jedem Musikgeschichtsbuch – im Zusammenhang mit dem vehement geführten Glaubenskrieg, ob denn die italienische oder die französische Oper die höhere Kunst sei.

Teresa Coppola bleibt nicht in Italien. 1768 rekrutiert der Kapellmeister Paolo Scalabrini im ganzen Land Sänger, um ein Ensemble für die Opera buffa zusammenzustellen, und zwar am Königlichen Opernhaus in Kopenhagen. Mit dieser Truppe zieht Teresa im Jahr 1768 mehr als 2.000 Kilometer weit über Land und Meer von Neapel nach Dänemark.

„Sie war nie so gut wie Mademoiselle Torre, aber gewann doch viel Applaus", urteilt der dänische Theaterhistoriker Thomas Overskou. Teresa Torre, ebenfalls mit Scalabrini aus Italien gekommen, wird die gefeierte Primadonna Kopenhagens und später Scalabrinis Ehefrau. Teresa Coppola hingegen singt die zweiten Frauenpartien – und einmal sogar die Partie des „Primo Uomo", die männliche Hauptrolle, die in der Regel mit einem Kastraten besetzt wird.

Am 27. Oktober 1768 besucht der Marineoffizier Peter Schiønning eine Vorstellung von Piccinis *La schiava riconosciuta* (*Die wiedererkannte Sklavin*) und vertraut seinem Tagebuch an: „Madame Leoni sang und war besonders gut; sie konnte nicht die sehr hohen Töne singen, aber sie sang frei, natürlich, und sie war wunderschön."

Wahrscheinlich hat Teresa kurz vor ihrem Umzug nach Kopenhagen Nicola Leoni geheiratet. Noch im Herbst 1766, auf einer Besetzungsliste der Uraufführung von Piccinnis *La molinarella* (*Die Müllerin*) in Neapel, wird die Sängerin nur unter ihrem Mädchennamen Coppola aufgeführt. 1768 in Kopenhagen heißt sie bereits (dem italienischen Namensrecht entsprechend) Coppola Leoni. Welchem Beruf ihr Ehemann Nicola Leoni nachgeht, ob auch er in Dänemark Arbeit gefunden hat – darüber wissen wir nichts.

Die letzten verbürgten Opernaufführungen in Kopenhagen mit Teresa Coppola Leoni, *La buona figliuola* von Piccinni und das Stück *Zenobia* eines nicht benannten Komponisten, werden im Jahr 1770 gegeben. Danach findet sich ihr Name nicht mehr auf Kopenhagener Theaterzetteln. Dort wird bald überhaupt keine italienische Oper mehr gespielt. In den 1770er Jahren ist diese Gattung „out", das dänische Singspiel ist in Mode gekommen.

Wahrscheinlich verlässt Teresa um 1770 Dänemark, um eine Zeit lang mit ihrem Mann am anderen Ende Europas, in Palermo, sesshaft zu werden. Sie bekommt zwei Kinder: Giuseppe Leoni wird um 1770 geboren, seine Schwester Francesca Eleonora nach unbestätigten Angaben 1774. Beide Kinder stammen laut späteren deutschen Kirchenregistern aus Palermo.

Die Sesshaftigkeit währt nicht lange. Im Herbst 1778 singt Teresa Leoni (ihren Mädchennamen Coppola scheint sie jetzt nicht mehr zu verwenden) in Venedig die Hauptrollen in zwei musikalischen Komödien von Giuseppe Gazzaniga. Die Sängerin bleibt im komischen Fach. In dem Stück *Il re de' pazzi* (*Der König der Verrückten*) spielt Teresa die Rolle einer „zimperlichen Verrückten". Gazzanigas Komödien werden an einem der zahlreichen Opernhäuser der Lagunenstadt uraufgeführt, dem Teatro San Giovanni Grisostomo, das allerdings bereits stark an Bedeutung verloren hat und kaum noch Opern auf die Bühne bringt. Jahrzehnte später wird das Theater renoviert und nach der berühmten Sängerin Maria Malibran benannt.

Drei Jahre später zieht es Teresa noch weiter nach Norden – wenn auch nicht ganz so weit wie Kopenhagen. Herzog Karl Wilhelm Ferdinand von Braunschweig engagiert 1781 ein italienisches Opernensemble. Diese „Herzoglich Braunschweigische Hofoperngesellschaft", zu der auch Teresa Leoni gehört, gibt stolze 75 Vorstellungen – „vari drammi giocosi", also diverse komische Opern – pro Jahr! Die Aufführungen finden alle im kleinen fürstlichen Theater Braunschweigs statt, denn das große Theater auf dem Hagenmarkt ist nicht mehr im besten Zustand und muss restauriert werden. Als es

1784 wieder eröffnet wird, zieht auch die italienische Oper dorthin um. Der Hamburger Theaterdirektor Friedrich Ludwig Schröder zählt die Sängerin Leoni noch im Frühjahr 1786 zur Besetzung der „Opera buffa von Braunschweig".

* * *

Dann begegnet uns Teresa Leoni (wir dürfen ziemlich sicher sein, dass sie es ist) erst wieder am 7. März 1788, als sie sich mit ihren beiden Kindern im Gasthof Schwarzer Adler in München einquartiert.

Aber halt: „mit Madm. Tochter" heißt es in der Zeitung und weiter: „Herr Leoni, mit Madm. Schwester"? Wahrscheinlich liegt ein Missverständnis zwischen dem Portier des Weinschenks Albert und dem Boten des Wochenblatts vor. Bei Mademoiselle Tochter der Sängerin und Mademoiselle Schwester des Herrn Leoni handelt es sich um dieselbe Person: um Francesca, etwa 14 Jahre alt.

Als Ausgangspunkt ihrer Reise geben die Leonis Rom an – vielleicht auch aus Prestigegründen? Die Ewige Stadt hatte schon immer einen sehr mondänen Klang.

Aus der Münchner Fremdenanzeige ist weiter zu entnehmen, dass am selben Tag wie die Familie Leoni ein „Herr Guglielmini, Tenorist von Bologna" im Schwarzen Adler eintrifft. Dieses Stelldichein von Landsleuten dürfte kein Zufall sein.

Der toskanischen Familie Guglielmi entstammen Dutzende von Musikern. Ihr bekanntester Spross Pietro Alessandro Guglielmi hat etwa hundert Opern komponiert und feiert in ganz Europa große Erfolge. Als Kapellmeister bekommt Guglielmi überall die besten Sänger für seine Produktionen. Besonders populär wird seine Opera buffa *La sposa fedele*, auch im fernen Kopenhagen, wo sie 1768 auf die Bühne des königlichen Opernhauses kommt – mit Teresa Coppola Leoni als „Seconda Donna"!

Die Musikwissenschaftlerin Emilia Zanetti berichtet in dem ansonsten für akademische Nüchternheit bekannten Lexikon *Musik in Geschichte und Gegenwart* von 1956 etwas indigniert, dass Guglielmi auch nach dem Tode seiner Gattin im Jahr 1782 fortfährt, „Zeit und Geld mit Frauen zu verschwenden und sich bis in sein Alter hinein mit Rivalen zu duellieren." Mehr noch: Er gilt „als einer der besten

Fechter Neapels." Dieser Don Juan hat acht Söhne, von denen mindestens einer „Guglielmini" genannt wird, um die Verwechslungsgefahr wenigstens etwas zu mindern. Einer von diesen, Giacomo, ist als Sänger an verschiedenen großen Opernhäusern und später als Gesangslehrer in Bologna tätig. Er könnte der „Tenorist aus Bologna" sein, aber es kommen auch andere infrage. Ein Guglielmi, Nereo, gehört als Sänger mit Teresa Coppola in den 1760er Jahren zum Ensemble der Neapolitaner Oper, mit einem Giuseppe Guglielmini steht sie in Braunschweig auf der Bühne, und ein Sänger namens Andrea Guglielmi wird 1772 oder 1773 vom Münchner Hoftheater-Intendanten Graf Seeau für eine Saison engagiert. Letzterer wäre also definitiv ein Bindeglied nach München, jedoch attestiert ihm der berühmte englische Musikschriftsteller Charles Burney „gänzlichen Mangel an Stimme", was der Grund für die kurze Dauer seines Gastspiels in München sein könnte.

Welcher Guglielmini die Familie Leoni 1788 von Italien nach München begleitet, wissen wir nicht. Weder er noch Teresa Coppola Leoni erscheinen damals in den musikalischen Annalen Münchens.

Es ist anzunehmen, dass Teresa mit ihrem Sohn Giuseppe nach München kommt, um den jungen Sänger der kurfürstlichen Hofmusik und der Hoftheaterintendanz vorzustellen. Wenn die Mutter über keine unmittelbaren persönlichen Kontakte zur Intendanz verfügt, könnte der Tenor Guglielmini aus Bologna helfen, Türen in der Hofkapelle zu öffnen, vielleicht sogar durch persönliche Beziehungen zu Graf Seeau, der Hofmusik und Hoftheater als Privatunternehmer mit kurfürstlichen Subventionen betreibt. Auch ist Italien personell in der Münchner Musikszene immer noch stark vertreten. Die Leitung der Vokalmusik am kurfürstlichen Hof hat Franz Paul Grua, in Mannheim und in Bologna ausgebildeter Sohn eines italienischen Kapellmeisters. Unter den Sängern der Hofmusik befinden sich mehrere Italiener, vor allem in den Stimmgruppen Sopran und Alt. Hier singen im Jahr 1788 noch sechs italienische Kastraten, Relikte eines bereits aus der Mode gekommenen, bizarren barocken Schönheitskults.

Wie auch immer – die Reise nach München ist von doppeltem Erfolg gekrönt: Fünf Monate nach seiner Ankunft, am 4. August 1788, hat Joseph Leoni die Position eines „churfstl. Hof-Bassista" inne und ist laut Trauungsregister der Münchner Frauenkirche mit „Jgfr. Maria Anna, des Anton Schmaus von Mannheim, und Helena dessen Ehegattin ehelicher Tochter", verheiratet!

Mama Leoni kann bei der Hochzeit ihres Sohnes nicht dabei sein. Sie steht im Sommer 1788 im Teatro Via Santa Maria in Florenz auf der Bühne, in der Hauptrolle einer musikalischen Komödie von Giovanni Paisiello mit dem Titel *La modista raggiratrice*, was so viel heißt wie *Die intrigante Hutmacherin*. Als „Seconda Donna" steht eine Orsola Leoni auf dem Programm – möglicherweise eine weitere Tochter von Teresa, von der wir aber nichts mehr hören werden.

Einer der beiden Trauzeugen sei nebenbei erwähnt, weil er uns später noch einmal im Zusammenhang mit der Braut Maria Anna Schmaus begegnen wird: „Georgius Lambrecht Hofschauspieler churfl. Hofrath", der 1748 in Hamburg geborene Matthias Georg Lambrecht, ein nicht ganz unbekannter deutscher Schauspieler, der nach seinen Anfängen in Hamburg und Wien nach München gekommen ist. Einige Jahre später wird er für kurze Zeit Schauspieldirektor in München.

Wie alt Joseph Leoni zur Zeit seiner Hochzeit ist, lässt sich nur aus späteren Angaben erschließen. Diesen zufolge ist er wahrscheinlich 1770 geboren – wird also mit gerade einmal 18 Jahren als Sänger in einem Ensemble in Dienst gestellt, das in ganz Europa berühmt ist: in der Münchner Hofmusik.

Ein so frühes Engagement als Sänger ist auch zu diesen Zeiten ungewöhnlich, jedenfalls für einen Mann. Ein späterer Münchner Publikumsliebling, die 1799 geborene Sopranistin Klara Metzger, debütiert bereits mit 17 an der Hofoper – doch Leonis Basskollegen (Alois Muck, Anton Schröfl oder Philipp Sedlmayr, um einige Namen zu nennen) sind alle deutlich über 20, als sie in die Hofkapelle aufgenommen werden. Das hat mit der Natur der Männerstimme zu tun. Diese braucht normalerweise nach dem Stimmbruch einige Jahre, um die nötige Reife für den professionellen Gesang zu entwickeln – und zu Leonis Zeit kommen Jungen im Schnitt deutlich später in den Stimmbruch als heute. Der Komponist Joseph Haydn konnte erst mit 17 Jahren nicht mehr im Knabenchor singen. Felix

Joseph von Lipowsky berichtet in seinem *Baierischen Musik-Lexikon* von 1811 über Anton Schröfl, einen prominenten Basskollegen Leonis in der Hofmusik, dass dieser sich als Chorsopranist dürftig ernährt habe, und zwar „bis zum 18. Jahre", als ihm die Stimme brach.

Leonis früher Berufsbeginn als Bassist lässt also Fragen offen: Ist seine Stimme ungewöhnlich früh entwickelt? Lässt seine Mutter oder die Familie Guglielmi gute Beziehungen zur Intendanz spielen? Oder ist Leoni doch schon älter? Auch das ist denkbar, denn die Altersangaben in späteren Dokumenten stammen wahrscheinlich von Leoni selbst – Sänger haben sich schon immer gerne etwas jünger gemacht.

Sicher ist, dass die Hofmusik zu dieser Zeit neue Bässe braucht. Ein Sänger der Stimmgruppe ist gerade verstorben, einer geht in Pension, ein weiterer ist längst pensioniert, singt aber immer noch mit. Intendant Graf von Seeau und Vokalmusik-Leiter Grua dürften froh über Nachwuchssänger sein, denn die Hofmusik ist mit Diensten ausgelastet. Sicher ist aber auch, dass der Italiener Giuseppe Leoni im Jahr 1788 nicht für die italienische Oper engagiert wird. Die Tradition, jedes Jahr zur Karnevalssaison eine neue große italienische Oper auf die Hofbühne zu bringen, ist nämlich soeben auf Erlass des Kurfürsten Karl Theodor bis auf Weiteres ausgesetzt worden. Der Kurfürst sieht sich als Förderer einer deutschen Kulturbewegung, die landessprachliches Theater und Singspiel voranbringen möchte. Diese Bewegung hat noch wenig zu tun mit späteren staatspolitischen Ambitionen (der deutsche Nationalstaat liegt noch in weiter Ferne), sondern ist eher zu verstehen als Entwicklungshilfe für die noch wenig erblühten, hausbackenen, deutschsprachigen Gattungen im Schatten einer schon 150 Jahre währenden Opern-Hochkultur, die ausschließlich auf Italienisch stattfindet und mittlerweile als Relikt einer antiquierten höfischen Mode gilt.

Hofmusik und Hoftheater in München: Italienische Oper und Mannheimer Schule

Die bayerische Residenzstadt begründete ihren Ruhm als europäisches Musikzentrum im Jahr 1563, als Herzog Albrecht V. den bekanntesten Musiker seiner Zeit an die Spitze der Münchner Hofkapelle stellte: Orlando di Lasso, der aus der Wallonie stammte.

Ein Jahrhundert später war der Münchner Hof wie fast ganz Europa kulturell auf Italien eingestellt. Die barocken Kurfürsten Ferdinand Maria und Max Emanuel holten italienische Baumeister nach München, unter deren Regie das Schloss Nymphenburg, die Theatinerkirche oder auch das kurfürstliche Lustschiff Bucentaur auf dem Starnberger See entstanden. Mit Adelaide von Savoyen, der kunstbegeisterten Gemahlin des Kurfürsten Ferdinand Maria, hielt 1653 die italienische Oper Einzug in München. Seitdem hatte die Hofmusik, also das am kurfürstlichen Hof beschäftigte Orchester und Sängerensemble, drei musikalische Aufgabenbereiche: Gottesdienstgestaltung in den Hofkirchen, Konzerte und Oper.

Da der bayerische Kurfürst Maximilian III. Joseph ohne legitime Nachkommen starb, trat im Jahr 1778 Karl Theodor aus der pfälzischen Wittelsbacherlinie das Erbe als Kurfürst von Bayern an. Die Länder Kurpfalz und Bayern wurden zum Doppelkurfürstentum zusammengeschlossen, die Residenz wurde von Mannheim nach München verlegt.

Für das Musikleben Münchens bedeuteten die neuen politischen Verhältnisse eine fulminante Auffrischung: Mit seinem Hofstaat brachte Karl Theodor auch den größten Teil des berühmten Mannheimer Hoforchesters mit. Der prunkliebende Kurfürst hatte Musiker aus Deutschland, Österreich und Böhmen angeworben, die nicht nur brillante Virtuosen waren, sondern auch innovative Ideen hatten. Unter Führung der Kapellmeister und Komponisten Johann Stamitz und Christian Cannabich erfand die „Mannheimer Schule“ bisher nicht gekannte musikalische Effekte.

„Kein Orchester der Welt hat es je in der Ausführung dem Mannheimer zuvorgethan. Sein Forte ist ein Donner, sein Crescendo ein Catarakt, sein Dimenuendo – ein in die Ferne hin plätschernder Krystallfluss, sein Piano ein Frühlingshauch“,[3] so berichtet der Dichter und Musiker Christian Friedrich Daniel Schubart 1784. Der überwältigende musikalische Eindruck setzte höchste Disziplin und Präzision voraus. Charles Burney, der für seine musikalischen Reisebeschreibungen berühmte Engländer, nannte das Orchester eine „Armee von Generälen“.[4] Diese Armee musste 1778 mit der eher gemütlichen Münchner Hofkapelle fusionieren. Nach mehr als hundert Jahren unter italienischer Stabführung übernahm Christian Cannabich die Leitung der Münchner Hofkapelle. Einige Münchner Musiker wurden in den Ruhestand versetzt oder entlassen. Auch das Schauspielensemble mit seinem Prinzipal Theobald Marchand und das Hofballett unter Leitung des französischen Choreografen Étienne Lauchery zogen von Mannheim nach München um.

Nach der Fusion bestand das Orchester zu etwa drei Vierteln aus Mannheimern. Die Konzertmeister Ferdinand Fränzl und Joseph Moralt stammten ebenso aus der Mannheimer Schule wie die Kapellmeister Franz Paul Grua und Peter von Winter, die ab 1788 mehr als drei Jahrzehnte lang der Vokalmusik vorstanden. Winter war vor allem als Komponist einer der populärsten Opern des frühen 19. Jahrhunderts bekannt: *Das unterbrochene Opferfest* – ein Singspiel mit exotischem Sujet, zuletzt aufgeführt im Jahr 1917.

Die kirchenmusikalischen Dienste der Hofmusik konzentrierten sich vor allem auf die Hofkapelle der Residenz, in der die Messen für die Herrscherfamilie und den Hofstaat stattfanden. Jährlich erschien ein Dienstkalender, die „Anzeige, wie die kurfürstlichen Herren Hofmusici das ganze Jahr hindurch in der kurfürstlichen [ab 1806 wurde daraus die königliche] Hofkapelle bey dem Hochamt, der Vesper und Litaney wie auch in anderen Kirchen nach Abtheilung der Wochen zu erscheinen haben“. Daraus geht hervor, dass pro Jahr etwa 250 Dienste (Messen, Vespern, Litaneien und anderes mehr) anfielen, bei denen sich die Musiker in zwei- oder dreiwöchigem Turnus abwechselten. Dabei war die Orchesterbesetzung nach heutigen Maßstäben für Kirchenmusik sehr groß: In der Zeit zwischen 1802 und 1825 spielten im Schnitt je sechs erste und zweite Geigen, je drei Bratschen, Celli, Kontrabässe, Oboen, Traversflöten, Klarinetten und Fagotte, vier Hörner und ein Organist. In der Vokalmusik standen in der Zeit um 1800 insgesamt etwa 30 Sängerinnen und Sänger zur Verfügung, die sich ebenfalls abwechselten. Aufgeführt wurden vorwiegend Werke der Münchner und Mannheimer Hauskomponisten Franz Paul Grua, Peter von Winter und Abbé Vogler.

„Sollte es sich ereignen, daß ein oder das andere Individuum der Vokal- oder Instrumental-Musik durch Geschäft oder Krankheit vom Dienste abgehalten würde", so hatte der Musiker dies anzumelden. Doch die Disziplin der Musiker ließ zu wünschen übrig. Nicht sehr beliebt waren offenbar Abenddienste. Ab 1814 wurde darauf hingewiesen, „daß der Abend-Kirchendienst künftighin auf allerhöchsten Befehl ebenso vollständig und mit gleicher Würde wie jener bey den Hochämtern geschehen soll; nicht minder, daß aller Lärm und das laute Geschwätz, so wie das so übel lautende vielfältige Stimmen und Praeambuliren ein für Allemal zu vermeiden sey." So verfassten die musikalischen Leiter besondere Dienstlisten, „nach welcher ein jedes Individuum ohne Ausnahm oder Wiederrede bey den angesagten Abenddiensten pünktlich zu erscheinen hat."

Im Dienst bei Hofe trugen die Hofmusiker Uniformen. Nach einem Regulativ von 1814 (das ein älteres von 1807 ablöste) wurde festgelegt, dass „die Gallakleidung Unserer Hofmusik aus einem dunkelblauen, nur auf dem scharlachrothen stehenden Kragen und dergleichen Aermelaufschlägen, dann auf den Taschenklappen in Gold gestickten Rocke" bestehen solle. Die goldene Stickerei auf dem Kragen und auf den Taschenklappen zeigte eine „antike Leier"[5].

Das zunehmende Selbstbewusstein des Bürgertums im späten 18. Jahrhundert spiegelte sich auch im Musikleben Münchens. Kunstmusik, bislang vornehmlich Sache des Hofes und der Kirche, erklang nun auch in bürgerlichem Rahmen. Im Gasthof Schwarzer Adler in der Kaufingergasse ließ der aus einer Musikerfamilie stammende Gastwirt Albert bekannte Virtuosen auftreten, unter ihnen Wolfgang Amadeus Mozart. Auch die Hofmusik stieg ins bürgerliche Musikleben ein und gab seit 1783 auf Initiative von Christian Cannabich öffentliche „Liebhaberkonzerte". 1802 konstituierten sich die Gesellschaften „Harmonie" und „Museum", in denen auch musikalische Unterhaltungen mit der Hofkapelle gegeben wurden – in der „Harmonie" unter Winters Leitung, im „Museum" unter seinem Kollegen Ferdinand Fränzl.

1811 initiierten mehrere Hofmusiker die Abonnement-Konzertreihe der „Musikalischen Akademie" im königlichen Redoutensaal in der Prannerstraße. Den Saal gibt es nicht mehr, aber die Reihe der „Akademiekonzerte" des Bayerischen Staatsorchesters wird bis heute fortgeführt.

Die glanzvollste Aufgabe der Hofmusiker aber war die Oper. Bereits Kurfürst Ferdinand Maria ließ einen alten Kornspeicher am Salvatorplatz zum Barocktheater umgestalten. So besaß München um die Mitte des 17. Jahrhunderts mit dem „Haberkasten" das erste frei stehende Opernhaus Deutschlands. Hundert Jahre später, 1753, kam das prächtige Residenztheater im Rokoko-Stil hinzu, heute nach seinem Baumeister Cuvilliés-Theater genannt. Italienische Oper und deutsches Singspiel waren getrennte Sparten. Im Cuvilliés-Theater wurde jedes Jahr zur Karnevalszeit eine neue große italienische Oper auf die Bühne gebracht. 1781 war das Mozarts *Idomeneo*: aus heutiger Sicht eine Sternstunde der Musikgeschichte Münchens, damals eher eine Randnotiz. 1788 hob Kurfürst Karl Theodor die italienische Oper auf; 1805 ordnete sein Nachfolger Max Joseph an, jährlich wieder zwei große italienische Opern zu geben. Ab 1795 spielte auch das deutsche Theater im Residenztheater, denn das Salvatortheater war baufällig geworden und wurde 1802 abgerissen. 1818 wurde das neue Opernhaus am Max-Joseph-Platz eröffnet, das noch heute Sitz der bayerischen Staatsoper ist.

„Am höchsten stieg Kunst und Pracht [...] vom Jahre 1806 an, als Cannabich, Fränzl und vorzüglich Winter, der berühmte Tonsetzer und Hofkapellmeister, großen Einfluß auf die Oper übten und Moralt die Musikproduktionen leitete, als die berühmten Sänger Brizzi und Löhle mit anderen und die Sängerinnen Harlas und Metzger glänzten; als die ersten Mimen: Eßlair, Urban und Vespermann mit unübertrefflicher Kraft spielten und die italienische Oper noch im vollen Glanze blühte", meint Johann Michael Soeltl 1837 und nennt dabei mehrere Namen, die uns auch im Umfeld von Joseph Leoni begegnen.[6]

Andere sehen in der Musikgeschichte Münchens auch eine Geschichte der verpassten Gelegenheiten: 1777 teilte Kurfürst Max III. Joseph dem jungen Mozart, der München gerne „Ehre gemacht" hätte, bedauernd mit, es sei „keine Vacatur da". Carl Maria von Weber hingegen hätte im Jahr 1811 eine Stelle als Kapellmeister in München bekommen können, doch er wollte sich noch nicht festlegen. So sollte es noch bis zum Jahr 1864 dauern, dass München durch die außergewöhnliche Symbiose von König Ludwig II. und Richard Wagner wieder zu einer bedeutenden Musikstadt wurde.

Aus Mademoiselle Schmaus wird Madame Leoni

Gewohnheitsmäßig verschweigt das Kirchenbuch den Beruf von Joseph Leonis Braut. Doch diese ist bereits deutlich arrivierter als ihr Mann. Sie hat zum Zeitpunkt der Hochzeit zehn Jahre Berufserfahrung hinter sich und ist in München keine Unbekannte.

Maria Anna Schmaus wird am 18. April 1765 in Mannheim geboren und in der Jesuitenkirche St. Ignatius katholisch getauft. In derselben Pfarrei ist am 25. Juni 1759 die Heirat ihrer Eltern registriert, des Katholiken Anton Schmaus mit Helena Schwab, einer „Lutherana". Solche sogenannten Mischehen gibt es in der kurpfälzischen Residenzstadt mit protestantischer Mehrheitsbevölkerung öfter. Im Heiratseintrag ist vermerkt, dass die Eltern Schmaus sich darauf geeinigt haben, ihre Kinder im katholischen Glauben zu erziehen.

Im Jahr 1776 besucht Kurfürst Karl Theodor in Mannheim inkognito eine Vorstellung des Schauspieldirektors Theobald Marchand und seiner deutschen Theatergesellschaft. Daraufhin entlässt er kurzerhand die bisherige französische Schauspieltruppe und beschließt nach mehreren Konferenzen mit gelehrten Beratern (darunter die Dichter Lessing und Wieland):

1) Marchand soll mit seiner ganzen Gesellschaft in churfürstliche Dienste und Gehalt übergehen, und in jeder Woche drei Mal deutsche Schauspiele, Opern und kleine Ballete abwechselnd geben.
2) Die Gesellschaft soll sich in Zukunft durch eingeborne churpfälzische Landeskinder ergänzen, daher auch der Schauspiel-Director Marchand gehalten wäre, die dazu Lust und Talente zeigenden jungen Leute unentgeldich in der Schauspielkunst zu unterrichten.
3) Jene Kinder aus den churpfälzischen Staaten, welche sich dem Gesange und der deutschen und italienischen Oper widmen wollen, sollen von den Hofsängerinnen Rosa Hartmuth und Dorothea Wendling Unterricht erhalten.
4) In der Tanzkunst sind Knaben und Mädchen von dem Balletmeister Lauchery zu unterweisen, auch soll jedem derselben, während der Lehre, eine monatliche Unterstützung von zehn Gulden bezahlt werden.

So berichtet es der bayerische Chronist Felix Joseph Lipowsky und setzt an dieser Stelle folgende Fußnote: „In dieser Tanzschule bildeten sich vorzügliche Subjekte, als der nachmalige Balletmeister Peter Crüx, Waimperle, Petri u.s.w., dann die Tänzerinnen Veronika Danner, geborene Kreßler, Margaretha Redwein, Anna Leoni, geborene Schmaus etc."[7]

Ein Brief aus Mannheim vom 12. Juli 1777 spendet der neuen Schauspiel- und Ballettschule uneingeschränktes Lob: Tags zuvor haben die Eleven die Stücke *Die Schottländerin* von Voltaire und *Präsentiert das Gewehr* von J.H.F. Müller aufgeführt und bei den Zuschauern Erstaunen und Beifall ausgelöst. Besonders das zweite Stück gefällt dem in großer Zahl erschienenen Publikum. Als Mitwirkende werden genannt: „Mlle Schmaus" und „Mlle Cors" als Kammermädchen, „Mlle Retwen" und „Mlle Hagenbuch".[8]

Eine Gehaltsliste des kurfürstlichen Balletts vom 11. April 1778 bestätigt die Hinweise, dass Maria Anna Schmaus, noch nicht ganz 13 Jahre alt, bereits in Mannheim – vor der Verlegung des Hofes nach München – zu den Elevinnen des Hofballetts gehört. Unter den Tänzerinnen ist eine „M.lle Schmaussin" mit einer jährlichen Besoldung von 60 Gulden verzeichnet, darunter die ebenfalls schon erwähnte „Melle Redwen" (auch Redwein oder Retwen) mit 40 Gulden. Bei diesen geringen Beträgen dürfte es sich um die Summe der monatlichen Unterstützung von zehn Gulden handeln, die Lipowsky nennt.

Zum Vergleich: Die meisten erwachsenen Tänzerinnen und Tänzer verdienen zwischen 200 und 400 Gulden. Ein Herr Gervais mit 900 Gulden und seine Gemahlin Madame Gervais mit tausend Gulden bewegen sich im obersten Bereich, übertroffen nur von dem jungen Startänzer Peter Antoine Crux, der 1.500 Gulden bezieht, und von den künstlerischen Leitern, den Ballettmeistern Claudius Legrand und Étienne Lauchery. Sie werden mit 1.900 bzw. 2.500 Gulden bezahlt. Lauchery ist eine internationale Größe des Balletts.[9]

Die gesellschaftliche Zeitenwende in der zweiten Hälfte des 18. Jahrhunderts spiegelt sich auch in den Künsten. Die barocke Opera seria mit ihren Formprinzipien und ihrer zum Selbstzweck erstarrten Virtuosität kommt aus der Mode. Die Reform der Gattung Oper zielt auf eine authentische, natürliche Darstellung menschlicher Gefühle und Lei-

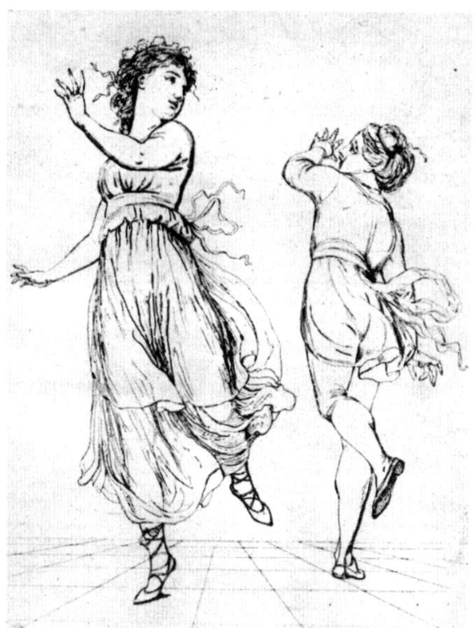

Maria und Salvatore Viganò, Stars des pantomimischen Balletts und Zeitgenossen von Marianna Schmaus-Leoni. Zeichnung von Johann Gottfried Schadow, 1797

denschaften. Und auch im Bühnentanz spielt sich um 1760 eine Revolution ab: Choreografen lösen das Ballett aus seiner am Hof der absolutistischen Könige Frankreichs entstandenen Tradition der Masken, Perücken und pompösen Kostüme und verwirklichen eine neue Idee: das „Handlungsballett". Zuvor meist Zwischenspiel von Opernaufführungen, emanzipiert sich das Ballett zur eigenständigen dramatischen Gattung. Ballettmeister und Komponist entwickeln ein Bühnenstück mit zusammenhängender Handlung, die die Tänzer durch den Ausdruck ihrer Bewegungen darstellen, unterstützt durch die Musik.

Wie in der Musikgeschichte spielt auch in der Tanzgeschichte der kurfürstliche Hof in Mannheim eine bedeutende Rolle. In Zusammenarbeit mit den Kollegen der Hofkapelle kann Ballettmeister Étienne Lauchery, ein Schüler des französischen Tanzreform-Pioniers Jean Georges Noverre, die Synthese des neuen Ballettstils mit den neuartigen musikalischen Effekten der Mannheimer Schule erproben. Der renommierte *Gothaer Theaterkalender* berichtet für das Jahr

1777 über Mannheim: „Die Ballette sind sehr glänzend und vollständig, und die Tänzer werden hier alle selbst gezogen".

So tanzt Maria Anna Schmaus von Kindesbeinen an in eine neue Ära einer Kunstgattung hinein und gestaltet diese mit.

* * *

Höchstwahrscheinlich muss die Dreizehnjährige ihren Lebensunterhalt noch nicht selbst bestreiten – mit einer monatlichen Unterstützung von zehn Gulden wäre das kaum möglich. Doch im Spätsommer 1778 zieht das Hofballett von Mannheim nach München um, und Anna kommt mit. Es gibt zunächst keinen Hinweis darauf, ob ihre Eltern sie begleiten. Ganz ungewöhnlich für diese Zeit wäre der frühe Sprung ins Erwachsenendasein nicht: Dreizehnjährige Handwerkslehrlinge sind keine Seltenheit, und sowohl nach dem Römischen Recht, das vor der Französischen Revolution auch in der Kurpfalz als maßgeblich galt, als auch nach dem Bayerischen Landrecht ist ein Mädchen von über zwölf Jahren im heiratsfähigen Alter.

Jahrzehnte später, im Jahr 1814, können wir den Todesanzeigen im *Königlich Bayerischer Polizey-Anzeiger* entnehmen, dass Helena Schmaus geborene Schwab, die Witwe des Gemäldehändlers Anton Schmaus 76-jährig in München gestorben ist, „in der protestantischen Pfarre". Ob die Eltern Schmaus schon 1778 mit ihrer Tochter nach München gegangen sind, oder ob Anna die Eltern oder vielleicht die verwitwete Mutter später nachgeholt hat, lässt sich nicht mehr feststellen.

Gerade zurück von der Einweihung des neuen Teatro alla Scala in Mailand, zeigt Ballettmeister Étienne Lauchery im Oktober 1778 in München zur Eröffnung der neuen Spielzeit mit dem vereinten Ensemble die Uraufführung des Balletts *Die Liebe des Cortes und der Thelaire* zur Musik von Christian Cannabich. Darin verliebt sich der spanische Eroberer Cortés in eine aztekische Prinzessin. Das neue Ballett des ausgehenden 18. Jahrhunderts wendet sich von antiken und mythologischen Stoffen ab und bevorzugt romantische, oft auch exotische Sujets: ein Genre, in dem Mademoiselle Schmaus, jetzt noch für kleine Nebenrollen besetzt, später große Bewunderung erhalten wird. Wir vertrauen dem Urteil der Tanzkoryphäen Pia und

Pino Mlakar, die Annas Entwicklung so beschreiben: „In den folgenden zehn Jahren hatte sie in vielen Ballettauftritten die Möglichkeit, ihre gut fundierte Technik zu einer Virtuosität zu entwickeln, wie man sie bis dahin auf der Münchner Bühne noch von keiner Tänzerin kannte. Sie hatte die Wendigkeit des Demi-caractère und eine Begabung zum Edelkomischen, wie man es nannte, was ihre Besetzungsmöglichkeiten bereicherte."[10]

Aus aktuellem politischen Anlass kommt im Januar 1779 das pantomimische Ballett *Die Heurath durch Gelegenheit oder die Baierische Lustbarkeit* auf die Bühne des Münchner Salvatortheaters, „auf Befehl Sr. Excellenz Herrn Grafen von Seeau etc. etc., als eine Freudensbezeugung auf die erfolgte glückliche Zurückkunft Sr. Churfürstl. Durchleucht zu Pfalzbaiern etc. etc. in höchstdero baierische Lande verfertiget von Hrn. Balletmeister Lauchery dem Aelteren", wie auf dem Titelblatt des Programms erläutert wird. In dem Stück bewirkt die Freude über die nahende Ankunft des Kurfürsten, dass sich ein Romeo-und-Julia-Konflikt in einem bayerischen Dorf in Wohlgefallen auflöst und glücklich mit einer Hochzeit endet. Die Musik dazu hat der spätere Hofkapellmeister Peter von Winter komponiert. Die knapp 14-jährige „Msll. Schmaus" verkörpert die Tochter des Dorfwirts.

Im Rahmen einer Beschreibung des Münchner Theaterpersonals in den *Annalen der baierischen Litteratur vom Jahr 1781* erwähnt der unbekannte Chronist Anna zunächst unter den Schauspielerinnen: „Mamselle Schmaus spielt Souvreten [im Sprechtheater ist mit Soubrette der Rollentypus einer Kammerzofe gemeint] und ist zugleich eine gute Tänzerinn." Im Ballett *Aeneas und Turnus*, einem Intermezzo in einem Singspiel von Piccinni, sei sie „als Venus mit lautem Beyfalle" aufgetreten. Dazu muss man anmerken, dass dieser Autor sich keineswegs in allgemeiner unkritischer Gefälligkeit ergeht, sondern einige Künstler mit wohlgeschliffenen Spitzen bedenkt: „Herr Weimberle glaubt in allen Fächern tanzen zu können, und daher tanzt er auch alles, was ihm unter die Füsse kömmt."

Dieser Hoftänzer Johann Weimberle, dessen Name mitunter auch Weinbeerle geschrieben wird, der zumeist aber „in stolzer Gallisierung als Vaimperlé angetroffen wird", wie der Theaterchronist Franz Grandaur genüsslich anmerkt, muss immerhin pädagogische

Kompetenz besitzen: Ballettmeister Legrand führt ihn in seine Schulungsmethode ein und lässt ihn später mit der heranwachsenden Solistin Maria Anna Schmaus und dem jungen Tänzer Franz Renner die Fertigkeiten im Pas de deux korrepetieren.[11]

Ganz zum Schluss seiner Münchner Theaterbeschreibung nennt der Chronist en passant die Namen einiger prominenter Sänger des Hoftheaters: „In der sogenannten grossen Opera singen dal Prato, Hartig, Zonga, Raff, Wallesi, Madame Wendling die ältere, Madame Wendling die jüngere, Mamselle Schierlingerinn. Die Musik der heurigen ist von Herrn Mozzard dem jüngeren aus Salzburg."

Man muss schon zweimal hinsehen und kombinieren, wer und was gemeint ist: Wir schreiben das Jahr 1781, und die heurige große Oper zur Karnevalssaison ist keine Geringere als *Idomeneo* von Wolfgang Amadeus Mozart, die am 29. Januar im Residenztheater (heute Altes Residenztheater oder Cuvilliéstheater) uraufgeführt wird.

Mozart ist seit Anfang November 1780 in München, um an *Idomeneo* zu arbeiten, mit den Sängern zu proben und mit den Verantwortlichen zu planen. Bei einem Abendessen im Hause des Intendanten Graf von Seeau mit Hofkapellmeister Christian Cannabich, Theaterarchitekt Lorenzo Quaglio und Claudius Legrand, der gerade Lauchery als Ballettdirektor abgelöst hat, wird „das Nötige wegen der Oper" besprochen. Dabei einigen sich Mozart und Legrand darauf, ein Ballett nicht als selbstständiges Bühnenstück nach der Oper aufzuführen, sondern als Abschluss in die Oper zu integrieren – sozusagen nach alter Schule. Mozart ist froh, die Musik dazu selbst zu schreiben und das Ballett nicht Cannabich zu überlassen – so ist alles aus einem Guss. Von Legrand hält Mozart nicht viel. Der Ballettmeister sei „ein grausamer Schwätzer und Seccatore" (italienisch für „Nervensäge"), wegen dessen Geplauder habe er den Postwagen versäumt. Noch größere Not hat Mozart mit den Sängern des Hoftheaters: mit dem Startenor vergangener Zeiten Anton Raaff, inzwischen 66 Jahre alt, der die Titelpartie verkörpern soll, vor allem aber mit dem hochbezahlten Soprankastraten Vincenzo dal Prato. „Meinem molto amato Castrato dal Prato muss ich die ganze Oper lehren", schreibt Wolfgang an seinen Vater, „er muss seine ganze Rolle wie ein Kind lernen: er hat um keinen Kreuzer Methode." Und: „Seine Stimme wäre nicht so übel, wenn er sie nicht in den Hals und in die Gurgel nehmte; übrigens hat er aber gar keine Intonation – keine Methode – keine Empfindung, sondern singt wie etwa der beste unter den Buben, die sich hören lassen, um in dem Kapellhause aufgenommen zu werden."[12]

Diese Eindrücke halten Mozart jedoch nicht davon ab, in der Weihnachtszeit 1780 eine ausgesprochen moderne, dramaturgisch revolutionäre Oper für München zu schreiben, musikalisch nicht gefällig, sondern vielmehr herb und anspruchsvoll, aber zum Schluss von einer prächtigen Ballettmusik in fünf Sätzen gekrönt.

In den Satzbezeichnungen werden namentlich die Solotänzer genannt, für die einzelne Teile des Balletts komponiert sind. Das sind vor allem die Ersten Tänzer des Hofballetts Sophie Hartig, Peter Antoine Crux und natürlich Claudius Legrand. Der zweite Satz nach der eröffnenden Chaconne ist ein „Pas seul de Mr Le Grand". Wer will, kann heraushören, wie Mozart mit der zunächst pompösen und am Ende sehr sportlichen Musik den nervensägenden Ballettmeister vorführt. Danach aber folgt ein zierlicher Passepied „pour Madselle Redwen", die wir als Mitschülerin von Maria Anna kennen. Ob Mozart an ihr ebenso großen Gefallen gefunden hat wie ein anonymer Kritiker, der drei Jahre später für die junge Ballerina schwärmt? „Terpsichores Lieblingskind scheint mir die Mademoiselle Rettwein zu seyn, wie gerne giebt man ihr Bravo, wenn man sie da so mit Herz und Seele umher tanzen, ihr leichtes Gewand dahin flattern, und denn ihre wohlausgearbeitete Schritte mit Anstand und Ausdruck dahin zeichnen sieht."[13]

Und die 15-jährige Maria Anna Schmaus? Sie ist im Idomeneo-Ballett noch nicht als Solotänzerin besetzt. Wir dürfen uns aber vorstellen, wie sie „munter und lebhaft" (so derselbe anonyme Kritiker über Maria Anna) als Teil des Ensembles in denjenigen Nummern gefällt, die Mozart „pour le Ballet" geschrieben hat.

1782 nennt die Theaterzeitschrift *Der dramatische Censor* „Mlle Schmaus" weiterhin als Schauspielerin für „Soubretten und Nebenrollen". Auch im folgenden Jahr spielt sie noch Zofen und Töchter in Komödien und am 14. November 1783 sogar die Rolle der Schauspielerin in Shakespeares Hamlet.

Doch die Weichen sind für Anna auf Tanz gestellt. Ab 1784 übernimmt sie keine Sprechtheaterrollen mehr, auch nicht in den Stücken, in denen sie im Vorjahr noch besetzt ist. Beim Ballett rangiert Mademoiselle Schmaus schon seit 1782 unter den „Ersten Tänzerinnen" – wenn auch an fünfter Stelle nach den Damen Hartig, Danner, Donna Maria Marzolini und Mademoiselle Redwen.

* * *

Maria Anna hat ihre Lehrjahre als Tänzerin abgeschlossen. Doch ihre Aufstiegsmöglichkeiten am Münchner Theater sind in dieser Zeit begrenzt – nicht nur wegen Terpsichores Lieblingskind, sondern auch wegen Amors Pfeilen, die hinter den Kulissen schwirren. 1782 wird Peter Crux zweiter Ballettmeister. Der charismatische, verwitwete Dreißigjährige verliebt sich in die Tänzerin Veronika Danner, die Ehefrau des Violinisten Christian Danner. Der Geiger verlässt seine Frau und seine Stellung in der Münchner Hofmusik. Veronika bleibt privat und auf der Bühne als Primaballerina an der Seite des Ballettmeisters und lässt wenig Platz für Göttinnen neben sich.

Wer Karriere machen will, muss auf Wanderschaft gehen. Für junge Künstler im 18. Jahrhundert heißt das Ziel fast immer: Italien. Im Herbst 1786 kommt am Teatro alla Scala in Mailand das „Dramma giocoso per musica" (das ist die gängige italienische Bezeichnung für eine Oper mit gutem Ende) *Il marito disperato* von Domenico Cimarosa auf die Bühne. Der Titel (auf Deutsch „Der verzweifelte Ehemann") ist nicht etwa eine Anspielung auf die Zustände am Münchner Hoftheater. Unser Interesse gilt vielmehr dem anschließenden Ballett *Zemira ed Azor* des Choreografen Luigi Dupen. Auf einer sonst rein italienischen Besetzungsliste erscheint in der zentralen Rolle einer Fee, die den Palast des Fürsten Azor verzaubert hat, „Signora Marianna Schmaus".

Wie lange Marianna (so nennt sie sich von nun an meistens) in Mailand bleibt, wissen wir nicht. In späteren Jahren wird sie mit Erlaubnis der Münchner Hoftheater-Intendanz immer wieder in Italien gastieren, vor allem an der Scala und am Teatro La Fenice in Venedig.

Und so könnte sich ein erster Kreis schließen: Marianna, jetzt Anfang 20, lernt 1786/87 in Italien den jungen Giuseppe Leoni kennen. Teresa Coppola Leoni ist auch in diesen Jahren noch als Sängerin unterwegs – man könnte sagen, sie tingelt – und wahrscheinlich nimmt sie ihren Sohn auf ihre Reisen mit, um ihn von Sängern oder

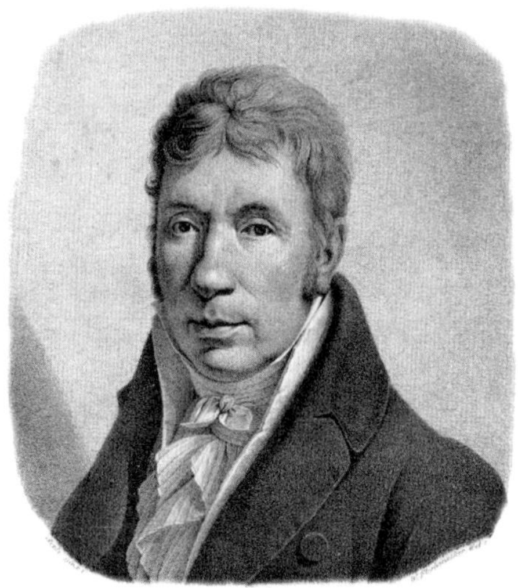

Peter Crux, von 1782 bis 1821 Ballettmeister am Münchner Hoftheater

Kapellmeistern an norditalienischen Opernhäusern unterrichten zu lassen. Dort trifft der unternehmungslustige Giuseppe die hübsche Tänzerin aus Deutschland, die ihn ermutigt, sein Glück doch bei der Hofmusik in München zu versuchen... So könnte es sein. Ebenso möglich ist es jedoch, dass Giuseppe Marianna erst 1788 in München kennenlernt, als er dort als „Hof-Bassista" anfängt.

Jedenfalls wird am 4. August 1788 in München Hochzeit gefeiert. Marianna ist spätestens seit Anfang des Jahres wieder am Hoftheater tätig – doch sie muss bald pausieren.

Am 29. Mai 1789, etwa neun Monate nach der Hochzeit, wird in der Münchner Frauenkirche der kleine Joseph Anton Leoni getauft, „gebohren Heut Nacht um ½ 1 Uhr." Vater Leoni, der sich seit seiner Ankunft in München meistens Joseph nennt, lässt sich mit seinem italienischen Vornamen Giuseppe und mit der etwas hochtrabenden Berufsbezeichnung „Camer-Virtuos" ins Taufregister eintragen. Taufpate ist kein Geringerer als „Seine Excellenz der Hochgebohrene Joseph Anton Graf von Seeau auf Puchberg und Ewerzweyer", der Intendant der Hofmusik: ein Indiz für die schon vermuteten guten Beziehungen zum Grafen. Seine Exzellenz lässt sich jedoch durch den Hofkammersekretär Anton de la Kosta vertreten.

Marianna bezieht jetzt ein Jahresgehalt von 400 Gulden. Damit ist sie im Mittelfeld der Ballettkompanie angekommen. Joseph verdient deutlich weniger. Noch 1793 beträgt seine jährliche Besoldung 280 Gulden, sein Einstiegsgehalt im Jahr 1788 ist wahrscheinlich niedriger.

Was die Leonis als Doppelverdiener im Jahr bekommen, gleicht ungefähr dem Einkommen eines Stadtphysikus (Amtsarztes). Ein Rentbeamter und ein Landrichter verdienen mit 900 Gulden etwas mehr, ein einfacher Lehrer hingegen erhält in dieser Zeit weniger als hundert Gulden.

Am 4. Oktober 1789 stellt Marianna Leoni ein Ersuchen an die Obrigkeit. Bittschreiben werden formal direkt an den Landesherrn adressiert, gelangen aber natürlich an die zuständige Behörde. Sie schreibt, wie bei offiziellen Eingaben Usus, mithilfe eines Advokaten, der eine gehobene Schriftsprache einschließlich der sogenannten Kuralien, also der zeremoniellen Anrede- und Schlussfloskeln, beherrscht.

> Durchlauchtigster Churfürst,
> Gnädigster Herr Herr!
>
> Euer Churfürstl. Durchlaucht werden von selbst gerechtest ermessen, daß der Gehalt per 400 fl. den ich als Tänzerinn von Höchstdero Gnade ziehe, bei der dermaligen Theuerung aller Artikeln, und dem mit meinem Dienste verbundenen Garderobe-Aufwand sehr gering ist, auch haben würklich andere von nicht größeren Talenten ungleich größeren Gehalte. Demungeacht unterstehe ich mich nicht, gegenwärtig eine Vermehrung der Besoldung nachzusuchen [...].

Marianna erbittet stattdessen, ihr dieses Gehalt auch für den Fall, „wenn ich Alter, od. Gebrechlichkeit od. auch anderer was immer für eintrettene Umstände halber die Dienste nicht mehr machen könnte, oder dürfte, lebenslänglich zu bewilligen, und hierüber ein ordentliches Decret in höchsten Gnaden zu ertheilen."

Theaterintendant Graf Seeau unterstützt Mariannas Anliegen einer Altersversicherung. Aus späterer Korrespondenz geht hervor, dass ihr Antrag bewilligt wird.

* * *

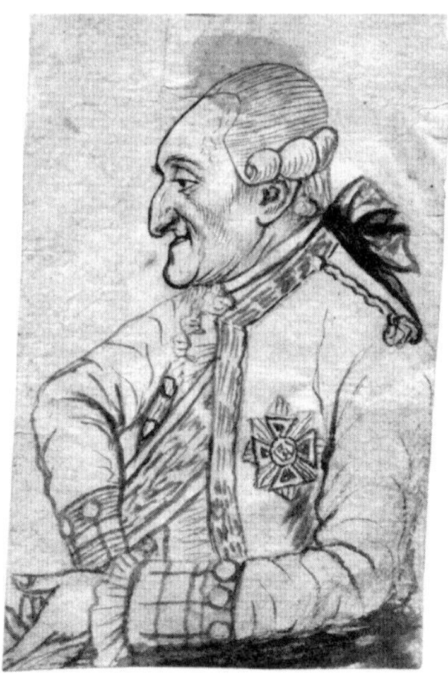

Joseph Anton Graf von Seeau, Zeichnung um 1780

Joseph Anton Graf von Seeau ist eine schillernde Figur. Der Familie Leoni – insbesondere Marianna – scheint er gewogen zu sein, hat er doch sogar die Taufpatenschaft für ihren Sohn übernommen. Doch die Launen des Grafen sind im Allgemeinen unberechenbar.

Ganz im Sinne seines Kurfürsten Karl Theodor unterstützt Seeau die Entwicklung der deutschen Oper und drängt die alte italienische Opera seria zurück. Er fördert das neuartige Handlungsballett – und bezahlt für fünf Gastvorstellungen der Wiener Tanzstars Salvatore und Maria Viganò die ungeheure Summe von 3.000 Gulden, das sind zwei Jahresgehälter eines Ballettmeisters. Das Paar ist pro Vorstellung etwa sechs Minuten auf der Bühne, aber Maria Viganò erscheint im transparenten Chiffonkleid über einem fleischfarbenen Trikot fast nackt. Zweimal holt Seeau Wolfgang Amadeus Mozart ans Hoftheater – aber er versäumt die Chance, das Salzburger Genie an München zu binden. Warum? Weil der Graf der Meinung ist, dass ein Hofkapellmeister auch äußerlich etwas hermachen sollte. Der kurzgewachsene, pockennarbige Mozart sieht nicht repräsentativ aus.

Aufgrund solcher und anderer Geschichten werfen nicht wenige Leute dem Theaterunternehmer einen eklatanten Mangel an künstlerischer und wirtschaftlicher Kompetenz vor: Der Graf sei durch Geburtsvorrechte des Adels an ein Amt geraten, zu dessen Führung es ihm an Wissen und Talent mangele. Schon 1784 bemerkt der Schriftsteller Johann Pezzl süffisant, Seeau habe sich für seinen Beruf dadurch qualifiziert, „dass er damals der einzige Kavalier am Hofe war, der einen Steyrischen auf der Violine spielen konnte“.[14]

* * *

Wo die Familie Leoni zu dieser Zeit in München wohnt, ist nicht feststellbar. Lange sesshaft bleibt sie jedenfalls nicht. In der Karnevalssaison 1791 gastiert Marianna wieder an der Mailänder Scala. Sie tritt im „Dramma per musica“ (einer ernsten Oper mit tragischem Ende) *La morte di Cesare* des erfolgreichen Opernkomponisten Nicola Zingarelli als zweite Primaballerina auf. Im Programmheft wird „Signora Marianna Schmaus Leoni“ mit dem Zusatz *„al servizio del S. A. S. l' Elettore di Baviera Duca Palatino“* genannt, also „im Dienst Seiner Hoheit des Kurfürsten von Bayern und der Pfalz“.

Wenige Monate später hält sich der bekannte Hamburger Theaterdirektor Friedrich Ludwig Schröder in München auf. Am 14. Mai sucht er den Schauspieler Matthias Georg Lambrecht (dem wir als Trauzeugen der Leonis begegnet sind) auf und geht „mit ihm zu Marchand und Graf Seeau“. Am folgenden Tag besucht er das Theater und berichtet: „Zephir und Flora, Ballett von Crux. Madam Leoni, ehemalige Schmaus, erschien, nach jährigem Aufenthalt in Italien, zum erstenmal wieder. Sie tanzte, ohngeachtet ihrer Schwangerschaft, mit ausgezeichneter Leichtigkeit und Grazie. Der Inhalt des Ballets gehört unter die mir unerklärlichen Dinge. Eine Fehde zwischen Boreas und Zephir ward durch eine Verwandlung und durch Liebesgötter geschlichtet, welche Flora dem Zephir zurückführten. [...] Großer Aufwand von Erfindung war dabei nicht zu bemerken.“[15]

Spätere Angaben über einen weiteren Sohn der Leonis mit dem Vornamen Clement passen zeitlich ungefähr zu Schröders Bericht von Mariannas Schwangerschaft im Jahr 1791. Die Familie Leoni vergrößert sich und braucht Platz.

Ein Idyll vor den Toren der Stadt

> Schon vor mehreren Jahrhunderten hatte man drey Hauptableitungen nach der Stadt gemacht, wovon die eine unterhalb Thalkirchen anfängt und einige Mühlen treibt, die sich dann mit der zweyten unweit dem 4000 Schuh oberhalb München liegenden Kupferhammer vereinigt, um sich wieder in zwey Hauptarme zu theilen, wovon der linkseitige sich durch die Stadt in mehrere [...] Canälen ergießt, äußerst wohlthätig für die Gewerbe, Mühlen und bey Feuersbrünsten ist, auch einige Druckwerke in Bewegung setzt. Der rechtseitige bey dem Kupferhammer abgehende Arm ist nicht minder wichtig für die Getreyde- und Pulvermühlen, Bleichereyen und Gewerbe mancherley Art. Sein überflüssiges Wasser führt er der Isar durch einen Ablaß oberhalb der Gärberey zu und unterhalb derselben theilt er sich in zwey Bäche, die sich bey der H. Geistmühle in einem Bette vereinigen, wovon ein unterirrdisch geleitetes Wasser, das sich in den Leoniweiher ergießt und dann durch die Gärten einiger Privaten fließt, die mit Abdämmungen niedrige weder für sie selbst noch für ihre Nachbaren Vortheil bringende Cascaraden gemacht haben. [16]

„Leoniweiher"? – Die Zeilen stammen von dem Geheimen Rat Carl Friedrich von Wiebeking, der als Generaldirektor des Wasser-, Brücken- und Straßenbauwesens von Minister Maximilian Graf von Montgelas mit der Regulierung der Isar und des Inns beauftragt ist. (Musikkundigen könnte der Ingenieur übrigens als Vater der Fanny Wiebeking ein Begriff sein: Die junge Dame bekommt Klavierstunden von Carl Maria von Weber, als der Komponist sich 1811 in München aufhält und öfter bei Wiebekings zu Gast ist.)

Einige Jahre später würdigt Joseph Anton Eisenmann nach einem ausführlichen Spaziergang durch den Englischen Garten einige „Privatgärten, welche dem Geschmacke ihrer Besitzer Ehre machen". Dazu zählt er auch den Garten des eben zu Wort gekommenen Stadtrats Wiebeking im Lehel und schließt wie folgt: „Noch sind bemerkenswerth: Die Gärten des geheimen Raths von Krenner, im Lehel; der Garten des Reichsarchivars von Sammet, unweit des Kostthores; der Leoni-Garten, vor der Stadt, zwischen dem Isar-

und Kost-Thore, mehr seiner romantischen Lage, als der Schönheit wegen interessant."[17]

„Leoni-Garten"? – Noch dreieinhalb Jahrzehnte später informiert eine amtliche Bekanntmachung zur Wahl der Landtagsabgeordneten am 17. Juli 1849, wo die Bürger bei der „Urwahl zur Erwählung der Wahlmänner" ihre Stimme abgeben können. Für den 44. Urwahlbezirk (Kanalstraße, Knöbelgasse, Hildegardstraße, Adelgundenstraße, Fabrikstraße, Am Bach) ist der „Saal im Leonigarten des Bierwirths Herrn Holzer Nr. 40 an der Kanalstraße" als Wahllokal bestimmt.[18]

Was hat es mit diesem romantisch gelegenen, später offenbar als Biergarten bekannten „Leonigarten" und mit dem „Leoniweiher" auf sich? Offenbar bezeichnen diese Namen einen oder mehrere verschwundene Orte in München. Um diesem Rätsel auf den Grund zu gehen, müssen wir noch etwas weiter in die Vergangenheit zurückblenden.

Zu Beginn der Regentschaft von Kurfürst Karl Theodor war die Stadt München noch von massiven Befestigungsanlagen aus dem Dreißigjährigen Krieg umgeben. Um die Stadt gegen die Überfälle der Schweden zu schützen, hatte man 1619 begonnen, um den äußeren Mauerring mit seinen Stadttoren Schwabinger Tor, Isartor, Sendlinger Tor und Neuhauser Tor (später Karlstor) herum einen Erdwall von acht Metern Höhe aufzuschütten. Bis zum Ende des Krieges wurden alle Kräfte aufgeboten, den Ring um die Stadt zu schließen, zu verstärken und immer wieder auszubessern. Aus dem Wall ragten zahlreiche Bastionen hervor, und um den Festungsring wurde ein 15 bis 30 Meter breiter Graben gezogen, der durch die Stadtbäche geflutet werden konnte. 3.000 Menschen arbeiteten daran; die Kosten der Befestigung sollen sich auf zwei Millionen Gulden belaufen haben. Doch der Nutzen der riesigen, kostspieligen Anlage erwies sich als gering. Schon kurz nach dem Ende des Dreißigjährigen Krieges wurden Teile der Befestigungsanlage an Privatbesitzer übereignet. Offenbar eine wirtschaftlich kluge Strategie der Kurfürsten: Die Eigentümer durften die Böschungen und Gräben nutzen, mussten sie dafür instand halten – und im Verteidigungsfall wieder für den militärischen Zweck räumen. Doch bald wuchsen freundliche Obst- und Gemüsegärten aus den Befestigungsanlagen heraus.

Einer der ersten Privateigentümer eines Stücks Festungsanlage hieß Maximilian Graf Kurtz von Senftenau. Als Obersthofmeister und Landhofmeister zog er die politischen Fäden für den jugendlichen Kurfürsten Ferdinand Maria, vor allem bei dessen Heirat mit Henriette Adelaide von Savoyen. Die langjährigen Dienste des Diplomaten und väterlichen Beraters belohnte der Kurfürst mit der generösen Erhebung des Kurtz'schen Besitzes Valley zur Grafschaft. Darüber hinaus bekam Kurtz im Jahr 1656 von seinem jungen Fürsten noch ein kleines Präsent: eine detachierte (vom Wall gelöste, vorgelagerte) rechteckige Bastion der Befestigungsanlage zwischen dem Isartor und dem Kosttor, aufgrund der Nähe zum Hofbräuhaus auch Bräuhaus-Ravelin (Ravelin = kleines, vorgelagertes Schanzwerk) genannt. Für den Grafen war dies wohl eines jener Geschenke, die hübsch herumstehen, aber wenig nützlich sind. Die Festungsanlagen zu bebauen, empfahl sich in diesen unsicheren Zeiten nicht, waren sie doch Besitz auf Widerruf. Außerdem war der Graf über 60 Jahre alt und hatte keine Kinder. Was sollte er also mit dem Ravelin tun?

Wahrscheinlich tat er nichts damit. Universalerbe des Kurtz'schen Besitzes wurde das Münchner Jesuitenkolleg, dem sein Bruder angehörte. Während optimistische Adelige, die keine Verteidigungsfälle in München befürchteten, auf ihren geschenkten Bastionen Schlösschen bauten, legten die Jesuiten auf dem geerbten, viereckigen Ravelin einen Garten an. Das Kanalbächl, einer der vielen Münchner Stadtbäche links der Isar, füllte die vom ehemaligen Graben gebliebene Senke um das Geviert mit Wasser und machte den Garten zu einer Insel in einem Weiher, zugänglich über einen kleinen Damm von der Herrnstraße, also von Westen, von der Stadtseite aus. Eine romantische Lage.

1773 hob Papst Clemens XIV. den in Misskredit geratenen Jesuitenorden auf. Dessen Güter wurden dem kurfürstlichen Schulfonds übereignet. Der kleine Bastionsgarten jedoch war bereits zuvor in Privatbesitz übergegangen. 1770 verkaufte die Apothekerin von Pirchinger das Grundstück. Ein früherer, noch nicht geadelter Spross dieser Münchner Apothekerdynastie, Ferdinand Pirchinger, war Trauzeuge eines Nachfolgers von Graf Kurtz am kurfürstlichen

Hof, Caspar von Schmid, der wiederum gute Beziehungen zu den Jesuiten unterhielt… – so könnte sich die Linie schließen. Jedenfalls verkaufte Frau von Pirchinger den Garten an den Reichsgrafen von Baumgarten, Minister unter Kurfürst Max III. Joseph. Am 2. Juli 1773 erwarb schließlich der Münchner Kaufmann Franz Anton Tusch das Areal aus Graf Baumgartens Nachlass. Er betrieb ein ansehnliches Handelshaus für „Specerey- und Farben-Waaren", saß seit Jahren als Ratsherr im Magistrat der Stadt München und bewohnte mit Sicherheit ein standesgemäßes Haus in der Stadt. Auf der Insel außerhalb der Mauern aber ließ er sich einen „Lust-, Baum- und Würzgarten" als Refugium gestalten, mit einem gemauerten Gartenhaus, zwei Sommerhäusern, einem chinesischen Pavillon, einer Gärtnerwohnung, einem Gewächshaus, Bienenstöcken, Kompostanlagen und einer Schiffhütte (siehe Abbildung Seite 99).

Nachdem er diesen 18 Jahre lang „ruhig inngehabt" – Tusch ist mittlerweile ein älterer Herr –, verkauft er das Grundstück an ein junges Ehepaar.

In der Kaufurkunde vom 25. Juni 1791 bescheinigt Franz Anton Tusch, dass er das Anwesen

> sub dato 2. Jully ao: 1773 durch Kaufeigenthum eigenthümlich an mich gebracht, und bishero ruhig inngehabt, und zwischen dem Kostthörl, und Isarthor in einem abgeschnitenen Schanzwerk an der sogenannten Lederer Point situirten Garten samt denen darinnen sich befindlichen Gebäuden, item 2 ganzen Steften [Maßeinheit für Brunnenwasser] Waßer, Fischwasser, Bäumen, Beeten, Gartenwerkzeug, Binenstöck, dann auch das Schif und Schifhauß nebst aller in einer sonderheitlichen Rectification ausgezeigten Einrichtung nebst aller in einer sonderfristlichen Specification ausgezeigten Einrichtung an den churfürstl. Kammer Virtuosen Titl. Herrn Joseph Leoni, und deßen EheConsortin Maria gebohrene Schmaus churfürstl. Hoftänzerinn zu kaufen gegeben habe.

Das Dokument ist mit den Namen Franz Anton Tusch, Giuseppe Leoni und Mariana (sic) Schmaus Leoni unterzeichnet. Der Kaufpreis beträgt 5.800 Gulden. Einen großen Teil davon, immerhin

4.000 Gulden, können die Leonis „gleich baar erlegen", für den Rest nehmen sie ein Darlehen auf.

Am 9. Juli 1791 wird den Eheleuten ein „Kirchen-Anleihen in Höhe von 1800fl. zum Ankauf des Handelsmann Tuschischen Gartens, ohngeachtet selber auf dem Glacie gelegen" gewährt, zu tilgen mit 200 Gulden jährlich, verzinst mit vier Prozent. Die Käufer lassen es also – das wird ausdrücklich festgehalten – darauf ankommen, eine Immobilie auf dem Glacis, auf den Ausläufern der militärischen Stadtbefestigung zu erwerben, die im schlimmsten Fall geräumt werden müsste. Doch die Leonis sind jung und risikofreudig. Bei einem gemeinsamen Jahreseinkommen von 680 Gulden nehmen sie eine jährliche Belastung von 272 Gulden Tilgung und Zinsen auf sich – dafür wird der Kredit schon nach neun Jahren abbezahlt sein.

* * *

1793 wird Katharina geboren, das dritte Kind der Leonis. Joseph bittet um eine Erhöhung seines Gehalts. Tatsächlich setzt sich der nur selten berechenbare Hofmusikintendant Graf Seeau für Leoni ein. Am 25. September schreibt er an den Kurfürsten:

> Nach dem am 1. Aug. a. c. erfolgten Sterbfall des in pension gestandenen Hofsängers Aemiliani werden a 1ma Octobris nächsthin jährlich 400fl dem höchsten aerario [Staatskasse] heimfällig.
> Von Eurer Churfürstlichen Durchlaucht hat der Hof-Bassist Leoni, welcher in dem Bezug von jährlichen 280fl dermals besteht, die gnädigste Vertröstung erhalten, bey erst schicklicher Gelegenheit in den ihm bestimmten Gehalt von jährlichen 400fl mildest versetzet zu werden.

Joseph Leonis „Gehaltsmehrung" zum 1. Oktober 1793 wird genehmigt.

Doch das Geld reicht nicht. Am 23. Februar 1795 trifft eine Mahnung ein, dass das Ehepaar Leoni „an wirklich verfallenen Zinsen [...] 96fl. und an Fristen 400fl. rückständig ist." Zu dieser Zeit ist Marianna mit anderen Dingen beschäftigt. Sie steckt in den Endproben für ein neues Ballett von Peter Crux, das Anfang März

Premiere hat. Auf der Bühne des Residenztheaters darf sich die Tänzerin ihre existenziellen Sorgen nicht anmerken lassen.

> Die dem Amor so sehr trotzende *Diana* betritt an der Spitze ihrer Gespielinnen die Bühne. Ein Liebesgott, dem sie mit Vorwürfen begegnet, neckt die stolze Göttinn. Schon greift sie nach ihrem Köcher, um den kühnen Frevler zu bestrafen; als dieser sich hinter eine Gruppe, welche den *Endimion* umgiebt, verbergt. Der Stolz der Göttinn widerstrebt mächtig ihrem Gefühl, das Herz behält die Oberhand, und da Nacht ihre Leidenschaft in Dunkelheit hüllt, so sinkt sie ihrem Geliebten in die Arme.[19]

In Crux' Choreografie einer idealen, utopischen Welt mit dem Titel *Liebe, das Glück aller Völker* verkörpert Marianna die antike Göttin der Jagd. Deren Geliebter Endimion ist der junge Franz Renner. Er übernimmt allmählich die Rolle des Ersten Tänzers am Hoftheater.

Marianna bezieht mittlerweile ein Jahresgehalt von 600 Gulden. Dank ihrem großen Nutzgarten mit Obstbäumen, Gemüsebeeten, Bienenstöcken und Fischwasser sind die Leonis partielle Selbstversorger. Auch die – von Marianna einige Jahre zuvor beklagte – allgemeine Teuerung hält sich in München derzeit in Grenzen. Jedoch muss die Tänzerin für einen Teil ihrer dienstlichen Garderobe selbst aufkommen – und als berufstätige Eltern dreier kleiner Kinder brauchen die Leonis Personal: mindestens ein Kindermädchen, zu dieser Zeit in einem bürgerlichen Haushalt ohnehin selbstverständlich, wahrscheinlich auch eine Köchin.

Nach wiederholten Mahnungen müssen die Leonis im April 1795 bekennen, dass sie „mit einer Baarschaft nicht versehen, sie also nicht im Stande sind die anständige 2 Fristen mit 400fl so gleich zu erlegen". Am 25. April 1795 ergeht eine kurfürstliche Weisung an den Hofmusik-Intendanten, die Schulden ratenweise gleich von der Besoldung der Leonis abzuziehen. Graf Seeau zögert. Die Leonis verpflichten sich nun mit beiden Unterschriften, bis zum August die ausstehenden Tilgungsraten und Zinsen zu begleichen.

Doch das gelingt offenbar nicht. Es kommt zur Zwangsvollstreckung in Form einer Gehaltspfändung. Ein „beiderseitiger Drittheils-Abzug der Besoldung" wird verfügt. Leoni werden monat-

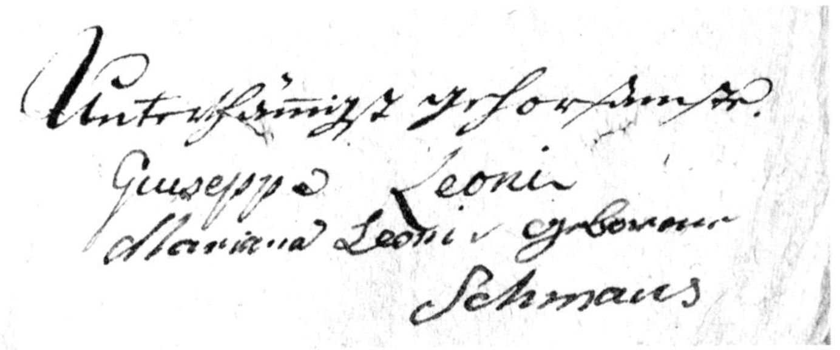

Briefunterschriften des Ehepaars Leoni, 1791

lich 11 Gulden und 6 Kreuzer, seiner Frau 16 Gulden und 40 Kreuzer abgezogen, bis die Schulden abbezahlt sind. Zudem handelt sich Leoni wegen einer Schutzbehauptung eine Verwarnung ein: Laut Notiz des Hofrats-Vizepräsidenten vom 3. August 1795, „hat man auch ihm Leoni sein actenwidriges Verschreiben, als wenn seine angebothene Rückzahlung des aufhabenden Kirchen-Anlehens nicht angenommen worden wäre, ernstl. verwiesen."

Der älteste Sohn der Leonis ist mittlerweile ABC-Schütze, wie man bereits um 1800 scherzhaft sagt. Trotz der finanziellen Schwierigkeiten im Künstlerhaushalt auf der Insel kommt der sechsjährige Joseph in der Schule gut zurecht. In einem „Verzeichnis all derer, welche sich sowohl in den churfürstlichen höhern bürgerlichen Klassen, als auch in den deutschen Schulen der churfürstl. Haupt- und Residenzstadt München besonders ausgezeichnet haben, und in Gegenwart der churfürstlichen geheimen Schulkuratel, des churfürstl. geistl. Raths deutschen Schuldirektoriums, und der Abgeordneten des Stadtmagistrats im Herbstmonate [September] 1795 öffentlich auf dem Rathhause mit Preisen beschenkt worden sind", wird unter den Knaben, die sich in der „Religions- und Sittenlehre" ausgezeichnet haben, ein „Jos. Leoni" erwähnt. Er besucht die Schule des Schulmeisters Johann Michael Steiner, eines ehemaligen Jesuiten, der zu dieser Zeit Rektor aller öffentlichen Elementarschulen in München ist. Die Schule, in der Steiner unterrichtet, ist höchstwahrscheinlich das Schulhaus im Tal, vom Leonigarten gut zu Fuß erreichbar. Der kleine Joseph und sein Kindermädchen laufen über die Brücke des Weihers, dann links die Herrnstraße immer am

Stadtgraben entlang bis zum Isartor. Auf einer Brücke über dem Graben gelangen sie zum Stadttor und durch das Tor hindurch ins Tal zu seiner Schule.

* * *

Im folgenden Jahr erschüttern die politischen Wirren in Europa auch das Leben in München. Es ist die Zeit der Revolutionskriege. Im August 1796 dringen französische Truppen in die bayerische Hauptstadt vor, besetzen das linke Isarufer und liefern den kaiserlich-österreichischen Truppen Gefechte. Kurfürst Karl Theodor, zunächst mit dem Kaiser verbündet, setzt sich mit seinem Hof nach Sachsen ab. Bayern tritt aus der Koalition mit Österreich aus, um einen Waffenstillstand für München zu erwirken. Dann wendet sich das Blatt zugunsten der Kaiserlichen. Die Franzosen ziehen sich aus München zurück.

Marianna Leoni bekommt diese Ereignisse nicht hautnah mit, denn in der Saison 1796/97 steht sie auf der Bühne des Teatro La Fenice in Venedig: als Primaballerina in zwei „heroischen Balletten". Ein sicher gut dotiertes Gastspiel, mit dem Marianna sich und ihren Mann aus dem finanziellen Schlamassel bringen kann.

Auf dem Programmzettel von La Fenice und in einem Theaterjournal fallen zwei Namen unter den Nebenrollen auf: Antonio Bricci, als „primo tenore" für die Herbstsaison engagiert, und eine Francesca Bricci, „terza donna" (dritte Frauenrolle), im Herbst 1796 und Karneval 1797. Unter den „Ballerini" wird Marianna genannt – mit ihrem Mädchennamen Schmaus.

Lassen wir gelegentliche Freiheiten in der Schreibweise gelten, dann handelt es sich bei den beiden Briccis höchstwahrscheinlich um den jungen Sänger Antonio Brizzi aus Bologna, geboren 1770 oder 1774, und um seine Frau Francesca Brizzi geborene Leoni. Francesca ist Joseph Leonis Schwester. Sie ist uns bei der Ankunft der Familie Leoni im Schwarzen Adler in München 1788 begegnet. Um 1793 heiratet Francesca in Italien Antonio Brizzi, der am Anfang einer glänzenden Bühnenkarriere steht.

In der Spielzeit 1796/97 treten Joseph Leonis Frau, seine Schwester und deren Mann zur gleichen Zeit am Teatro La Fenice auf. Das klingt nach einer Familienzusammenkunft – der Gedanke liegt nahe, dass Giuseppe auch dort ist. Einmal erwähnt er eine venezianische Episode in seinem Leben: „als ich mich in meinen früheren Jahren 3 Jahre im Arsenale zu Venedig privat dem Schiffsbauwesen zum Vergnügen widmete". Doch das muss länger zurückliegen. Joseph Leonis Name steht – wie in den Jahren davor und danach – in *Seiner Churfürstlichen Durchleucht zu Pfalzbaiern Hof- und Staatskalender* auf der Liste der Bassisten der Vokalmusik der kurfürstlichen Hofmusik, die auch in unruhigen Zeiten die geregelten Kirchendienste versieht. Hinweise auf eine Beteiligung Leonis an Konzerten oder Opernvorstellungen in Venedig finden sich nicht.

Bei ihrer Rückkehr nach München findet Marianna ein verändertes Bild der Umgebung ihres Grundstücks vor. Nach dem Abzug des französischen Armeekorps ist die Stadtbefestigung „vollends demolirt". Bereits im Jahr zuvor, 1795, hat Kurfürst Karl Theodor ein historisches Wort ausgesprochen: „München hat aufgehört, eine Festung zu sein."

Für die Leonis ein Anlass, bei der Obrigkeit auf Klärung des ungewissen Eigentumsrechts an ihrem Grund und Boden zu drängen. Marianna (oder ihr Advokat) formuliert die Sachlage und bezieht sich mit einer gewissen Ironie auf das Diktum des Kurfürsten:

> Bekannt waren alle Häuser und Gründe, welche auf und an der ehemaligen Festung gelegen, dahin reversirt, daß solche in dem Fall wieder ohne mindeste Ersazleistung hinweg gerißen und geebnet werden mußten, wenn die Festungswerke in den Verteidigungsstand gesezt wurden. Dieses ist die Grundursache, warum derlei Häuser, Gärten und andere sonst nüzliche Anlagen in dem Stadt-Grundbuch nicht eingetragen werden konnten, und auch noch nicht aufgenohmen worden sind.
>
> Es vermehrte sich die Zahl der Häuser, Gärten und sonstige Anlagen auf denen Festungswerken nach und nach so sehr, daß die hiezu ertheilte allerhöchste Genehmigung vermuthen ließ „München habe aufgehört, eine Festung zu seyn".

Daher stellt Joseph Leoni schon am 13. Februar 1796 „die allerunterthänigste Bitte", den Eintrag des Leoni'schen Anwesens in das

Stadtgrundbuch zu erlauben. Das Ersuchen scheitert an einem bürokratischen Problem: Die Leonis können den Donationsbrief, durch den Maximilian Graf Kurtz von Senftenau den Garten von Kurfürst Ferdinand Maria im Jahr 1656 erhalten hat, nicht vorzeigen. Der Brief ist verloren gegangen, und damit fehlt der für die Eintragung nötige Nachweis, dass das Grundstück damals rechtmäßig in Privateigentum übergegangen ist.

* * *

Für die Münchner ist der Weiher vor dem Kosttor vor allem im Winter eine Attraktion, denn das seichte Wasser friert schnell zu. Der Schriftsteller Friedrich Wilhelm Bruckbräu und der Zeichner Carl August Lebschée bringen unabhängig voneinander winterliche Erinnerungen an einen Ort zu Papier, der für sie Jahrzehnte später wohl ein Stück Kindheit im alten München bedeutet. Fast scheint sich Lebschées Aquarell (siehe Seite 100/101) auf Bruckbräus Schilderung der Begebenheit auf dem Eis zu beziehen, oder umgekehrt.

> Ein Jahr später genügte uns das Zufalleis auf den Wiesen nicht mehr, und wir besuchten das solide Eis auf dem sogenannten, hinter der Herrenstraße gelegenen Leoniweiher, der eine liebliche, baumreiche und schattige Insel umgürtete, und welcher statt der flüchtigen, stahlbeschwingten Eisläufer, jetzt stattliche Häuser trägt, die ruhig stehen bleiben. Aus den Luftlöchern dieses Weihers, in dessen Wasser auch muntere Fische sich herumtummelten, zog ich an der Spitze einer Gerte manche große Muscheln, die ich zu Farben verwendete. Ich gedenke noch oft des winterlichen Nachmittags, an dem wir Beide, der berühmte Dichter Eduard von Schenk, später k. Staatsminister, mein Gönner und Jugendfreund, einer der edelsten Charaktere, die ich jemals kennen lernte, und ich, während wir über den Vorzug der unten glatt geschliffenen statt der hohlgeschliffenen Schlittschuhe sprachen, in der Nähe der Brücke, die über den Weiher auf die Insel führte, einbrachen. Das Wasser reichte uns nur ein wenig über die Hüfte. Wir setzten unser Gespräch ruhig fort, nach dessen Beendigung wir, immer das schon morsch gewordene Eis durchbrechend, festen Boden am Fuße der kleinen Anhöhe erreichten, wornach wir uns im gastlichen Hause des

> Herrn Leoni auf der Insel trockneten, den späterhin viele meiner freundlichen Leser auf der rühmlich bekannten Villa Leoni am Starnbergersee werden kennen gelernt haben. Auch er ist schon in die ewige Heimath gezogen.[20]

In der wärmeren Jahreszeit hingegen bereitet das Wasser des Leoniweihers und der mit ihm verbundenen Stadtbäche nicht nur Vergnügen. Ein Naturkundler berichtet im *Münchener Tagblatt* über den Zustand der „Moore um die Stadt“:

> Um einen beträchtlichen Theil der Stadt ziehen sich noch Gräben stehenden Wassers herum; die dicht mit Kalmus, Schilf, Wasserlinsen etc. bewachsen, und von Tauchentchen, die bekanntlich nur in faulen Mooren sich halten, besucht, von Kröten, Schlangen, Eidechsen, und dem Schwarm von Moosinsekten in Menge bewohnt sind. Die Lymphe ist grünlicht, gelblicht, oder bleyfärbig, stinkend, und brechenerregend, die Oberfläche hie und da mit dichter Schlamhaut überzogen. Von der gefahrvollen, ansteckenden Ausdünstung dieser Moore zeugen folgende Versuche: Ich faßte an verschiedener Uferstelle zu verschiedenen Zeiten des vom Leoni-Garten bis zum Isarthor innerhalb, und dann vom g. St. R. v. Cr. [wahrscheinlich „geheimer Staatsrat von Crenner“] außerhalb der Thorwache sich hinziehenden meist stehenden Grabens, erst dicht an der Libelle, dann in einer Höhe von 4 ½ Schuh ½ Dutzend Bouteillen mit der darüberschwebenden Luft.

Bei der Untersuchung der Proben findet der Wissenschaftler Kohlendioxid und Schwefelwasserstoff, also Gase, die bei Gärung und Fäulnis entstehen. Er folgert:

> Da die Bewohner dieser Moore in einer dem thierischen Leben höchst gefährlichen Atmosphäre leben; so mögen diese Versuche, die erneuert werden können, für eine wachsame Polizey aufmahnend genug seyn, zu besorgen, wie diese Pfützen ausgetrocknet – oder wenigst vom Schilf und Unrath gereinigt und in Bewegung gesetzt, und so unschädlich gemacht werden können.[21]

Über die genauen medizinischen Zusammenhänge zwischen Bakterien und Infektionen, zwischen Fäkalien im Wasser und der tödlichen Krankheit Typhus weiß man jedoch noch nichts. Daher ändert sich zunächst wenig an der Praxis, häusliches Abwasser in die Stadtbäche und sogar Odel in den Leoniweiher zu leiten.

* * *

Im Sommer 1797 steht Marianna wieder auf der Bühne des Münchner Residenztheaters. Am 25. Juni wird nach einem Lustspiel ein „Ballet vom Herrn Balletmeister Crux gegeben, genannt: *Die Amerikanerin in Spanien*. Ein sehr artiges Divertissement, in welchem die Scene mit dem Spiegel sehr hübsch ausfällt, und auch gut executirt ward. Herr Renner, und Madame Leoni tanzten beyde mit Anstand, Grazie und Leichtigkeit. Auch ihre Mimik war sprechend, und ihren Karaktern anpassend. – Einen auffallenden Kontrast machte das Haar der Tänzerinn hinter dem Spiegel – dieß war blond, da doch die Amerikanerin pechschwarzes Haar hatte, wodurch die Illusion gestört ward."

Die Darstellung des bewegten „Spiegelbildes" einer Person ist ein Topos, der in mehreren Stücken wiederkehrt – sicher auch wegen der künstlerischen Herausforderung an die Tänzer. Beiläufig erfahren wir, dass die „Amerikanerin", verkörpert von Marianna Leoni, pechschwarzes Haar hat. Ob das ihre natürliche Haarfarbe ist, verrät uns der anonyme „Freund der Schaubühne" jedoch nicht.

Die Saison geht weiter. Nicht immer ist der Kritiker der Schaubühne freundlich gestimmt, doch auf Madame Leoni lässt er nichts kommen.

> Den 2ten July *Die väterliche Rache, oder Liebe für Liebe*. Ein uraltes Theaterstück, bey dessen Aufführung man sich des Gähnens nicht enthalten konnte. Die Handlung ist darin höchst matt; der Dialog gemein, und gezerrt, und der Witz plump. Wie traurig ist es doch für so gute Schauspieler, als einen Zuccarini, Lamprecht, Heigel u. s. w. ihr Talent an solchen Stücken abstumpfen zu müssen.
>
> Zum Schluß ein Divertissement, in welchem der erste Tänzer elend und hölzern tanzte; die zweyte Tänzerin war schmuzig und geschmacklos kostumirt. Sie trug ein brennend rothes Gewand, das zur Helfte mit einer

> Espece von weis seyn sollendem Flor, an welchem der Zahn der Zeit sehr merklich genagt hatte, behängt war; vermuthlich hatte derselbe schon einige Jahre als Ueberzug (Kappe) über einen Lustre Dienste gethan; und mit diesem Jammerfahnen wagt man es, einem achtungswürdigen Publikum unter die Augen zu tretten? – Mde. Leoni war geschmackvoll und anständig gekleidet.[22]

Marianna pendelt weiterhin zwischen München und Italien. Der Publizist Karl Joseph Stegmann ist 1797/98 in Italien unterwegs und beschreibt in dem Tagebuch seiner Reise auch die dortige Theater- und Ballettszene. Er rühmt zunächst „die vorzüglichste Tänzerin Italiens", eine Signora Delclaro. Sie habe zwar „das Unglück, ausser dem Theater nicht schön, kaum erträglich auszusehn, aber auf der Bühne macht ihr nymphenhafter Wuchs diesen Mangel völlig vergessen." Nach ihr folge „Karoline Pitrot, eine gute, aber schon alte Tänzerin, jetzt zu Neapel, Eugenia Sperati, Mariana Schmaus, von deutscher Herkunft, Elisabeth Borsari, Gartana Vezzoli; alles ‚*Ballerine serie asolute*', bis auf die lezten beiden, die sich noch zum *mezzo carattere* rechnen lassen."[23]

Aus der kurzen Erwähnung geht hervor: Marianna hat auch in Italien einen Namen (und zwar stets ihren deutschen Mädchennamen), ist in der oberen Liga des Landes die einzige Deutsche und gilt dort als „Ballerina seria assoluta", also als Solistin der Spitzenklasse, und zwar im seriösen Fach. Das ist bemerkenswert, denn in München tritt sie als „Demi-caractère" auf, in Rollen mit einem „edelkomischen" Charakter, wie Pia und Pino Mlakar es bezeichnen.

Hier sind es immer noch häufig Stücke mit exotischem Sujet, in denen Marianna Leoni Erfolge feiert. 1799 verkörpert sie an der Seite von Franz Renner die Titelrolle in der Ballettpantomime *Paul und Virginie* nach einem Roman des Rousseau-Schülers Jacques Henri Bernardin de St. Pierre. Die Geschichte spielt am anderen Ende der Welt: auf der Île de France, der heutigen Insel Mauritius. Paul und Virginie, zwei europäische Kinder, wachsen dort in Harmonie mit der Natur und mit der eingeborenen Bevölkerung auf und verlieben sich ineinander. Weil Virginie in Frankreich zivilisiert erzogen werden soll, werden die Liebenden grausam getrennt. Im Gegensatz zur

Romanvorlage, in der Virginie bei einem Schiffbruch ums Leben kommt, kann Paul sie in der Ballettversion von Peter Crux aus den Fluten retten, und die Liebenden bleiben vereint. Die aufklärerische und zugleich romantische Botschaft einer idealen, egalitären Welt in Harmonie mit der Natur trifft den Nerv der Zeit.

* * *

Und Joseph Leoni? Wir haben lange nichts von ihm gehört. Die Sänger der Vokalmusik haben vielfältige musikalische Aufgaben zu erfüllen, als Solisten und Choristen, bei den Gottesdiensten in der Residenz-Hofkapelle und in anderen Kirchen, in den sogenannten Liebhaberkonzerten und nicht zuletzt in der Oper. Einige von Leonis Sängerkollegen in der Bassgruppe der Vokalmusik, deren Besetzung man den *Hof- und Staatskalendern* entnehmen kann, treten auch als Opernsolisten auf der Bühne des Hoftheaters in Erscheinung, so Alois Muck unter anderem als Mozarts Figaro oder Philipp Sedlmayr, der sich in komischen Rollen des tiefen Bassfachs einen Namen macht. Ein anderer Sänger in der gleichen Stimmgruppe, Anton Schröfl, spezialisiert sich auf die Kirchenmusik und wird später Chorregent an der Frauenkirche.

Doch von Joseph Leoni fehlt jahrelang jede künstlerische Spur. Sein Name ist in den Dienstkalendern auf der Liste der Hofkapellsänger aufgeführt, sonst aber nirgendwo. An keiner Stelle wird Joseph Leoni im Zusammenhang mit einer Opern- oder Konzertaufführung genannt, er findet sich nicht auf den Programmzetteln des Hoftheaters, kein Kritiker und kein Theaterchronist erwähnen ihn. Die Erklärung dafür ist wahrscheinlich sehr einfach: Leoni singt im Chor, aber nicht als Solist.

Am 6. November 1798 jedoch wird auf der kurfürstlichen „Hofnationalschaubühne", dem Residenztheater, das „scherzhafte Singspiel" *Die Brüder als Nebenbuhler* von Peter von Winter gegeben, das der Kapellmeister einige Jahre zuvor während eines Aufenthalts in Venedig als *I fratelli rivali* komponiert hat. Das Hoftheater lässt Programmzettel auf Deutsch und auf Italienisch drucken. Exposition des Stücks: Silvio liebt Henriette, Henriette liebt Silvio auch, ist jedoch gegen ihren Willen mit Silvios Bruder Costanzo verlobt worden.

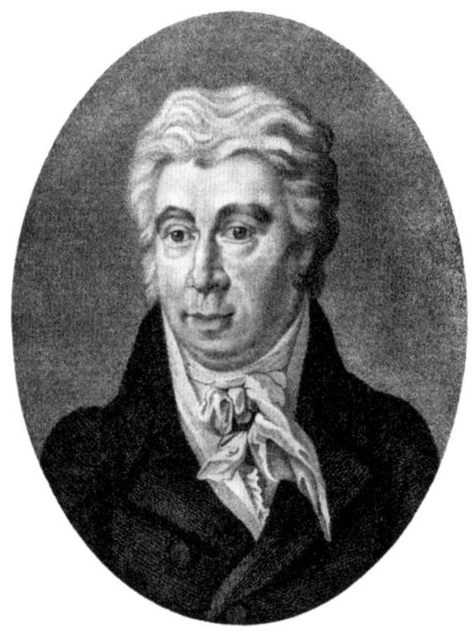

Peter von Winter (1754–1825), Komponist und langjähriger Hofkapellmeister in München

Die Benefizvorstellung „zum Besten einer dürftigen Familie" ist mit einigen prominenten Sängerinnen und Sängern der Hofoper besetzt: Henriette ist die Sopranistin Margarethe Danzi, Tochter des Schauspieldirektors Theobald Marchand und Frau des Komponisten und Vizekapellmeisters Franz Danzi. Die rivalisierenden Brüder werden von Benedikt Schack (Mozarts erstem Tamino) und dem Bassisten und Komponisten Johann Baptist Lasser verkörpert, der bekannte Bass Johann Georg Gern gibt den Vormund der Henriette.

An erster Stelle der Besetzungsliste aber steht ein bislang auf den Theaterzetteln noch nie gelesener Name: „Hr. Leoni". Er spielt den Vater der beiden Brüder, Albert/Alberto, dem es zusammen mit Henriettes Vormund gelingt, die verfahrene Situation zu einem guten Ende zu bringen.

Nach über zehn Jahren als bayerischer Hofsänger steht Joseph Leoni also zum ersten Mal als Opernsolist auf der Bühne des Hoftheaters. Warum erst jetzt bzw. warum überhaupt?

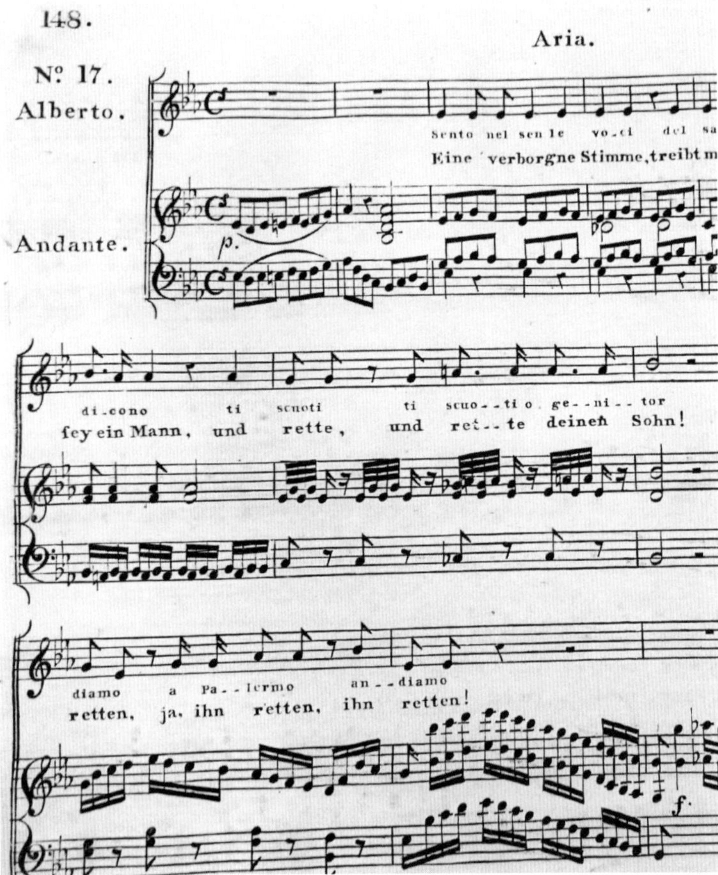

Ausschnitt aus der Arie des Alberto aus Winters Oper *Die Brüder als Nebenbuhler* (*I fratelli rivali*). Diese Partie sang Joseph Leoni am 6. November 1798 im Münchner Cuvilliés-Theater.

Schauplatz des scherzhaften Singspiels ist die Umgebung von Palermo. Immer wieder wird die sizilianische Hauptstadt im Libretto erwähnt; auch Leoni muss als Alberto mehrmals von „Palermo" singen, also von seiner Heimat. Zufall oder etwa Seeau'scher Humor? Der greise Intendant führt schon lange einen Kleinkrieg gegen den Kapellmeister Peter von Winter. Ob Graf Seeau sich über die zweitklassige Sizilianer-Posse, die Winter während einer nur ungern gestatteten Beurlaubung in Italien geschrieben hat (italienische Oper ist ja ohnehin nicht angesagt), lustig machen will, indem er darin einen sizilianischen Choristen mit einer Hauptrolle besetzt? Dieser wiederum nimmt wahrscheinlich dankbar die Gelegenheit an, endlich einmal in solistischer Funktion auf der Bühne zu stehen – nach all den Jahren im Schatten seiner gefeierten Ehefrau.

Das Singspiel *Die Brüder als Nebenbuhler* wird nach jener Benefizvorstellung am 6. November 1798 nicht mehr wiederholt. Kritiken und Theaterchroniken erwähnen es überhaupt nicht.

Jahrhundertwende und andere Wendungen

Am 16. Februar 1799 stirbt in der Münchner Residenz Kurfürst Karl Theodor und kurz nach ihm der 86-jährige Theaterintendant Joseph Anton Graf von Seeau. Für Oper und Ballett kündigt sich eine Wendezeit an.

Der schillernde Graf, „libertin jusque dans ses vieux jours, grand amateur de la table et du vin" („ausschweifend bis ins hohe Alter, großer Liebhaber der Tafel und des Weines"[24]) und fast bis zuletzt im Amt, hinterlässt ein finanzielles Chaos. Zur Übernahme der Intendanz wird eine Kommission unter Leitung des vielseitigen Joseph Marius von Babo eingesetzt, bisher Studiendirektor der Militärakademie und Theaterkommissär. Er will die Organisation reformieren und rationalisieren. Babo denkt ökonomisch. Da er den künstlerischen Wert des Tanzes nicht gerade hochschätzt, schafft er den selbstständigen Ballettetat ab und stellt stattdessen einen Gesamthaushalt für Schauspieler, Sänger und Tänzer auf. Der neue Kurfürst Max IV. Joseph erhöht diesen Etat von 35.000 auf 39.000 Gulden und verordnet in Abstimmung mit Babo am 24. Juni 1799:

> Indem Wir Unsere Absicht die möglichste Ersparung in die Theater-Ausgaben zu bringen, bereits anderwärtig geäußert, dabey aber erklärt haben, daß der Ballet einsweil noch beybehalten werden solle, so ist weiters Unsere höchste Willensmeynung: 1. daß künftig nur ein Balletmeister in der Person des Crux beibehalten werden solle, 2. daß künftig kein heroisches Ballet, sondern nur Tanzspiele, und Pantomime ländlichen, oder komischen Inhalts gegeben werden sollen, und 3. daß das gesammte Personal lediglich mit Ausnahme des Balletmeisters zu Vorstellung der in den Schau- und Singspielen nöthigen Statisten, und Compaisen [sic] bey Strafe des Abschiedes sich gebrauchen lassen solle.

Trotz der zusätzlichen Verpflichtung zu zeitraubendem Statisteriedienst wird vielen Tänzerinnen und Tänzern auch das Gehalt gekürzt. Die Arbeitsbedingungen sind unwürdig. Peter Crux ist über die obrigkeitliche Herabsetzung seiner Kunst gekränkt, und selbst er muss eine Kürzung seiner Bezüge von 1.800 auf 1.500 Gulden hinnehmen.[25]

Am 17. April 1800 lobt ein Kritiker im *Münchner Theater-Journal* zur Wiederaufnahme der *Amerikanerin in Spanien* Grazie, hohe Kunst und Leichtigkeit der Madame Leoni und ihres Partners Renner, erlaubt sich aber die vorsichtige Bemerkung, „daß wir Mad. Leoni in demselben Ballet weit größer und kunstvoller gefunden haben als heute!"

Sein Eindruck könnte sich durch den Umstand erklären, dass Marianna im Dezember 1799 wieder ein Kind bekommen hat. Das Mädchen wird auf den Namen Magdalena getauft.

Seit 1799 ist kein Auftritt von Marianna Leoni bzw. Schmaus in Italien mehr nachweisbar. Möglich, dass sie mehr für ihre Familie da sein will. Wahrscheinlicher ist aber der Grund, dass Marianna von der neuen Intendanz verpflichtet wird, Gastspiele aufzugeben und der Hofbühne ständig zur Verfügung zu stehen. Das entspräche dem schärferen Wind, der dem Ballett jetzt entgegenweht – aber es gibt noch ein Indiz für eine solche Vereinbarung: Die einzige Person im Ballett, deren Gehalt erhöht wird, ist Marianna Leoni. Statt 600 erhält sie künftig 800 Gulden im Jahr.

Eine international bekannte Tänzerin hat ihren Preis, und die „irdische Terpsichore Madame Leoni" ist eine Garantin für die Sympathie des Münchner Publikums und der Theaterkritik.

Am 4. Juni 1800 hat ein neues Stück Premiere. Die Kritik im *Münchner Theater-Journal* würdigt nicht nur Marianna Leoni eingehend, sondern zeichnet auch ein lebendiges Bild der Inszenierung und Regie sowie der daraus entstehenden künstlerischen Herausforderungen. Auch die abschließende Klage des Kritikers über verschiedene Pannen ist aufschlussreich. Daher gibt es diese Rezension hier in voller Länge zu lesen.

> Das Ballet „die zwei Wilden" gehört unter die glücklicheren Produkte des Herrn Crux. Einige Hauptideen sind zwar aus dem bekannten Ballet „das Waldmädchen" welches besonders in Wien so außerordentlich gefiel, entlehnt, indessen hat Herr Crux das Ganze mit neuen Episoden, und artigen Situationen dergestalt verwebt, daß die Erfindung dieses Ballets allerdings ihm gehört.
>
> Madame Leoni, und Herr Renner die Helden dieses Ballets waren

meisterlich groß. Durch Tanz und Pantomime bewiesen beide auch heute wieder, daß Terpsichore die reizende Göttin des Tanzes sie mit aller Grazie und Kunst – mit Anmuth und Zauber ausgerüstet habe. Es ist eine große Kunst, Leidenschaften, und Seelenbewegungen mimisch auszudrücken – und verstanden zu werden!! In einem sehr hohen Grade ist diese Kunst unserer irrdischen Terpsichore Madame Leoni – und ihrem Oberpriester Herrn Renner eigen! Eine äußerst schöne – und wegen ihrer glücklichen Darstellung höchst frappante Scene in dem heutigen Ballet, ist jene, wo die Wilde, nachdem sie berauscht vom Geiste des Weines schlafend aus der Wildniß in ein prächtiges Zimmer des Schloßes gebracht wurde, nunmehr zu ihrem höchsten Erstaunen erwacht, und unter allen ihr fremden Gegenständen zwei große Spiegel entdeckt, in welchen sie ihre ganze Person in Lebensgröße erblickt, und wo sie endlich den Geliebten wieder findet. Hier verdienen zwei Damen, und zwei Herrn des Ballet-Corps namentlich bekannt gemacht, und ihr wahrhaft großes Kunsttalent laut gerühmt zu werden. Es sind nemlich die Demoiselles Zabert, und Leßwer, dann die Herrn Flörix, und Fink welchen die außerordentlich schweren Rollen übertragen waren, die in den beiden Spiegeln erscheinenden Personen, und wie sich das von selbst versteht, sie mit allen ihren Gruppen, mit allen ihren Bewegungen, Biegungen des Körpers mit allen Ausdrücken ihrer verschiedenen Gemüthslage etc. vorzustellen. Man bedenke, und überlege dies schwere Stück Arbeit! füge die Betrachtung hinzu, daß die zwei Wilden von den heftigsten Affekten, das Mädchen von jenem des Erstaunens, der Mann von jenem der Wuth und Eifersucht getrieben, in die schnellsten, abwechselndsten, und heftigsten Bewegungen versetzt werden – überlege, daß weniger als ein Augenblick dazu gehört die Täuschung ganz zu verletzen, daß selbst die mindeste vergessene oder verfehlte Bewegung der zwei handelnden Personen auf dem Theater das Spiel jener andern im Spiegel ganz falsch machen kann, ferners erwäge man noch insbesondere, wie äußerst schwer die Rollen derjenigen waren, welche die 2 handelnden Wilden, von der Rückseite vorstellen mußten (es waren dieses Mademoiselle Habert, und Herr Fink) die also nicht einmal ihre Pantomime dadurch ein wenig reguliren konnten, daß sie Madame Leoni, und Herrn Renner im Auge hatten, nein! Mademoiselle Habert und Herr Fink stellten im entgegengesetzten Spiegel die Rückseiten der Handelnden vor, und dieß war der höchste Grad von Schwierigkeit – allein zur Ehre dieser vier sehr fleißigen, und talentvollen jungen Künstler sey es hier öffentlich gestanden, daß auch nicht eine, nicht die mindeste Bewegung fehl schlug, alles war so pünktlich, so schön, so natürlich vorgestellt, daß Kunst, und Täuschung den höchsten Grad erreicht haben, und wir bekennen, daß wir noch nirgends in dieser Art etwas größeres, und vollendeteres gesehen haben. Der laute Beifall nach Beendigung dieser treflichen Scene galt den Künstlern eben so sehr als dem Herrn Crux, dem es nicht wenig Mühe mag gekostet haben sie zu reguliren.

Heillos war es übrigens anzusehen, wie es heute wieder mit der Verwandlung des Theaters zugieng! da blieb einmal der halbe Vorhang in der Luft; nun kamen wieder die Zimmerleute, sichtbar vor den Augen des ganzen Publikums, und trieben sich mit Stangen herum, um diesen hängengebliebenen Vorhang herab zu bekommen – Im Saal blieb eine Baum-Koulisse stehen – das wollte man nach langer Zeit verbessern, und schob wieder eine andere unrechte Koulisse hervor – endlich wie das Theater bald wieder verwandelt werden sollte, kam erst die wahre Koulisse zum Vorschein!! Ist das alles möglich?? Ist das alles erträglich? Sieht das alles die Direktion nicht? oder sieht sie es, und schweigt? Auf jeden Fall leidet die Ehre des Ganzen – die Würde eines Hof- und Nationaltheaters – und das, sein Vergnügen bezahlende Publikum!! –[26]

* * *

Es ist die Zeit der Koalitionskriege. Um die Jahrhundertwende gleicht die bayerische Residenzstadt einem Militärlager. Bayern ist noch Teil der Allianz gegen Napoleon. Die Einheiten der österreichischen Verbündeten stehen im Land und benehmen sich wie feindliche Besatzungstruppen. Zivile Einquartierung wird angeordnet, das heißt, die Bürger müssen Militärpersonen in ihren Wohnungen aufnehmen. Kein Wunder, dass die Stimmung in München nicht pro-österreichisch ist. Auch der neue Kurfürst Max IV. Joseph hegt Sympathie für Frankreich, kann aber unter dem militärischen Druck Österreichs nicht aus der Koalition ausscheren. Als die napoleonische Armee am 28. Juni 1800 mit 4.000 Mann vor den Toren Münchens steht, flieht der Kurfürst mit seiner Familie umgehend nach Amberg und überlässt seine Hauptstadt den Franzosen, die jedoch von den

Münchnern freundlich begrüßt werden. Die österreichischen Soldaten ziehen sich eiligst zurück.

Den Musik- und Theaterbetrieb beeinträchtigen all diese Wirren kaum. Im April gibt die Hofmusik im Redoutensaal in der Prannerstraße ein Liebhaberkonzert mit Joseph Haydns brandneuem Oratorium *Die Schöpfung*. Höchstwahrscheinlich ist Joseph Leoni im Chor beteiligt. Die französischen Generäle erweisen sich als große Freunde der Musik von Wolfgang Amadeus Mozart. Schon am 29. Juni wird „auf Verlangen der französischen Generalität" *Don Giovanni* gegeben, am 1. Juli auf Wunsch des Generals Jean-Victor Moreau *Die Zauberflöte*, mit Programmzetteln auf Französisch, versteht sich. Beide Opern lässt die Militärführung im Juli wiederholen und wohnt allen Vorstellungen „mit großem Pompe" bei, wie Theaterchronist Franz Grandaur berichtet. General Moreau ehrt die Primadonna Josephine Cannabich, den Tamino Benedikt Schack und den Bassisten Georg Gern und lädt sie zu seinen privaten Unterhaltungen.

* * *

Das Privatleben der Familie Leoni hat schon vor einiger Zeit eine entscheidende Wendung genommen, die wahrscheinlich außerhalb des engen Freundeskreises kaum jemand mitbekommt. In einer Eingabe vom 13. Juni 1801 an das Hofoberrichteramt schreiben Joseph und Marianna:

> Eure Gnaden belieben aus den ehemaligen Obersthofmeisterstaabsamts Acten zu ersehen, was zwischen uns unterzeichneten Eheconsorten in den Jahren 1797 und 1798 für ein gütliches Verständnis sowohl was unsere Separation selbst, als die Civil Effecten betrifft, abgeschloßen, und obrigkeitlich bestättigt worden sey.
> Rücksichtlich der ersteren verbleibt es sohin noch ferner bis zur beydseitigen weiteren Vereinigung bey der getrofenen Übereinkunft.

Die Leonis haben also bereits in den Jahren 1797 und 1798 vor Gericht eine zeitweise Trennung vereinbart. Nach dem *Codex Maximilianeus Bavaricus Civilis*, dem Bayerischen Landrecht von 1756, das grundsätzlich vom katholischen Verständnis der Unauflöslichkeit der Ehe ausgeht, ist eine gerichtlich vereinbarte Trennung von Tisch (also Haushalt) und Bett möglich, ohne dass „das Eheband dadurch aufgelöset wird“. Dafür muss eine von zwei Voraussetzungen vorliegen: entweder Ehebruch oder eine Situation, in der „man mit dem anderen Ehegatten ohne große Leibes- oder Seelengefahr nicht mehr leben kann“. Im Fall des Ehebruchs dauert die Trennung „bis zur beyderseitigen Wiederaussöhnung beständig“, sonst „nur so lange, als die Ursache nicht aufhört“.

Was bei Marianna und Joseph Leoni der juristische Grund ihrer „Separation“ ist, wissen wir nicht. Die entsprechenden Dokumente fehlen. Aber die Formulierung „gütliches Verständnis“ weist nicht darauf hin, dass „immerwährende Zanksucht, unerträgliche Sitten-Raserey, hart- und grausames Traktament, unversöhnlicher Haß“ im Gartenhaus auf der Insel herrschen „oder da man etwan gar dem anderen nach dem Leben strebt“.[27]

Ist also ein Seitensprung der Grund? Laut eigener Aussage leben die Leonis seit 1797 oder 1798 getrennt und bleiben dies auch noch im Jahr 1801. Die Tochter Magdalena aber wird Ende 1799 geboren. Ein Umstand, der eigentlich den Schluss nahelegen würde, dass die Trennung von Tisch und insbesondere Bett aufgegeben worden ist, und der das Gericht wohl veranlassen müsste, die Separation für beendet zu erklären – gilt es doch nach dem Bayerischen Landrecht, die Eheleute nach Möglichkeit wieder zu vereinen. Es sei denn, Magdalena wäre das Ergebnis eines Ehebruchs.

In der Eingabe vom Juni 1801 erwähnen die Leonis auch, dass der Garten „zwischen den Isar und Kostthörl“ ihren Kindern „bereits eigenthümlich zugedacht“ ist. Die Eltern hätten aber „eigene Nothfälle“ von dieser „freywilligen Einschränkung“ ausgenommen und bitten in diesem Sinne um die richterliche Erlaubnis, tausend Gulden auf den Garten aufnehmen zu dürfen, da „höchst nothwendige beträchtliche Reparationen“ durchzuführen sind – nicht zuletzt infolge der „getragenen Quartiere“, also der Unterbringung von Soldaten (je nach Bündnis österreichischen oder französischen) in den vorangegangenen Kriegsjahren.

Hofoberrichter Hofstetter ist vorsichtig, setzt sogleich eine Kommission ein, um den „vorliegenden Gegenstand“ zu verhandeln, und beauftragt einen eigenen „Sachwalter, respec. Curator, und zwar in der Person des Churfürstl. Hofgerichts-Advocaten Licent. Berger jun." (der übrigens in Leonis Nachbarschaft wohnt) mit der „Aufrechterhaltung und Sicherstellung der den Leonischen Kindern mitls Gerichtlicher Urkunde auf den befraglichen Garten eingeräumten, und abgetrettenen Eigenthums-Rechten".

Darüber hinaus ersucht der Richter um Auskunft, ob die „auf dem Leonischen, ehemals tuschischen Garten anliegenden Kirchen Capitalien bereits abbezahlt worden sey". Darauf bestätigt die zuständige Behörde am 6. Juli, „daß die von den Leonischen Eheleuten aufgehabte Gotteshaus Kapitalien ad 1800fl. an Haupt- und Nebensache bereits vollständig abgeführt worden sey". Wenigstens diese Last ist von den Schultern der Familie gefallen.

Doch wer von beiden Leonis wohnt nach dem Trennungsbeschluss noch im Leonigarten?

Friedrich Wilhelm Bruckbräus Anekdote von den zwei ins Eis eingebrochenen, aber unerschrockenen jungen Schlittschuhläufern, die sich nach den Worten des Erzählers „im gastlichen Hause des Herrn Leoni" aufwärmen, spielt – das geht aus Bruckbräus Hinweisen ungefähr hervor – zwischen 1800 und 1802. Auch ein „Verzeichniß der sämmtlichen Hausbesitzer der Stadt und ihres Burgfriedens" aus dem Jahr 1803 nennt als Besitzer der Hausnummer 40 im Graggenauer Viertel vor der Stadt „Leoni, Hofmusikus".

Daraus zu folgern, dass Marianna ausgezogen ist, wäre jedoch ein Fehlschluss. Vielmehr weisen spätere Erwähnungen darauf hin, dass sie die Hauptbewohnerin des Anwesens ist. Ein Artikel im *Königlich-Baierischen Intelligenzblatt* vom Juni 1807 etwa berichtet von einem geplanten Spazierweg um die Stadt herum, der auch „an dem Wasser des Gartens der Madame Leoni vorüber" führt. Wahrscheinlich gab es zeitweise zwei Haushalte in den verschiedenen Gebäuden auf dem Grundstück.

* * *

Am 28. Februar 1801 ereignet sich eine Katastrophe. Die kleine Magdalena Leoni stirbt mit nur 1¼ Jahren. Ihre Todesursache ist im Sterberegister der Frauenkirche nicht angegeben. Doch die Bedrohung der Stadtbevölkerung durch Infektionskrankheiten wie Cholera, Tuberkulose und Lungenentzündung ist immer gegenwärtig. Jedes vierte Kind in München erlebt seinen zweiten Geburtstag nicht.

Noch weiß man wenig über die Zusammenhänge zwischen Hygiene und Gesundheit. Abfälle und Fäkalien landen auf der Straße und in den Stadtbächen, eine Kanalisation gibt es noch nicht. Doch die Akademie der Wissenschaft hegt Vermutungen über „faule Luft" in den Totengrüften und „giftvolle Exhalationen" auf den Friedhöfen. Daher gilt schon seit 1789 ein Verbot, Tote innerhalb der Stadtmauern zu bestatten. Um die Jahrhundertwende nun werden die Kirchhöfe um den Alten Peter und die Frauenkirche ausgehoben, gekalkt, eingeebnet und gepflastert.

So müssen auch die Leonis, die der Pfarrei zu Unserer Lieben Frau angehören, das Kind mit der Kutsche auf den äußeren Friedhof vor dem Sendlinger Tor bringen, der später der Alte Südliche Friedhof heißen wird, und es dort zu Grabe tragen.

Genau zehn Monate später, am 29. Dezember 1801, bringt Marianna Leoni wieder ein Kind zur Welt. Der Junge wird am folgenden Tag in der Frauenkirche auf den Namen Friedrich getauft.

Haben die Eltern im Schmerz über den Verlust der kleinen Magdalena vorübergehend wieder zusammengefunden? Oder ist Marianna eine andere Verbindung eingegangen? Ist das überhaupt denkbar? Würde eine verheiratete Frau durch eine Affäre und noch mehr durch uneheliche Kinder in dieser Zeit nicht der gesellschaftlichen Ächtung anheimfallen?

Sicher ist: Auch schon vor der in der Tat berüchtigten Lola Montez sind außereheliche Liebesbeziehungen von Künstlerinnen „coram publico" in München keine Seltenheit und nicht zwangsläufig ein Skandal.

Über Mariannas Kollegin Veronika Danner wurde schon berichtet. Sie ist mit dem Violinisten Christian Danner verheiratet, lebt aber bereits seit 1783 mit Ballettmeister Peter Crux zusammen, hat von ihm eine Tochter – und bleibt Erste Tänzerin im Hofballett. Ehemann Christian Danner hat seine Frau und seine Stellung in der Hofmusik aufgegeben und ist zurück in die Kurpfalz gegangen. Natürlich steht Veronika unter dem Schutz von Crux, aber weder die Intendanz noch der Hof scheinen Schwierigkeiten mit der Situation zu haben.

Erst vor Kurzem, 1797, hat die viel umworbene Sängerin Johanna Antoine geborene Fontaine, Gattin des Hofmusikers Heinrich Antoine und Königin der Nacht in der ersten Münchner Zauberflöte-Aufführung, „mit einem ihrer bevorzugteren Liebhaber" (wie der Chronist Grandaur sich ausdrückt) heimlich die Stadt verlassen. Zeitgenosse Lipowsky schwärmt noch 1811 von Madame Antoine:

> Ihre Schönheit, ihr hehrer, schlanker Wuchs, ihr Anstand, ihre sonore Bruststimme, verbunden mit einer schönen Alttiefe, bezauberten allgemein [...]. So ward sie der Gegenstand allgemeiner Bewunderung, zumal ihr Talent so schnell emporragte, und so mächtig sich erhub. Ihre Schönheit, und ihr einnehmendes Wesen, brachten ihr mehrere Liebhaber zuwegen; allein nur einer von allen blieb erhört. Mit diesem verließ sie München, und begab sich nach Mainz, wo sie mit gleichem Beifalle sang und spielte. Aber hier starb bald ihr Liebling. Sie verließ diesen Ort des Schmerzens, besuchte nun andere Theater, und war überall beliebt. Endlich zog sie sich in das häusliche Privatleben zurücke, nachdem sie mit einem französischen Offizier in nähere Bekanntschaft gerieth, und lebte ein glückliches Leben, das jedoch nur zu frühe der Tod zu Mainz i. J. 1797 geendet hat. Musik und Schauspiel verloren vieles an dieser Künstlerinn.[28]

Helene Harlaß, gerade in ihren sängerischen Anfängen, wird ab 1803 als Mezzosopranistin auf der Bühne des Hoftheaters Erfolge feiern, 1805 den Generalsekretär im Finanzministerium Gottfried von Geiger heiraten und sich von der Bühne zurückziehen. Kurze Zeit später kommt der Klarinettist Heinrich Baermann, ein genialer Musiker und schöner Naturbursche, an den Münchner Hof. Helene trennt sich von Geiger, wird Baermanns Lebensgefährtin, bekommt mehrere Kinder von ihm und singt wieder auf den großen Bühnen. Eine innige Freundschaft verbindet das Paar mit dem Komponisten Carl Maria von Weber, seit dieser 1811 erstmals in München gastiert.

Nein, diese Zeit lässt ihre Musen nicht fallen, wenn sie aus den geregelten Bahnen ausbrechen. Das vermeintlich moderne Motto

„Leben und leben lassen“ hat in der Max-Joseph-Zeit mehr Gültigkeit als am Ende desselben Jahrhunderts.

Wie auch immer – nach dem geltenden Recht bekommt das Kind den Namen des Mannes, mit dem die Mutter verheiratet ist. Joseph Leoni ist also rechtlich der Vater des Kindes Friedrich, solange er die Vaterschaft nicht anficht.

* * *

Der älteste Sohn Joseph besucht seit dem 11. Oktober 1800 die kurfürstliche Militärakademie in München. Das vormalige Kadettenkorps, zwischenzeitlich als Privatanstalt betrieben, ist 1789 von Kurfürst Karl Theodor wieder in eine staatliche Schule umgewandelt worden. Die Bezeichnung täuscht ein wenig, denn das Programm ist das eines kurzgefassten Gymnasiums mit militärischer Fachrichtung. Sprachen, Mathematik, Naturwissenschaften, Philosophie und Geschichte werden großgeschrieben, hinzu kommt Militärkunde. Die Jungen, die mit elf oder zwölf Jahren die vierjährige Schullaufbahn beginnen, sollen entweder zu künftigem Offiziersnachwuchs herangebildet oder zwecks Vorbereitung auf ein höheres Studium auf ein Lyceum übertreten – oder auch mit mittlerem Schulabschluss (inklusive Latein) ins zivile Berufsleben eintreten können. Der bisherige Studiendirektor der Akademie ist übrigens soeben als Intendant ans Hoftheater gewechselt. Es ist kein Geringerer als Marius von Babo.

Aus den Grundsätzen und den Lehrplänen des Instituts, das die Räume des ehemaligen Jesuitenkollegs neben der Michaelskirche bezogen hat, spricht der Geist der Aufklärung. Wissenschaftliche Bildung soll der Schlüssel zu einem verantwortlichen Dienst für den Staat sein, aber nicht sie allein:

> Vorzüglich aber soll sich die kurfürstliche Militärakademie darin auszeichnen, daß sie mit dem **Unterrichte** eine vollkommene, auf den besten Grundsätzen beruhende **Erzihung** verbinde. – Man verwechselt diese beiden Dinge nicht nur im gemeinen Leben, sondern leider! nur zu oft bei Schulanstalten, wo man freilich das Gedächtnis vollpfropft, den Verstand fein zuschleift, das Herz aber leer läßt. […] Die **Erzihung**

> also ist der kurfürstl. Militärakademie ebenso wichtig, als der gesamte Unterricht, und weit wichtiger, als einzelne Theile desselben.[29]

Das bedeutet für den Lehrplan nicht nur Unterricht in Philosophie und Moral, sondern auch praktische Unterweisung in Zeichnen, Schönschrift, Reiten, Fechten, Musik (bei Wilhelm Legrand, Oboist und Leiter des Militärmusikkorps) und Tanzkunst (bei Lorenz Cors, einem Ballettkollegen von Marianna Leoni). Ganzheitliche Bildung nennt man das erst viel später, aber der Anspruch ist ähnlich. Die Akademie ist bemüht, neueste pädagogische Erkenntnisse umzusetzen, was häufig im Widerspruch zu strengem militärischem Drill steht. Ein wesentliches Ziel ist auch die Fürsorge für „unbemittelte Offiziers- und Beamtensöhne". Sie werden „in allem unentgeldlich unterhalten, erzogen und gelehret". Das ist die erste Abteilung der Akademie. Die Eleven der zweiten Abteilung werden „gegen monatliche 15fl. von Inländern, und 25fl. von Ausländern" aufgenommen.

Joseph Leoni junior wird im Herbst 1800 zunächst in die zweite Abteilung aufgenommen, wechselt aber ein Jahr später in die erste, stipendierte Abteilung. Die Beschäftigung der Eltern im öffentlichen Dienst und die finanzielle Situation scheinen in die Kategorie zu passen – und grundsätzlich steht hier der soziale Gedanke über den Buchstaben der Vorschriften. Wahrscheinlich sprechen auch Josephs Leistungen für diese Entscheidung.

Die Berichte über die jährlichen öffentlichen Prüfungen künden aber auch von Hindernissen, die dem Erreichen pädagogischer Ziele im Weg stehen: der verheerende Krieg, Geld- und Personalmangel, aber auch die sehr ungleichen Voraussetzungen, die die Kinder aus den Elementarschulen mitbringen. In der Vorrede zum Prüfungsbericht von 1802 heißt es:

> Wenn die Eleven einzeln betrachtet, nicht allemal das leisten, was sie wohl leisten sollten, so sey man so gütig, dieser strengen Beurtheilung ihre oft in nichts bestehende mitgebrachten Vorkenntnisse, ihre äusserste Verwahrlosung bey der Übernahme, ihr noch zartes Alter, auch manchmal sehr schlechtes Talent unterzuordnen.

* * *

Leonis ältere Tochter Katharina scheint in die tänzerischen Fußabdrücke der Mutter zu treten. In einem „mythologischen Ballett" mit dem Titel *Das Urtheil des Paris* verkörpert Madame Leoni 1802 die unglückliche Nymphe Oenone, die von Paris der schönen Helena wegen verlassen wird – also noch immer eine jugendliche Rolle. Nach Paris, Oenone, Jupiter und den drei konkurrierenden Göttinnen Juno, Pallas und Venus, alle besetzt mit den Ersten Tänzerinnen und Tänzern des Hofballetts, nennt der Programmzettel folgende drei Rollen:

Amor	Mlle. Leoni
Hymen	Mlle. Katzenberg
Hebe	Mlle. Danner

„Mademoiselle Leoni" ist die inzwischen neunjährige Katharina. Bei den anderen beiden Mädchen handelt es sich um die Tochter der um 1770 geborenen Hoftänzerin Marianne Katzenberg – und um die wahrscheinlich schon etwas größere Tochter von Veronika Danner und Peter Crux, mit dem die Tänzerin bereits seit den 1780er Jahren liiert ist.

Das Stück beginnt auf dem Olymp mit der Hochzeit der mythologischen Figuren Thetis und Peleus. Gleich beim ersten Aufzug kommen die Kinder auf die Bühne. Wenn man im Programm die Zusammenfassung der Handlung liest, kann man sich den Auftritt der kleinen Tänzerinnen in antik anmutenden Gewändern lebhaft vorstellen.

> Hymen und Amor treten ein mit ihren Fackeln. Kleine Amouretten folgen ihnen, die jeder einen Altar tragen. Sie reichen sich die Hände, umarmen sich, und geben sich das Versprechen, sich nie zu trennen, und so dem Glücke der Neuvermählten stete Dauer zu geben. Sie vereinen ihre Fackeln, deren Flamme sich ihrem Altare mittheilt.
> Jetzt fangen die Grouppen der Götter an sich in Bewegung zu setzen. Sie umringen Thetis und Peleus, die Hymen und Amor zum Altare führen. [...] Nach einigen kurzen, leichten, und charakteristischen Tänzen, giebt Jupiter den Wink, sich zum Göttermahle zu setzen. Hebe ist geschäftig ihnen den Nektar zu reichen.

* * *

Mariannas Auftritte werden seltener. Die Trennung, der Tod ihres Kindes und die harten Arbeitsbedingungen am Hoftheater müssen an ihren Kräften zehren. Ganz abgesehen davon ist Marianna mit 38 Jahren mittlerweile in einem Alter, in dem sich das Berufsleben einer Primaballerina dem Ende zuneigt – auch zu Zeiten, in denen der Spitzentanz noch nicht erfunden ist.

Am 21. Juli 1803 schreibt die Leipziger *Zeitung für die elegante Welt* in einem Artikel über das Ballett in München:

> Das Personal des Ballets und der Pantomime ist zahlreich, sowohl an Figuranten als Solotänzern. Sie amüsiren recht gut, und füllen die oft öden Komparsen in der großen Oper lebhaft und mit Gefühl aus. Etwas Großes, Vortrefliches oder Berühmtes aber, besitzen wir hier Vorzugsweise nicht. Hr. Renner, Mad. Leoni sind berühmt, haben aber die größte Karriere schon vollendet.

Wenige Wochen später kommt ein neues Ballett von Peter Crux mit dem Titel *Die Vereinigung der Tanzkunst mit der Tonkunst* auf die Bühne: eine Allegorie am Götterhimmel, in der die Muse Terpsichore und der Sänger Orpheus versprechen, einander beständig zu begleiten. Die *Zeitung für die elegante Welt* lobt die Hauptdarstellerin. Es ist nicht Madame Leoni.

> Madame Clauce (Terpsichore), erste Tänzerin des Berliner Hoftheaters, die einst als Mademois. Redwein uns angehörte, befliß sich in dieser Gastrolle auch wirklich, die schwersten Figuren des Kunsttanzes mit einer Dezenz und Anmuth zu zeigen, die das Bild der Göttin sehr schön versinnlichten.[30]

Margaretha Clauce geborene Redwein entzückte – wir erinnern uns – schon 20 Jahre zuvor die Kritik. Nun ist sie auch nicht mehr die Jüngste, wahrscheinlich sogar etwas älter als Marianna, und wird dennoch für die Premiere als Gaststar eingekauft.

Das Stück ist ein Riesenerfolg. Doch einen kleinen Presse-Eklat gibt es auch: Der Rezensent schreibt die szenische Idee der „Tableaux vivants“ (lebende Bilder) ausgerechnet einem glücklichen Einfall von

Marius von Babo zu, den Ballettmeister Crux dann weiterbenutzt habe. Eine Richtigstellung von Peter Crux in pikiertem Ton und auf Französisch muss die Zeitung wenige Tage später drucken.

Wegen des großen Erfolgs wird *Die Vereinigung der Tanzkunst mit der Tonkunst* in derselben Saison zweimal wiederholt. Die Erste Tänzerin aus Berlin ist nicht verfügbar, und so übernimmt nun doch Marianna Leoni die Partie der Terpsichore. Am 19. Februar 1804, im Anschluss an ein Stück des politisch heiß umstrittenen Dramatikers August von Kotzebue tanzt Marianna als Muse ihrer Kunst an der Seite von Franz Renner als Orpheus, Joseph Petri als Dädalus, Veronika Danner als Minerva und Karl Flerix als Merkur zum letzten Mal über die Bühne des Kurfürstlichen Hof- und Nationaltheaters.

August Wilhelm Iffland gibt in seinem *Almanach für Theater und Theaterfreunde auf das Jahr 1807* kurze Beschreibungen der deutschen Bühnen, darunter auch den aktuellen Stand des Münchner Ballettpersonals:

> Hr. Petri, erster Tänzer im Grand serieux. – Hr. Renner, erster Tänzer im demi Character. – Mad. Danner, erste Tänzerin in beiden Fächern. – Mad. Laoni [sic], erste Tänzerin, leidet seit 2 Jahren an Nervenschwäche. – Hr. Schlidenhars, erster Tänzer und Hr. Weinberle, ebenfalls erster Tänzer, tanzen beide nicht mehr. – Hr. Schlotthauer, zweiter Tänzer, macht in der Pantomime den Pierrot. – Hr. Flerx, zweiter Tänzer, macht in der Pantomime den Harlekin.

Ein noch traurigeres Bild malt im selben Jahr Intendant Babo, der Tanzkunst ohnehin nicht sehr zugeneigt, von den ersten Kräften des Hofballetts:

> Petri, steif durch Alter und langjährige Dienste; Renner faul, zum Dienste unwillig und mit öfteren Beinschmerzen behaftet; Madame Danner alt und steif; Madame Leoni seit länger als drei Jahren wegen Krankheit ganz unbrauchbar.[31]

Angesichts dieser Zustände reist Peter Crux 1806 auf Wunsch des Hofes nach Paris, um einen Ersatz für Marianna Leoni ausfindig zu

Kurfürstliches Hof- 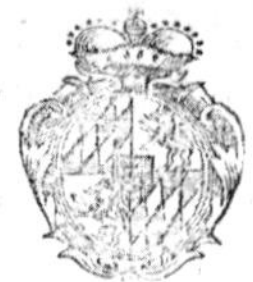 **und Nationaltheater.**

Sonntag den 19ten Februar 1804.

(zum erstenmal)

Eduard in Schottland,

oder

Die Nacht eines Flüchtlinges,

ein historisches Drama in drey Aufzügen von Düval.

Aus dem vom Verfasser mitgetheilten Manuscript frey übersetzt von Kozebue.

Personen:

Eduard Carl Stuart, Enkel Jakobs des zweyten, .	Hr. Stentzsch.
Argyle, Befehlshaber, an den Küsten im Namen König Georgs, ...	Hr. Heigel, Sohn.
Lord Athol, des Königs Liebling, ...	Hr. Kürzinger.
Lady Athol, seine Gemahlinn und Liebling der Königinn,	Mad. Elise Lang.
Malvina Macdonald, ihre Nichte, ...	Mad. Stentzsch.
Cope, Oberster eines Regiments in Diensten des Königs, ...	Hr. Heigel.
Herzog von Kumberland, Generallissimus der königlichen Truppen, ...	Hr. Zuccarini.
Englische Offiziere, . . .	Hr. Langlois. Hr. Egell.
Tom, Lord Athols Haus-Verwalter, ...	Hr. Caro.
Bedienter des Lords, . .	Hr. Piloti.

Der Schauplatz ist auf einer kleinen Insel im mittägigen Schottland, im Schloße Lord Athols.

Den Beschluß macht ein Ballet von Herrn Crux:

Die Vereinigung der Tanz- mit der Tonkunst.

Die Musik ist von Herrn Neuner.

Personen:

Dedalus, ein Bildhauer, .	Hr. Petri.
Minerva, ...	Mad. Danner.
Terpsichore, ...	Mad. Leoni.
Orpheus, ...	Hr. Renner.
Merkur, ...	Hr. Flerix

Preise der Plätze:

I. Parterre	48 kr.	Mittelloge im 4ten Range 15 kr.
II.	24 kr.	

Der Anfang ist um 6 Uhr.

Theaterzettel der Abschiedsvorstellung von Marianna Leoni am 19. Februar 1804 machen, doch vergebens. Die Position der Ersten Tänzerin bleibt in München lange vakant.

Offiziell pensioniert wird Marianna jedoch erst im Mai 1813 nach neun Jahren Krankenstand, in denen sie weiterhin ihre vollen Bezüge erhält. Marianna Leoni ist zum Ende ihrer Karriere eine der Spitzenverdienerinnen des Hoftheaters. Mit jährlich 1.400 Gulden bekommt sie die gleiche Besoldung wie der Musikdirektor des Hoforchesters Carl Cannabich.

* * *

Und Joseph Leoni? Wie ist es mit dem Sänger seit seinem Operndebüt 1798 weitergegangen? Die Kirchenmusik in Bayern erlebt in den Jahren 1802 und 1803 einen gravierenden Einschnitt: die Säkularisation, die Enteignung der Klöster zugunsten des bayerischen Staates als Ausgleich für linksrheinische Gebietsverluste – ein komplexes Kapitel Geschichte, das wir hier nur kurz streifen *können*, aber kurz streifen *müssen*. Denn bei allen stellenweise katastrophalen Auswirkungen der Säkularisation auf das Musikleben in Bayern (mit den Klöstern gehen musikalische Ausbildungsstätten und Aufführungsorte von Kirchenmusik verloren, Musikbibliotheken werden aufgelöst und in alle Winde zerstreut) wird die Arbeit der Münchner Hofmusik nur geringfügig beeinträchtigt.

Bereits am 26. Oktober 1801 wird in München das Theatinerkloster durch eine kurfürstliche Entschließung aufgehoben und dessen Vermögen eingezogen. Die Nutzung der Gebäude geht zunächst an das „Kurfürstliche Ministerial-Departement", also an Superminister Graf Montgelas über. Die Theatinerkirche St. Kajetan aber ist eine Hofkirche, in der sich eine Fürstengruft mit den Gebeinen zahlreicher Wittelsbacher befindet. An bestimmten prominenten Todestagen ist laut Dienstkalender der Hofmusik „allezeit um halb 8 Uhr präcis ein Requiem in der Theatiner-Kirche" zu spielen und zu singen. Nun aber wird die Kirche für einige Zeit als Heulager genutzt. Die Requien finden im Alten Hof statt. Ab 1806 wird St. Kajetan dann wieder Hofkirche wie zuvor, nur das Kloster bleibt aufgehoben und dient als Regierungsgebäude.

Im Kirchenmusikdienst geht also fast alles seinen gewohnten

Gang. Und im Hoftheater? Gelingt Joseph Leoni eine Karriere als Opernsänger?

Um die Antwort kurz zu machen: nein. Der Sänger Joseph Leoni ist weiterhin in den Hofmusik-Dienstkalendern als einer der Bassisten der Vokalmusik aufgeführt, sonst aber nirgendwo. Nach Winters *Die Brüder als Nebenbuhler* von 1798 steht Leonis Name auf keinem Programmzettel des Hoftheaters mehr. Theaterchronisten nennen die Bässe Sedlmayr, Muck, Gern und Maurer, doch keinen Leoni. Kein Kritiker erwähnt ihn, nicht einmal nach der Aufführung der *Brüder als Nebenbuhler*. In einem „Verzeichnis des Personals der königlich Bayerischen Hofkapelle" in einer Ausgabe der *Allgemeinen Musikalischen Zeitung* von 1806 sind diejenigen Sänger mit Sternchen markiert, die „auch bey der deutschen Oper" auftreten. Leoni gehört nicht dazu. Auch in Lipowskys *Baierischem Musiker-Lexikon* von 1811, das fast alle Hofmusiker und Hofsänger seiner Zeit würdigt, findet Leoni keinen Eingang.

Der Auftritt in Peter von Winters Oper am 6. November 1798 war eine Eintagsfliege. Joseph Leoni bleibt Chorsänger. Sein Jahresgehalt beträgt im Jahr 1804 immer noch 400 Gulden.

* * *

Ein anderer Sänger hingegen, ein Tenor, steht ab dem Jahr 1805 in Münchens hellstem Rampenlicht. Durch kurfürstliche Entschließung vom 3. Mai wird angeordnet, dass in Zukunft jedes Jahr zwei große italienische Opern zu geben seien. Mit Kaiser Napoleon haben sich die Zeiten geändert: Der Hof will wieder Glanz von großem internationalem Format sehen. Die Inszenierung wird dem berühmten Sänger Antonio Brizzi aus Bologna übertragen, der vom 1. Oktober lebenslänglich engagiert wird, und zwar mit der Verpflichtung, während der ersten sechs Jahre vier Monate (März bis Juli) im Jahr anwesend zu sein. Nach Ablauf dieser Jahre ist Brizzi „zu einer beständigen Domizilirung und Funktionseintretung" verpflichtet.

Der Knebelvertrag mit dem Star hat Folgen. Die Oper *Die Horazier und Curazier* von Antonio Salieri erfordert acht neue Dekorationen sowie 14 Haupt- und 150 Nebenrollen, alle in neuen Kostümen. Für eine andere Oper ordnet Brizzi 230 Darsteller zu Fuß und zu Pferd an,

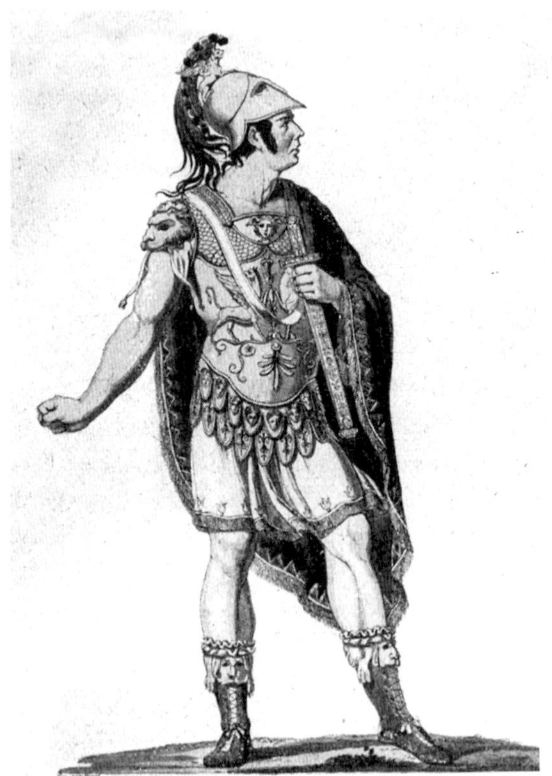

Antonio Brizzi in der Titelrolle der Oper *Achille* von Ferdinando Paër

von denen 208 neu in teure Stoffe gekleidet sein müssen. Wer das enge Cuvilliéstheater kennt, kann sich das Gedränge vorstellen.

Die Prachtopern fordern in München denselben Aufwand wie in Wien oder Berlin, nur dass sie dort 20 Vorstellungen en suite erleben, hier kaum zwei. Intendant Babo fürchtet, dass das gelangweilte Münchner Publikum aber durch den Prunk so verwöhnt wird, dass es keine normalen Vorstellungen mehr besuchen will.

Nicht nur in München ist Brizzi der Schrecken der Kassen und Intendanten. Man sagt: Überall, wohin er kommt, versteht er es, lustig zu leben und doch ein Geschäft zu machen.

Theaterchronist Max Leuthäuser überliefert folgende Anekdote: Auf Empfehlung von Kurfürst Max IV. Joseph ist der Sänger Gast am

Hof in Weimar. Dort erhält er für jeden Auftritt 15 Louis d'or, nebenbei freie Wohnung im Fürstenhause und für sich freie Tafel. Da Brizzi aber kein Freund einer Tafel ohne Gäste ist, lädt der Tenor mit der „schönen Figur, gebildetem Anstand und Feuer" (wie ein zeitgenössischer Lexikonartikel mitteilt) jeden Abend sechs bis acht Damen und Herren zu sich und zecht mit ihnen bis der Morgen graut, vier Wochen lang. So wird der für Brizzis Gastspiel vorgesehene Etat um tausend Taler überzogen.

Zur Erinnerung: Antonio Brizzi ist der Ehemann von Joseph Leonis Schwester Francesca, in München Fanny genannt. Doch auch unter der Ägide des Schwagers bekommt Leoni kein Solo.

* * *

„Endlich haben wir das sehnlichst erwartete Vergnügen, Seine Majestät Napoleon, Kaiser in Frankreich und König in Italien hier eintreffen zu sehen", jubelt die *Kurpfalzbaierische Staats-Zeitung von München* am Freitag, den 25. Oktober 1805. Unter Kanonendonner und Glockengeläut zieht Bonaparte am Abend sechsspännig durch die Neuhauser- und Kaufingergasse über den Marienplatz in die Residenzstraße und steigt unter dem Jubel des Volkes vor der Residenz aus, wo er an der Treppe vom kurfürstlichen Hof empfangen wird. Die Stadt ist taghell erleuchtet. Am selben Abend wird im Hoftheater Winters Erfolgsoper *Das unterbrochene Opferfest* gegeben, zwei Tage später Mozarts *Don Giovanni* auf Deutsch. Es dirigieren die Kapellmeister Winter und Cannabich. Der Kaiser wohnt jeder Oper jeweils einen Akt lang bei. Einen großen Eindruck macht auf ihn die Stimme oder der Charme der Sopranistin Regina Hitzelberger, die sowohl in Winters Oper auftritt als auch die Zerlina in *Don Giovanni* singt. Babo wird in die kaiserliche Loge beordert und muss Napoleon alles über die Sängerin mitteilen. Kaiserin Josephine kommt erst einige Tage später nach München.

Am Sonntagmorgen gestaltet die Hofmusik in der Theatinerkirche ein feierliches Hochamt mit einer großen Orchestermesse für die Segnungen der kaiserlich französischen und kurfürstlich bayerischen Waffen und zum Dank für die glückliche Befreiung Bayerns aus den Händen der Österreicher. Der kurfürstliche Hof nimmt gemeinsam mit Napoleon und dessen Generalität teil. Der Kaiser verspricht, beim nächsten Friedensschluss Bayern nicht zu vergessen.

Nach der abendlichen Vorstellung des *Don Giovanni* im Residenztheater lässt Napoleon durch einen seiner Adjutanten der Sängerin Regina Hitzelberger auf der Bühne ein riesiges Blumenbouquet überreichen, in dem ein Brief verborgen ist: das Angebot eines hochbezahlten Engagements als Kammersängerin in Paris.

Am nächsten Tag wird im prunkhaft ausgestatteten Kaisersaal der Residenz ein Hofkonzert gegeben. Regina Hitzelberger singt die Kavatine „Porgi amor qualche ristoro" aus der *Hochzeit des Figaro* von Mozart. Danach tritt Napoleon vor die auf dem Podium stehende Sängerin hin und sagt: „Mademoiselle, je vous admire." (Josephine ist immer noch nicht eingetroffen.)[32]

Die Künstlerin steht etwas verwirrt da und verbeugt sich dann ehrfurchtsvoll. Doch der Kaiser fährt fort: „Cet instant vous a placé au-dessus de moi, car vous avez conquis sans faire de blessures!" („Dieser Moment hat Sie über mich gestellt, denn Sie haben erobert, ohne zu verletzen!")

Regina Hitzelberger folgt der kaiserlichen Einladung nach Paris nicht und heiratet in München den Geiger Theobald Lang. Trotzdem wird Bayern Königreich von Napoleons Gnaden. Nach der Proklamation, beim Neujahrsempfang 1806 begrüßt der alte Kurfürst und neue König Max I. Joseph seine Minister mit den berühmten Worten: „Es freut mich, Euch zu sehen. Ich wünsche Euch allen ein gutes neues Jahr. Wir bleiben die alten."

Eine wunderbare Freundschaft

Im Sommer 1805 gibt Antonio Brizzi – noch als Gast – dem Münchner Publikum einen ersten Vorgeschmack seiner Auffassung von großer Oper. Am 21. Juli wird Mozarts Opera seria *La clemenza di Tito* mit Brizzi in der Titelpartie des römischen Kaisers Titus gegeben. Das Stück kommt jedoch in einer kurz zuvor in Wien eigens eingerichteten Fassung auf die Bühne, die mit Einlage-Arien verschiedener anderer Komponisten – vor allem für den Titelhelden – angereichert ist.

Der Rezensent der *Allgemeinen Musikalischen Zeitung* ist nicht amüsiert:

> Nie wurde hier der so gewöhnliche Unfug mit Einlegung der Arien weiter getrieben als eben gestern. Acht Stücke, grössere Scenen und Arien von den verschiedensten Meistern, waren da ohne Wahl auf einander gepfropft, und wie in einer Zauberlaterne paradirten nach einander: Winter, Cannabich, Weigel, Simon Mayer in Gesellschaft des grossen Mozart. Doch am unverzeihlichsten sündigte Hr. Brizzi selbst. So kam z B im zweyten Akt eine unendliche Arie von ihm vor; ein Chor Soldaten – denn ohne einen Singchor, der, wie in Trompetenstössen, die Arie begleitet, können die heutigen Sänger keine Bravourarie mehr zur Welt bringen – fiel wie aus den Wolken, mit denen unser Titus – dass er aber Titus sey hatte der Virtuos heute wol vergessen – so arg trillerte, so ohne Maass schäkerte, so mit Sprüngen und Koloraturen, in halber Stimme vorgetragen, spielte, dass man hätte glauben mögen, er habe sich vorgenommen, auch einmal für die Galerie zu singen.

Ganz anders Madame Sessi, die Sängerin der weiblichen Hauptrolle Vitellia: „Eine Frau ohne Prätension", so charakterisiert der Kritiker die Sopranistin, denn „sie legte keine einzige Arie ein, sang nicht einen Takt mehr als den Mozart hier schrieb […]. Schöner hätte sie den unsterblichen Mozart nicht verherrlichen können! – Sie wurde von der Kurfürstin mit einem prächtigen diamantenen Halsband beschenkt." Süffisant schließt der Rezensent: „Die italienische Oper wird nun auf geraume Zeit schweigen. Brizzi, Cannabich […] und Andere machen Reisen."

Brizzi, der bis 1806 noch im Engagement in Wien ist und dort wohnt, reist zunächst nach Salzburg – aber nicht allein. Zwei Herren aus München begleiten ihn: Joseph Leoni, der seinem berühmten Schwager gerade als Chor-Soldat auf der Bühne sekundieren durfte, und ein hoher bayerischer Beamter namens Franz von Krenner. Am 25. Juli steigen die drei im komfortablen Hotel „Zum goldnen Schiff" am Domplatz ab. Was sie in Salzburg vorhaben, ist unbekannt. Das ehemalige Fürsterzbistum ist jetzt ein säkularisiertes Kurfürstentum, noch nicht der österreichischen Krone zugeschlagen, und ausnahmsweise herrscht gerade kein Krieg zwischen Bayern und Österreich. Wahrscheinlich sind die Herren einfach zum Vergnügen hier und wandeln ein wenig auf Mozarts Spuren.

Doch wer ist der dritte Mann, Franz von Krenner? – Bürgerlich geboren 1762 in München, in Ingolstadt Jurisprudenz studiert, ab 1785 Sekretär und Rat bei der Hofkammer sowie beigeordneter Hofanlagsbuchhalter. 1792 von Kurfürst Karl Theodor in den erblichen Ritterstand erhoben, 1799 Ernennung zum geheimen Referendär im Finanzministerium unter Graf Montgelas.

Das klingt ebenso nach steiler Karriere wie nach trockenem Beamtentum. Aber Franz von Krenner ist darüber hinaus – wie sein älterer Bruder Johann Nepomuk – ein forschender Geist, in seinen Jugendjahren intensiv mit der Geografie Bayerns befasst, später vor allem mit Rechtsgeschichte. 1805 schließt er die Arbeit an den *Baierischen Landtagshandlungen* ab, einer Dokumentation der Ständeversammlungen des 15. und 16. Jahrhunderts, die er mit großem Fleiß über drei Jahre lang erforscht und in 18 Bänden herausgegeben hat. Nach Abschluss dieses Großprojekts kann Krenner sich wieder mehr den schönen Liebhabereien widmen, etwa dem Theater oder dem Sammeln illustrierter französischer Bücher.

Woher sich die Herren kennen, wissen wir nicht, aber in dieser Zeit entwickelt sich eine besondere Freundschaft zwischen Franz von Krenner und Joseph Leoni. Möglicherweise ist die Verbindung über Antonio Brizzi zustande gekommen. Krenner teilt mit dem Tenor den Hang zu feuchtfröhlichem Feiern, und er ist treuer Theaterabonnent. Als solcher könnte er freilich auch schon einige Jahre früher die Bekanntschaft der Ersten Tänzerin Marianna Leoni gemacht haben.

Zudem liegt Krenners Wohnhaus nur wenige hundert Meter nördlich vom Leoniweiher an der Grenze zwischen Graggenauer Viertel und St.-Anna-Vorstadt.

Der bayerische Staatsbeamte und Schriftsteller Karl Heinrich von Lang erinnert sich:

> Mein Vorgänger im Reichsheroldenamt war der Geheimerath von Krenner, der ältere Bruder des Geheimenraths und Finanzreferendars von Krenner. Beide Brüder waren bei dem Minister [Graf Montgelas] wohl empfohlen, der Finanzreferendar wegen seiner muntern Laune und Lebenslustigkeit, der andere ältere wegen seiner Buchgelehrsamkeit und äußeren Stattlichkeit. Da mehrere Male, wenn der Minister einen von beiden rufen oder bitten ließ, Verwechslungen vorfielen, so pflegte er nachher den stattlichen seinen Leuten als *Krenner*, den andern als den *Krennerl* deutlicher zu machen. Der Krennerl hatte sich auch eine große Bibliothek von lauter schmutzigen und schlüpfrigen Büchern angelegt. Seine liebste Erholung war, an dem Catalogus derselben zu arbeiten, in dem er die Biblia sacra oben an gesetzt.[33]

* * *

Mittlerweile gleicht die Stadt München nicht mehr einem Kriegslager, aber die Zeit ist noch immer durch die Napoleonischen Kriege geprägt. Das Militär beherrscht das öffentliche Leben. Auch für junge Männer bürgerlicher Herkunft ist inzwischen eine Offizierslaufbahn möglich: eine berufliche Perspektive, die man als glänzend und ehrenvoll – und weniger als lebensgefährlich – betrachtet.

Wir erinnern uns: Der älteste Leoni-Sohn Joseph, geboren 1789, besuchte bereits mit elf Jahren die kurfürstliche Militärakademie, an der die Jungen zu gebildeten Offiziersanwärtern herangezogen werden sollen. Seit dem Vertrag von Bogenhausen vom 25. August 1805 ist Bayern Napoleons Verbündeter. Im November 1805 besetzen die napoleonischen Truppen Tirol. Österreich muss im Frieden von Preßburg Ende 1805 die Grafschaft Tirol an Bayern abtreten. Der fast 18-jährige Joseph Leoni jr. dient bei der bayerischen Infanterie.

Am 18. März 1807 schreibt Vater Leoni einen Bittbrief an den bayerischen König (besser gesagt, er lässt den Brief von einem professionellen Schreiber in einer Kanzlei verfertigen) und untermauert sein Anliegen sogar durch zwei Empfehlungsschreiben der militärischen Vorgesetzten seines Sohnes.

> Mein Sohn Joseph Leoni, der die allerhöchste Gnade hat, unter allerhöchstdero Armee zu dienen, war zeig des sub No. 1 schriftlich anliegenden Attestes im Jahre 1805 bey allerhöchstdero Jägerkompagnie zu Fuß, und zeichnete sich bey jeder Gelegenheit, vorzüglich aber bey Kufstein besonders aus.
>
> *No. 1:* Attest von Carl August von Xylander, 28. Dezember 1806: „Daß Joseph Leoni, Jäger meiner im vorigen Feldzug untergehabten Jäger Compagnie zu Fuß sich bey jeder Gelegenheit, und vorzüglich in Tyroll auf dem Vorposten bey Kufstein, durch sein gutes, und aufmerksames Betragen ausgezeichnet, in specie aber bey der Wegnahme, und Aufhebung eines kaiserlichen Piquets an der Kieferbrücke, indem er als Freywilliger vorgegangen, vielen Muth und Unerschrockenheit gezeiget, und sich überhaupt so betragen, wie es einem rechtschaffenen Soldaten geziemet, dießfalls aller Empfehlung würdig."

Was es mit dem Vorfall an der Kieferbrücke auf sich hat, berichtet – aus gegnerischer Sicht – die *Oesterreichische militärische Zeitschrift 1823, Nr. 4* in einem Artikel über die „Geschichte des Feldzugs in Tirol und Vorarlberg im Jahre 1805":

> Am 7. November war der Marschall Ney mit dem größten Theil seiner Abtheilung in Innsbruck eingezogen [...]. 5,000 Baiern sollten über Kössen gegen St. Johann rücken, während der Div. Gen. Malher diesen Angriff durch eine Bewegung gegen Wörgl begünstigen sollte. Die erstere Kolonne bildete die bairische Division Deroi, welche sich schon am 6. den Eingängen gegen Kufstein genähert hatte, Abends das an der Kiefer-Brücke stehende östreichische Piquet überfiel, und es, mit Verlust von 17 Gefangenen, nach Kufstein zurückdrängte.

Vater Leoni setzt sein Gesuch fort:

Dieses Wohlverhalten entlockte mir die Entschließung, seinem Wunsch bey dem königlich berittenen Feldjäger Corps zu dienen, zu befriedigen, und ich that das Aüßerste, und equipierte ihn mit einem Kostenaufwand von 150fl.
Nun steht er bey allerhöchstdero Titl. von Auberth als Ordonanz [...].

No. 2: Empfehlungsschreiben Obristlieutenant von Aubert, 27. März 1807
„[...] bin ich sehr erfreut Ihnen mitteilen zu können, daß die ganze Zeit hindurch, wo dieser junge Mensch als Ordonnanz bey mir stand, sich derselbe mit besonderem Diensteifer, Ehrliebe, und Bravour betragen hat, so daß seiner Jugend ungeachtet er die große Strapaze, und Entbehrungen, besonders des beschwerlichen Feldzuges in Pohlen und Ostpreußen, willig und standhaft ertragen hat, und mir sowohl vor dem Feinde, als in Verpflichtungen öfters von sehr großem Nutzen war."

Dieses, und der Wunsch, eines meiner Kinder hinlänglich versorgt zu wissen, erfrechen mich Eure Königliche Majestät allerunterthänigst zu bitten, meines Sohnes Joseph Leoni bei denen itzt öfters ereignenden Vacaturen und avancements allergnädigst zu gedenken, und selben mit einer Offiziersstelle zu begnaden. Überzeugt, daß Eure Königliche Majestät auf die Kinder allerhöchstdero Dienerschaft besondere Rücksicht zu nehmen suchen, empfehle ich meine allersubmisseste Bitte allergnädigster Erhör, und mich allerunterthänigst

Euer Königlichen Majestät
München, den 18t. März 1807
allerunterthänigst treu gehorsamster
Joseph Leoni, königlich baierischer Hofmusikus

* * *

Ende Mai 1808 verbringt Franz von Krenner, inzwischen Geheimer Rat, einige Tage in Lindau am Bodensee. Er logiert im Gasthof zur Krone, einem geschichtsträchtigen Haus, in dem schon Fürsten beim

Lindauer Reichstag von 1496 wohnten. Möglicherweise besucht Krenner diese Herberge aus historischem Interesse.

In der Krone erreicht ihn ein Brief eines Bekannten, der dem Staatsrat in überschwänglichen Worten zu dessen soeben bekannt gewordener Ernennung zum Ritter des Civilverdienstordens gratuliert und „nicht mangeln" will, hierüber sein und seiner Eheconsortin „submißestes Compliment in tiefster Ehrfurcht darzulegen". Der Absender schließt mit dem Postskriptum „An H. Reisdirector v. Leoni bitte unser weitläufiges Compliment gelangen zulaßen" und mit einer unleserlichen Unterschrift.

Der Schreiber des Briefes nimmt also an oder weiß, dass Krenner in Begleitung Leonis unterwegs ist. Dass er Leoni als „Reisedirektor" grüßen lässt, klingt nach Scherz und Ironie. Hier und da ist diese Funktionsbezeichnung im Zusammenhang mit der Reisebegleitung und -organisation höher gestellter Personen gebräuchlich; bei Künstlern späterer Zeiten würde man wohl von einem „Tourmanager" sprechen. Leoni verbindet die Reise nach Lindau möglicherweise mit einem Besuch bei Sohn Joseph, der inzwischen beim 6. leichten Infanteriebataillon „La Roche" in der Bodenseestadt stationiert ist.

Doch wie um alles in der Welt kommt Leoni zu seinem „von"? Ist er zum Hochstapler geworden? Ist das Adelsprädikat ein Scherz? Oder hat Krenner Leoni in bestimmten Kreisen als Adeligen eingeführt, um seinem Freund ein höheres Prestige zu verschaffen? Tatsächlich ist in mehreren Notizen aus Krenners Umfeld von „Herrn von Leoni" oder auch „von Leony" die Rede, während dem Sänger in der Sphäre der Hofmusik diese Ehre nicht zuteil wird. Eine sichere Antwort, wer Leonis „Ritterschlag" erfunden hat und warum, lässt sich nicht geben.

Leoni begleitet den Staatsrat nicht nur auf Reisen. Auch in dessen privatem Haushalt in der Pferdstraße in München erledigt Leoni verschiedene Arbeiten. Seine Unterschrift auf Lieferscheinen belegt, dass er Weinlieferungen entgegennimmt, einen „Schober Roggenstroh" für die Pferde, oder sich im Ebersberger Forst um Brennholzlieferungen für Krenner kümmert: Joseph Leoni hat neben seiner mäßig bezahlten Tätigkeit als Hofkapellsänger eine zweite berufliche Existenz gefunden. Dabei gibt es für die Funktion, die er beim Staatsrat erfüllt, keinen einfachen Begriff. Leoni ist Gesellschafter, Hauswirtschafter, Faktotum. In Krenners Abrechnungen der Ausgaben für Hausangestellte oder andere Dienstleistungen, über die der Finanzbeamte selbstverständlich gewissenhaft Buch führt, erscheint Leoni nicht. Es besteht kein offizielles Dienstverhältnis, sondern eine symbiotische Beziehung, ein Gentlemen's Agreement. Die Gegenleistung, die Leoni für seine Dienste erhält, besteht wahrscheinlich in erster Linie aus Kost und Logis im großen Wohnhaus des Staatsrats. So deutet immer mehr darauf hin, dass Leoni irgendwann nach 1803 seinen Wohnsitz auf der Insel im Weiher vor den Toren Marianna und den Kindern überlässt und bei Krenner in der Pferdstraße einzieht. Krenner zählt Leoni zu seinen „Hausfreunden und Abendgesellschaftern"; der Sänger bezeichnet den Staatsrat als seinen „mächtigsten Wohlthäter und Unterstützer".

Wenn der Ebersberger Rentbeamte Schuhmann seine privaten Auslagen für Holz- und Futtermittellieferungen nach einer „Herrn Oberst-Jägermeister-Freund Leoni übergebenen Rechnung" über 207 Gulden in Erinnerung bringt, dann muss man sich diese sonderbare Titulierung wohl mit einem Augenzwinkern oder einem Stirnrunzeln des Beamten vorstellen... Vielleicht lässt sich auf den „Kammervirtuosen", den „Reisdirector", das vermeintliche oder angemaßte Adelsprädikat und den „Oberst-Jägermeister-Freund" ein Reim machen, der etwas mit der Persönlichkeit des Hofsängers Joseph Leoni zu tun hat.

Wie dem auch sei, die Freundschaft des munteren, großzügigen „Krennerl" hat Leoni die Möglichkeit gegeben, nach der Trennung von Marianna wieder so etwas wie gesicherte Verhältnisse zu schaffen, verbunden mit dem Verkehr in gesellschaftlichen Kreisen, die einem Chorsänger der Hofmusik weniger zugänglich sind.

* * *

Lindau, 27. März 1809: Junker Joseph Leoni vom 6. leichten Infanterie-Bataillon wird durch Leutnant Lauböck belobigt.

Die Nachrichten über die Soldatenlaufbahn von Joseph Leoni junior sind bruchstückhaft. Eine einzige persönliche Erinnerung ergänzt die knappen Aktennotizen und Heeresmeldungen: In Abensberg in

Niederbayern kommt es am 19. und 20. April 1809 zu mehreren Gefechten zwischen den napoleonischen Truppen und dem österreichischen Heer. Ein Soldat erinnert sich:

> An demselben Morgen [des 20. April], gegen 10 Uhr, war der neubeförderte Junker Leoni mit einiger Ergänzungs-Mannschaft vom Depot beim Bataillon La Roche eingetroffen, und da die Junker der leichten Bataillons keine Fahne zum Tragen hatten, und deßhalb bei einem Gefechte nur müßige Zuschauer waren, so bat Junker Leoni den Bataillons-Kommandanten, mit den Schützen, und mit einem Gewehre bewaffnet, vorrücken zu dürfen, was ihm auch bewilligt wurde. – Die Schützen waren jedoch kaum eine Viertelstunde im Gefechte, als Leoni einen Schuß mitten durch die Säbelkuppel und die rechte Schulter erhielt. So viel ich erfahren habe, ist Leoni nicht in unmittelbarer Folge dieser Verwundung gestorben, sie war vielmehr ganz geheilt.[34]

Lindau, 30. Juli 1809: Im 6. leichten Infanterie-Bataillon „La Roche" erhält der Junker Joseph Leoni die Stelle eines Unterleutnants, das ist der niedrigste Offiziersrang.

Königlich-Baierisches Regierungsblatt vom 30. September 1811:

> Der Unterlieutenant des 6. leichten Infanterie-Bataillons La Roche, Joseph Leoni, ist zum 1. leichten Infanterie-Bataillon Gedoni [in München] versetzt, und dagegen der Unter-Lieutenant dieses Bataillons, Johann Tschamerin, zum 6. leichten Infanterie-Bataillon La Roche versetzt.

Aus dem Personalbogen des Unterleutnants Joseph Leoni:

zu Hause	München
Stand der Eltern	Music Director
Jahre alt	23
Schuh	5
Zoll	5 ½
Religion	kath.
Stand	ledig

Josephs Körpergröße von 5 Schuh und 5 ½ Zoll entspricht ca. 1,60 Meter. Der merkwürdige Eintrag unter „Stand der Eltern“ könnte auf einer ungenauen Auskunft des Sohnes beruhen; Vater Leoni wird in offiziellen Dokumenten fast immer als „Hofsänger“ oder „Hofmusikus“ geführt.

10. Juni 1812: Bericht eines Kommandanten des 1. leichten Infanterie-Bataillon Gedoni:

> Der als krank im Rapport geführte Herr Lieutenant Joseph von Leoni, welcher schon als krank mit dem Transport von den in Salzburg abgeholten Rekruten zurückkam, ist heute Nacht um halb zwey Uhr verstorben, dessen Krankheit war eine Verwundung im Kopf, welche er durch einen Sturz vom Pferde erhalten hat, welches gehorsamst anzeigt das mit allschuldigster Hochachtung bestehende Reserve Divisions Commando.

* * *

Auch der zweitälteste Sohn der Leonis, Clement, wahrscheinlich 1791 geboren, ist Soldat. Er dient als Junker des 8. Linien-Infanterie-Regiments „Herzog Pius“.

Für ihn bittet die Mutter um Beförderung. Am 19. August 1812 ruft Marianna Leoni mit einem Brief an den König ihre bereits einmal gestellte Bitte in Erinnerung, Clement als Leutnant anzustellen:

> […] so überzeuge ich mich, daß Eure Königliche Majestät dieß meinen mütterlichen Gefühlen zu gut halte und ihm baldigst allerhöchstdero Huld und Gnade angedeihen lassen werde.

Weiß Marianna, dass Clement mit seinem Regiment längst im Krieg ist?

Als Napoleon den Feldzug gegen Russland beschließt, muss das Königreich Bayern als Mitglied des Rheinbundes seiner Bündnisverpflichtung nachkommen und die „Grande Armee“ mit mehr als 30.000 Soldaten verstärken. Mitte August 1812 steht die bayerische Infanterie in der Nähe der weißrussischen Stadt Polozk, um die linke Flanke der Franzosen zu sichern. Bei der Abwehr des russischen Angriffs erleiden die verbündeten Truppen schwerste Verluste.

Am 23. September 1812 gibt das *Königlich-Baierische Regierungsblatt* bekannt:

> §1. Das baierische Armee-Korps hat in den Gefechten vom 16. 17. 18. und 22. August unweit Polozk an der Duna, unter den Befehlen des kaiserlich-französischen General-Obersten, Grafen Gouvion Saint Cyr, und unter der besonderen Leitung des Generals der Infanterie von Deroy und des Generals der Kavalerie Grafen Wrede, durch neue Beweise einer außerordentlichen Standhaftigkeit seinen bereits errungenen Ruhm noch mehr befestiget [...].
> Der General der Infanterie von Deroy hat, bis ihn am 18. eine Flintenkugel tödtlich verwundete, mit gewohnter Einsicht und Tapferkeit seine Truppen geführt.

Notiz in der gleichen Zeitung vom 9. Dezember 1812: „Clement Leoni, verwundet den 18., gestorben den 19. August".

Die Erste Schlacht bei Polozk fordert auf französisch-bayerischer Seite 3.000 Opfer, auf russischer Seite fallen 5.000 Mann. Clement stirbt bei Polozk am selben Tag, an dem seine Mutter in München zum zweiten Mal ihre Bitte um seine Beförderung zum Leutnant abgesendet hat.

Napoleons Russlandfeldzug geht als „Bayerngrab" in die Geschichte ein. Wer nicht auf den Schlachtfeldern fällt, erfriert oder verhungert im folgenden russischen Winter. Von den mehr als 30.000 Mann, mit denen Bayern den größten Anteil der verbündeten Truppen gestellt hat, überleben nur 4.000.

Wie verkraften Marianna und Joseph Leoni den Hohn des Schicksals, dass zwei ihrer Söhne, für deren Soldatenkarriere sie sich selbst eingesetzt haben, innerhalb weniger Wochen ihr Leben beim Militär lassen müssen? Wir wissen es nicht. Krieg wird in diesen Zeiten nicht grundsätzlich infrage gestellt; er ist eine unvermeidbare Geißel, wie Krankheit ein Teil des Schicksals, das die Menschen hinnehmen. Der Tod ist ständig mitten unter ihnen.

Doch nach dem Untergang der bayerischen Armee in Russland wendet sich die Stimmung in der bayerischen Bevölkerung gegen Napoleon. Minister Montgelas rät dem König zum Seitenwechsel. Im Oktober 1813 tritt Bayern als erster Staat aus dem Rheinbund aus und schließt sich der antinapoleonischen Koalition an.

* * *

Am Ostufer des Starnberger Sees, zwischen den Schlössern Berg und Allmannshausen, unterhalb des Wallfahrtsorts Aufkirchen, liegt um 1800 eine Ansiedlung von drei kleinen Höfen, die sich im Besitz dreier Fischerfamilien befinden. Die Hofnamen lauten „Schropp", das nördlichste Anwesen, dann der „Buchenpauli" der Familie Gröber und etwas abgelegen im Süden der „Neuhauser", auch „Buchenhaus" genannt. Nach den alten Buchen an diesem Teil des Seeufers und dem benachbarten Dorf Assenhausen wird die Ansiedlung „Assenbuch" genannt; manche sagen auch zu dem ganzen Weiler „Buchenhaus".

Im Jahr 1811 bekommt dieser kleine Fleck auf der Landkarte Besuch von drei prominenten, sehr unterschiedlichen Männern, die aus sehr unterschiedlichen Gründen zum Starnberger See fahren. Ob sie sich dort begegnen, wissen wir nicht.

Der erste Besucher ist Lorenz von Westenrieder, Präsident der historischen Klasse der Bayerischen Akademie der Wissenschaften und Landeskundler, der 1811 seine veraltete *Beschreibung des Würm- oder Starenbergersees* von 1784 auf den neuesten Stand bringen will. Wenn der Wanderer am Ostufer des Sees von Allmannshausen zu dem vor Kurzem angelegten englischen Garten beim königlichen Schloss Berg spaziert, so berichtet Westenrieder in der neuen Auflage seiner *Beschreibung*, dann findet er „auf dem Wege dorthin die große alte Buche am See beim sogenannten Buchenhaus, die mit einer Altane versehen ist, zu der eine Treppe führt." In der ersten Auflage fehlt der Hinweis auf das Buchenhaus.

Der zweite prominente Gast ist der Komponist Carl Maria von Weber. Wegen einer Korruptionsaffäre aus dem Königreich Württemberg ausgewiesen, befindet sich Weber auf Wanderschaft. Mitte März 1811 trifft er in München ein und wird dort sogleich in der hö-

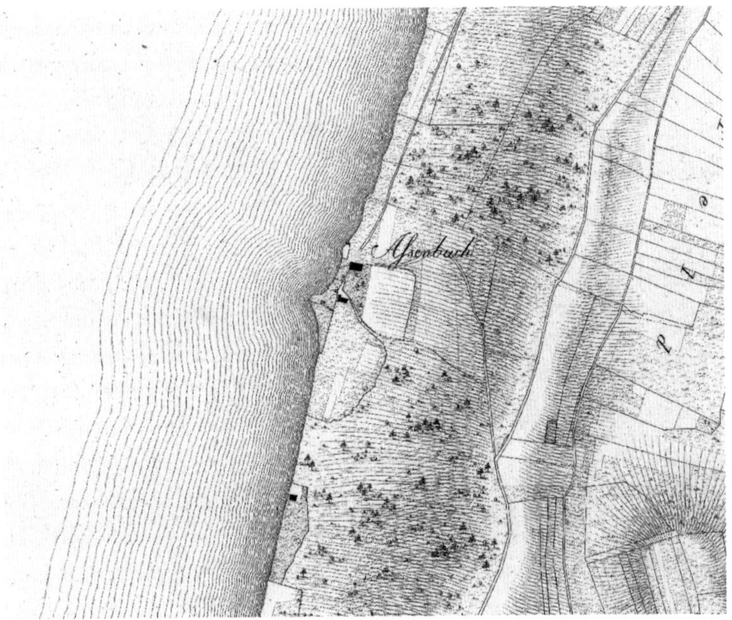

Assenbuch in einer Flurkarte von 1810

heren Gesellschaft herumgereicht: Minister Montgelas, vor allem dessen Gattin, und sogar die Königin persönlich empfangen den ebenso feinfühligen wie humorvollen jungen Musiker zum Tee. Sehr oft verkehrt er im Haus des königlichen Baudirektors Wiebeking und gibt dessen Tochter Fanny Klavierstunden. Auch Freundschaften unter Seinesgleichen knüpft Weber in München schnell. Anton Danzi, der Bruder seines alten Freundes Franz Danzi, spielt hier Bratsche in der Hofkapelle. Eine besonders innige Freundschaft aber entwickelt sich mit dem Klarinettisten Heinrich Baermann, dem wahrscheinlich größten Meister dieses noch jungen Instruments. Für ihn schreibt Weber ein Concertino, das die Hofmusik mit Baermann bereits am 5. April 1811 aufführt. Sofort erhält Weber den Auftrag für zwei weitere Klarinettenkonzerte. Man sagt, der Hof habe Interesse, Weber als Kapellmeister zu verpflichten. Peter von Winter verhält sich reserviert gegenüber dem jungen Kollegen.

Am 9. Mai macht Weber mit einigen Freunden eine Landpartie zum Starnberger See. Nachmittags um drei Uhr brechen sie auf.

Nach „einigen Fatalitäten, als verlohrenes Rad, zerbrochene Bouteille" kommt die Gesellschaft endlich abends in Starnberg an. „Es ist eine herrliche Gegend, und thut einem sehr wohl auf die Wüste um München", schreibt Weber in sein Tagebuch. Mit von der Partie sind: Kapellmeister Ferdinand Fränzl und seine Frau; der Cellist Peter Legrand, Neffe des alten Ballettmeisters Claudius Legrand; der Fagottist Georg Friedrich Brand; der Geiger Theobald Lang und seine Frau Regina geborene Hitzelberger, die von Napoleon hofierte Sängerin; Karl Flerx, Komödiant und Tänzer, mit dem Marianna Leoni oft gemeinsam auf der Bühne war; natürlich Freund Baermann – und dessen Gefährtin Helene von Geiger geborene Harlaß. Sie ist mit dem Ministerialbeamten von Geiger verheiratet (einem Mitarbeiter Krenners im Finanzministerium!), lebt aber schon seit geraumer Zeit mit dem hünenhaften, gut aussehenden Klarinettisten zusammen.

Die fröhliche Gesellschaft übernachtet in Starnberg. Am Abend des nächsten Tages notiert Weber: „Den ganzen Tag herumgefahren auf dem Waßer". Um sechs Uhr abends machen sie sich wieder auf den Heimweg und kommen drei Stunden später in München an.

Obwohl am 4. Juni im Hoftheater die Uraufführung von Webers Einakter *Abu Hassan* ansteht, verbringt der Komponist sehr entspannte Tage in München, denn er muss seine Oper nicht selbst dirigieren. Das übernimmt Kapellmeister Fränzl. Weber besucht Wiebekings, Baermann und Helene, oder er ist mit verschiedenen Damenbekanntschaften unterwegs. Man fährt nach Nymphenburg, macht Spaziergänge, isst Gefrorenes und geht in die Oper.

Die Premiere von *Abu Hassan* läuft gut. In den Hauptrollen stehen der Bariton Georg Mittermaier (er singt auch zusammen mit Leoni in der Hofkapelle) und die Sopranistin Josefa Flerx, die Ehefrau von Karl Flerx und Schwester von Theobald Lang, auf der Bühne. Sie „spielten und sangen allerliebst, die Chöre gingen sehr gut, und ich mit dem Ganzen sehr zufrieden", notiert der Komponist in sein Tagebuch. Am 11. Juni wird das Stück wiederholt. „Gieng nicht ganz gut, die Flerx war schwach, sang zu hoch pp doch wurde ihre Arie appl. sonst nichts", bemerkt Weber lapidar. Im Anschluss feiert man beim Bierwirt „Zum Häufel" in der Windenmachergasse. So verfließen die Tage in München.

Weber verbringt viel Zeit bei Wiebekings und bei den Musikerfreunden, trifft drei Hofsänger zum Quartettsingen, „vertrödelt" ganze Tage, hört Brizzi in der Oper und bewundert dessen Gesang, hat Schwierigkeiten mit einer Damenbekanntschaft, isst sehr oft Gefrorenes und kehrt abends beim musikalischen Weinwirt Albert ein.

Am Nachmittag des 11. Juli 1811 fährt Weber – obwohl „Hunde-Wetter schlechtes" – mit dem lange vermissten Freund Franz Danzi, Theobald Lang und Johann Nepomuk von Poißl nach Starnberg. Poißl ist ein Schüler von Danzi; Weber setzt sich für die Kompositionen des geistreichen jungen Musikers ein (der später einmal Intendant des Hoftheaters sein wird).

Die Herren übernachten in Berg am Ostufer des Sees; höchstwahrscheinlich beziehen sie Quartier beim Hofgärtner am Eingang des Berger Schlossparks.

Am nächsten Tag sitzen Weber, Danzi und Poißl bei Regenwetter in ihrer Unterkunft und komponieren um die Wette. Fanny Wiebeking hat ihnen aufgegeben, jeder eine Canzonette zu schreiben. „Danzi wurde um 2 Takte früher fertig als ich. Ich comp. *son troppo innocente nell arte d'amar*" („Bin allzu treuherzig in der Kunst des Liebens"), notiert Weber. Am Nachmittag fahren die Freunde über Starnberg, wo sie zu Abend essen, zurück nach München.

Am Wochenende bessert sich das Wetter. Am Montagnachmittag um drei Uhr fährt Weber mit den Brüdern Franz und Anton Danzi, Baermann und Poißl wieder nach Starnberg. Er nimmt Notenpapier mit, Baermann hat seine Klarinette dabei. Abends singen die Freunde zusammen und Weber fährt mit Baermann auf dem See.

Am folgenden Samstag wird musiziert und gekegelt. „Den ganzen Tag sehr angenehm verlebt", notiert Weber. Nach dem Mittagessen nehmen sie ein Fischerboot nach Allmannshausen südlich von Berg am Ostufer des Sees, um dort Ferdinand Fränzl zu besuchen. Der Hofkapellmeister hat sich wahrscheinlich für einige Tage zur Sommerfrische im dortigen Schloss eingemietet, das seit einigen Jahren dem gastfreundlichen Grafen Rambaldi gehört.

Abends fahren die Musiker mit dem Boot zurück nach Starnberg. Das Ostufer ist hier dicht bewachsen und so gut wie unbesiedelt. Erst auf halbem Weg zwischen Allmannshausen und Berg erkennt man vom Wasser aus ein einzelnes Fischerhaus hinter einer uralten Buche. In die ausladende Krone des Baumes ist eine Altane gebaut worden, zu der eine Treppe führt: ein malerischer Anblick. Dann folgt lichterer Bewuchs mit einer Viehweide, die bis zum Ufer hinunterreicht. Zwei Kühe stehen im seichten Wasser und trinken, dabei eine Magd. Sie winkt dem Boot zu. Fischernetze trocknen auf Stangen. Nach einigen hundert Metern erscheint hinter einem Ufervorsprung wieder ein kleiner Bauernhof inmitten von Obstbäumen. Vor dem Haus sitzen drei Männer an einem Tisch. Ihre Weingläser funkeln in der Abendsonne.

Noch während der Bootsfahrt zieht ein Gewitter heran, der Wind frischt stürmisch auf. Weber genießt die „herrliche Naturerscheinung“ auf dem See, der Schiffer bringt die Freunde sicher nach Starnberg.

Unter diesem starken Eindruck beginnt Weber am nächsten Morgen, den stimmungsvollen zweiten Satz eines Klarinettenkonzerts in Es-Dur für Baermann aufzuschreiben: ein langsam dahinziehendes g-moll-Thema mit kühnen Aufschwüngen für das Soloinstrument und überraschend eintretenden harmonischen Wendungen.

Am Nachmittag kommen die übrigen Münchner Freunde nach Starnberg. Weber hätte lieber seine Ruhe und ist missmutig über das „wüthende Heer von München“. Die Stimmung ist gereizt; dennoch fährt die Gesellschaft zusammen auf dem Wasser herum, macht Musik, kegelt und amüsiert sich mit Pistolenschießen.

„Elend geschlaffen, weil wir den Weibern unsere Betten gaben“, schreibt Weber am nächsten Morgen in sein Tagebuch und: „Wieder ruhig und vergnügt da die anderen weg waren.“ Das Muk, notiert er, sei der eigensinnigste Racker auf Erden. Welches Muk gemeint ist – Fanny, die ihren Klavierlehrer und seine Musikerfreunde zum Wettkomponieren gebracht hat („son troppo innocente nell arte d'amar“), oder eine gewisse Max, die er in München oft besucht – bleibt Webers Geheimnis. Er nennt alle seine Freundinnen „Muk“.[35]

Am Abend des 18. Juli machen sich Weber und die Gefährten wieder auf den Weg nach München und kommen nachts um ein Uhr in der Hauptstadt an.

Der dritte Besucher Assenbuchs ist Franz von Krenner. Im Herbst 1811, nach einem von Minister Montgelas genehmigten fünfwöchigen Kuraufenthalt, sucht Krenner den Fischer Bartholomäus Gröber in Assenbuch auf und kauft ihm ein viertel Tagwerk (ein Tagwerk = 3.400 m^2) von dessen Obstgarten am Seeufer ab, um eine Schiffhütte darauf zu bauen. Krenner bezahlt Gröber 24 Gulden sofort und verpflichtet sich, dem Fischer auf Lebenszeit eine jährliche Leibrente von 20 Gulden zu geben, fällig in zwei Raten zu Michaeli und Georgi (Michaelistag = 29. September und Georgstag = 23. April: traditionelle Zahlungstermine). „Gewöhnlich bezahlte mich Titl. von Krenner selbst, manchmal aber auch Hr von Leony, und zwar bald in München, bald im Buchenhause selbst", berichtet Gröber später.

Zwischen den drei Besuchern von Assenbuch bestehen Verbindungen: Unter Webers Münchner Musiker- und Theaterfreunden sind selbstverständlich viele Bekannte der Leonis. Webers Gastgeber Wiebeking gehört wie Krenner dem engsten Kreis um Minister Montgelas an und ist wie Westenrieder Mitglied der Akademie der Wissenschaften. Ob sich die drei prominenten Herren 1811 in Assenbuch begegnen, wissen wir nicht. Sicher ist, dass Professor Westenrieder auf seiner beschriebenen Wanderung bei Fischer Gröber, dem Buchenpauli, vorbeikommen muss. Und dass dieser bereits im Sommer, als Carl Maria von Weber musizierend am Ufer entlangfährt, Besuch von Krenner und Leoni bekommt, ist nicht unwahrscheinlich.

* * *

Nach Fischer Gröbers Aussagen zu schließen, halten sich Staatsrat Krenner und „Herr von Leony" nun gelegentlich in Assenbuch auf. Belege dafür gibt es nur wenige. An einigen aufeinanderfolgenden Sommertagen des Jahres 1813 notiert Franz von Krenner in seinen privaten „Conti" zahlreiche Ausgaben für einen Aufenthalt am Starnberger See, an dem auch Leoni beteiligt ist:

Mittwoch 30. Juni	Musicanten in Aufkirchen	–,48
Freytag 2ten Juli	Wein 7 Bouteillen	4.12
	Semel	–,44

Eyer	–,28
Aal Fisch 7/4 lb	3.9
Renken 2 lb	–,56
Schwammerl	–,40
Nachtlichter	1.44
Leoni /:Citronen:/	–24

Weiter unten listet Krenner nochmals „12 Bouteillen Wein, 8 Flaschen Mineral-Wasser, Schmalz, Fleisch, 6 Paquet Tabak und 2 Bouteillen Liqueur" auf.

Am Samstag, den 3. Juli folgen weitere vier Bouteillen Wein, Brot, Fleisch, Fisch, Schwammerl, Mineralwasser und einiges mehr, schließlich noch „Weizenstroh für Buchenbartl". Der „Buchenbartl" ist der Inhaber des Buchenpauli-Hofs, Fischer Bartholomäus Gröber in Assenbuch.

Die Liste lässt auf einige opulente und stimmungsvolle Picknicks am Starnberger See in geselliger Runde schließen. Dank Leoni ist auch für Details wie Zitronensaft zum Fisch gesorgt. Manches spricht dafür, dass in einer solchen Runde auch der Maler Max Joseph Wagenbauer dabei ist, ein Meister der Landschafts- und Tiermalerei, und derzeit hoch im Kurs bei Hofe.

„Sehen Sie den Vorsprung des Ufers dort? Auf diesen Platz möcht ich ein Haus bauen. Ich sehe es bereits förmlich vor mir, wie es aussehen soll. – Meinen Sie, lieber Wagenbauer, Sie könnten solch ein Bild, das meinem geistigen Auge vorschwebt, auf Leinwand bringen? Dies bukolische Idyll hier rings umher… und darin mein imaginirtes Haus?"

„Gewiss, Herr Staatsrath, wenn Ihr es mir nur recht präcis beschreibt."

„Das will ich tun! Es könnte so einen Aspect haben wie das Palais Salabert…"

„Wie das Palais Salabert? Meiner Seel, das nenn ich große Pläne!"

„Bewahre, lieber Wagenbauer. En miniature freilich!"

* * *

Im Mai 1813 wird Marianna Leoni, seit neun Jahren wegen Krankheit dienstunfähig, pensioniert. Bei der Hoftheater-Intendanz geht am 4. Mai folgendes Schreiben des Finanzministeriums ein:

> Auf Befehl
> Seine Königl. Majestät haben sich auf mehrere und dringende Vorstellungen der k. Hoftheater-Intendanz allergnädigst bewogen gefunden, den Gehalt derjenigen Individuen vom Hoftheater, welche wegen Alter oder anderer Gebrechlichkeit keinen Dienst mehr leisten können und nach dem Inhalt des Allerhöchsten Reskripts vom 18. Nov. 1799 nach zurückgelegtem 20. Dienstjahre, pensionsfähig geworden sind, zur Erleichterung der Theater-Kaße auf die k. Zentral-Staatskaße vom laufenden Amtsjahr anfangend, zu übernehmen und denselben nach der Dienst-Pragmatik vom 1. Jan. 1805 nachfolgende Pensionen zu bewilligen:
> [...] der ersten Tänzerinn Anna Leoni
> aus 1400fl Gehalt mit 1/10 tel Abzug 1260fl

Damit gibt sich Marianna nicht zufrieden. Am 19. Mai legt ein Advokat Jacobi für sie Widerspruch ein, mit den üblichen Kuralien gespickt. Der Wortlaut lässt jedoch auch Mariannas selbstbewusstes und couragiertes Auftreten klar erkennen.

> Nach beigeschriebener Resolution Allerhöchstdero Hoftheater Intendanz vom 7ten May 1813 werde ich in Hinsicht des zurückgelegten 20sten Dienstjahres gegen 1/10tl Abzug meines bisher bezogenen Jahrsgehalts per 1400fl. mit 1260fl. in Pension versetzt, und damit vom 1ten Oktober 1812 in die Zentral Staatskaße angewiesen.
> Eure Königliche Majestät erlauben mir allergnädigst, allerunterthänigst bemerken zu dürfen, daß ich über volle 25 Jahre beschwerliche, und sonders ausgezeichnet angestrengteste Dienste leistete; denn ich tratt schon 1778 als wirkliche Tänzerin auf hiesiges Hoftheater, und bin erst seit 1804 abgetretten.
> Es kann Allerhöchstselben nicht entgehen, daß ich die wichtigsten Bälle als Haupttänzerin ausführte, überall Genugthuung leistete, und stets volles Haus, jedoch mir die Abnahme meiner Gesundheit herbeizog, in dessen Hinsicht durch so wahrhaft außerordentlich geleistete

> Dienste, und uneigennützige Aufopferung meiner Berufung auf den § 23 der Dienstes-Pragmatik vom 1ten Januar 1805 um so minder eine Unbescheidenheit ist, indem ich in meinem Fache, als eine der Ersten, gewiß mit sonderer Auszeichnung spielte, und Alles belebte.
> Eure Königliche Majestät geruhen demnach allerhuldvollst mir meinen ganzen, wohl ferners verdienenden Gehalt von 1400fl. die wenige Lebenszeit geniessen, oder doch höchstens nur 1/5tl. [Hier hat sich Marianna oder der Advokat verrechnet, gemeint ist 1/20] mit jährlichen 70fl., und diese erst mit 1ten Oktober 1813, statt 1812 in Abzug bringen zu lassen.

Am 4. Juni 1813 ergeht eine Anweisung „auf Befehl" vom Ministerium der Finanzen an die königliche Zentral-Staatskasse, „die Pension der Hoftänzerin Leoni betreffend":

> Da sich aus den Akten gezeigt hat, daß der Hoftänzerinn Leoni, schon durch ein kurfürstl. Rescript vom 19n Oct: 1789. die höchste Versicherung ertheilt wurde, „daß wenn dieselbe seiner Zeit, wann immer, dienstunfähig werden sollte, sie sich gleichwohl des Fortgenusses ihres dermaligen (damaligen) Gehaltes von 400f zu erfreuen haben soll"
> so kann auch der bei ihrer erfolgten Pensionierung statt gehabte Abzug von 1/10tel ihres Gehalts nicht auch von diesen 400.f sondern nur von den übrigen 1000.f ihres Gesamt Gehaltes von 1400f geschehen, weswegen die Pension der Leoni auf 1300.f sich feststellt, welche ihr – nach dem Inhalt des allerhöchsten Rescripts vom 4n May a. c. zu verabfolgen ist.

Unter dem Dokument ist zu lesen: „Exped. F von Krenner". Dieser hat sich also persönlich der Sache angenommen und nach genauem Aktenstudium eine salomonische Entscheidung getroffen. Es ist übrigens nicht gemeinhin so, dass Künstler des Hoftheaters neun Jahre lang im Krankenstand volle Bezüge und anschließend eine Pension in Höhe von 90 Prozent (oder mehr) ihres Gehalts erhalten. Nein, wir haben es hier mit einem Star-Vertrag zu tun. Doch was Marianna über ihre Verdienste für das Theater schreibt, sind nur Tatsachen.

* * *

Nachdem Marianna Leoni so viele Schicksalsschläge hinnehmen musste, bestellt sie ihr Haus und ordnet das, was in ihrer Macht steht. Zunächst muss sie vor Gericht um ihr Fischrecht auf dem Weiher streiten. Nachdem dann die Angelegenheit mit der Pension geregelt ist, unternimmt sie nach vielen Jahren einen zweiten Anlauf, das Eigentumsrecht am Leonigarten endlich durch einen Eintrag ins Münchner Stadtgrundbuch festschreiben zu lassen. Obwohl wir bereits die Geschichte kennen, dass dieser Eintrag an der fehlenden Schenkungsurkunde für Graf Kurtz von 1656 gescheitert ist, sind Mariannas Ausführungen an den Magistrat der Stadt vom 23. Juni 1813 auch unter einem anderen Aspekt interessant:

> Daher hat mein Gatte schon am 13. Februar 1796 die allerunterthänigste Bitte gestellet, es möchte allergnädigst gestattet werden, daß mein und meiner Kinder eigenthümliches Haus und Garten in das Stadtgrundbuch aufgenohmen werden därfte, indem zu damaliger Zeit schon wirklich mehrere auf der Festung stehende Häuser in gedachtem Grundbuch eingetragen waren, worauf aber bis daher eine allerhöchste Entschließung nicht erfolgt ist.
> Am Ende des Jahres 1796, nachdem die K.K. französische Armée Korps von München abgegangen waren, wurde die Festung vollends demolirt, und mehrmal habe ich bei dem Magistrat das Ansuchen gestellt, es möchte nun mein Anwesen in das Stadtgrundbuch aufgenohmen werden, welches aber um deßwillen nie geschah, weil ich den *Donations* Brief /: vermög welchem der Oberst Hof und Landes Hofmeister Maximilian Graf von *Kurz* diesen jezo meinen Garten auf dem Detachirtem Bastion vor dem Kostthörl, von S.e churfürstl: Durchlaucht Ferdinand Maria im Jahre 1656. erhalten hat :/ nicht vorzeigen kann.
> Diese Urkunde kann ich unmöglich beibringen, weil sie mir von meinem Vorfahrer und Besizer dieses Gartens nicht zugestellt worden ist. Indeß muß diese Urkunde, wo nicht im Original, doch in beglaubter Abschrift bei der Registratur des vormaligen Hofkriegs Raths wahrscheinlich hinterliegen, weil im Jahre 1785 oder 1786 der damalige General von Pfister alle, auf der Festung liegende Häuser, Gärten und andere Anlagen aufgenohmen, und die Besizer solcher Gründe angehalten wurden, ihre Besiztitel im Original vorzulegen, welche *ad acta*

> genohmen worden sind, und wobei auch höchst wahrscheinlich befraglicher *Donations* Brief vom Jahre 1656 durch den vorigen Besizer meines Gartens, den Stadtrath und Handelsmann Tusch übergeben worden ist.

Marianna führt weiter aus, dass sie alle anderen Urkunden der Besitzgeschichte des Grundstücks vorlegen kann und „der Schenkungsbrief vom Jahre 1656 für den Grafen von Kurtz bei einer [...] nachweislichen 120 jährigen *Possession* in Privathänden mir allerdings entbehrlich ist" und schließt:

> So glaube ich, daß – weil ich mein Eigenthum hinlänglich beweisen kann, – dasselbe ohne Anstand, gleich allen anderen Besizungen dem Grundbuch einverleibt werden dürfte, außerdeßen mein Haus und Garten an wahrem Werth weit zurük gesezt seyn würde.

„Mein und meiner Kinder eigenthümliches Haus und Garten", „weil ich mein Eigenthum hinlänglich beweisen kann": Die Eingabe ist unmissverständlich in der Ich-Form, nicht in der Wir-Form abgefasst. Leider fehlt uns – so wie den Leonis der Schenkungsbrief an Graf Kurtz fehlt – ein Dokument, das die Übereignung von Josephs Anteil an Marianna und die Kinder belegt: ein Verzicht, eine Auszahlung des Gegenwerts – oder auch ein Gerichtsurteil. Paragraph 43 des Bayerischen Landrechts besagt:

> Wenn eine gültige Ehe aus Verschulden des Ehemannes, z. E. wegen verübten Ehebruches oder Grausamkeit zu Tisch und zu Bett geschieden wird, so nimmt die Frau alles zu sich, was ihr auf den Fall, wenn der Mann vor ihr gestorben wäre, von Bedingung oder von Rechtswegen gebühret hätte.

Ist also Joseph Leoni der Ehebrecher, der die Separation verschuldet hat? Konkrete Hinweise fehlen. Die Besitzverhältnisse jedenfalls sind aktenkundig, wenn auch nicht allen Behörden bekannt. In dem folgenden bürokratischen Hin und Her heißt es einmal, einer Eintragung ins Stadtgrundbuch stehe nichts entgegen, „sohin solcher Garten das volle Eigenthum der Maria Anna Leoni sey", und ein Dr. Schlappinger von der Königlichen Finanzdirektion des Isar-Kreises berichtet, „daß nicht der geringste Anstand obwalte, die Besitzung der Hoftänzerin Leoni auf dem Rampart vor dem Kostthore in das hiesige Stadtgrundbuch eintragen zu lassen", denn auch wenn besagter Donationsbrief des höchstseligen Kurfürsten abgängig sei, „so hat die Leoni ihr Eigenthum und ihren rechtlichen Besitz durch eine Reihe anderer Documente nachgewiesen". Das Finanzministerium wiederum folgert im September 1814 aus den vorliegenden Akten, „sohin diese Realität als Eigenthum der Leonischen Eheleute in dem hiesigen Stadtgrundbuche ohne weiteren Anstand vorgenommen werden möge."

Über ein historisches Faktum ist man sich dabei grundsätzlich einig: Jetzt stehe „der Eintragung in das Grundbuch noch weniger Hinderniß im Wege, weil die Wiederherstellung einer Festung in München jetzt noch weit mehr zur Unmöglichkeit geworden ist, als in früheren Zeiten."

Zu guter Letzt steht im Kataster neben der Haus-Nummer 305 in der Spalte „Eigenthümer": „Marianna Leoni, Königl. Hoftänzerin". Näher beschrieben wird das Grundstück mit „Garten, Grasboden, und Rabulingraben" – damit ist wohl der wassergefüllte Graben um den Ravelin, die ehemalige Schanze, gemeint. Gebäude werden nicht erwähnt. Eingetragen aber ist ein „Miet-Ertrag", der sich zum Jahr 1818/19 von 200 auf 300 Gulden erhöht. Der Hinweis auf einen „Kaufbrief vom 2ten Mai 1791" (da haben die Eheleute Leoni den Garten von Franz Anton Tusch gekauft) ist durchgestrichen und durch „Uebergabsbrief vom 10ten Dezember 1814" ersetzt. Wird in diesem Brief die Übergabe des gesamten Besitzes an Marianna und ihre Kinder beurkundet?

* * *

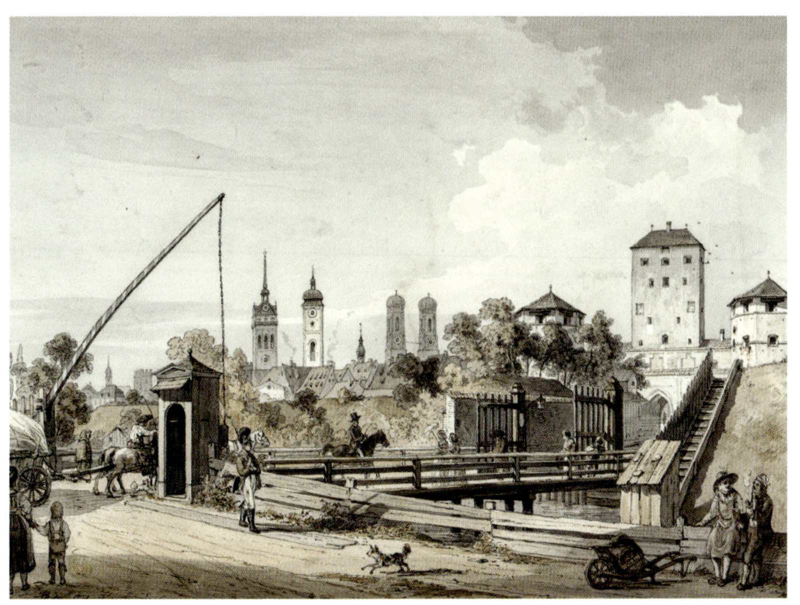

Reste des Festungswalls und Isartor im Jahr 1810, Aquarell von Carl August Lebschée

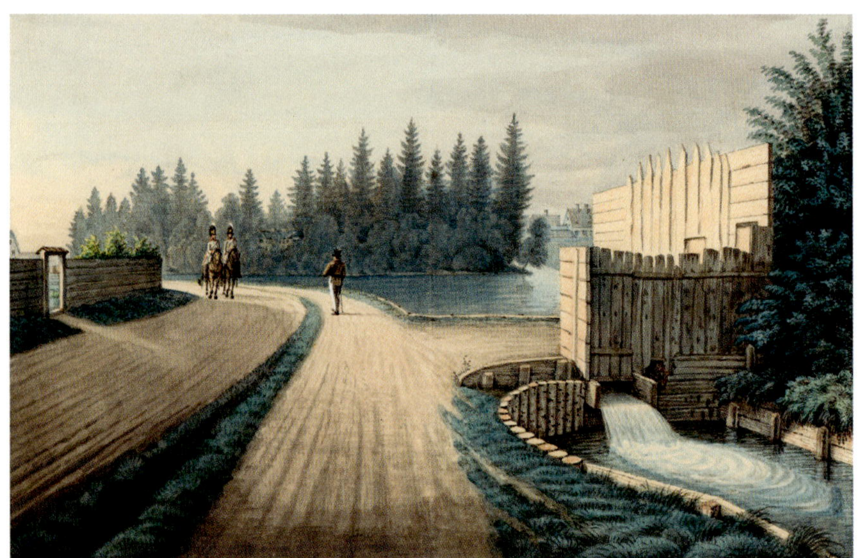

Aquarell von Carl Heinrich Wenng mit der Beschriftung: „Wie es 1810 am Leoniweiher und in der Umgegend ausgesehen hat. Auch gab es 1810 noch weise uniformirte k. bayersche Dragoner." Der Blick folgt der Kanalstraße nach Süden. Im Bildhintergrund der Leoniweiher mit der baumbestandenen Insel. Das kleine Wehr im Vordergrund, durch das das Kanalbächl aus dem Leoniweiher abfließt, ist auf dem Aquarell von Lebschée (folgende Doppelseite) am rechten Bildrand zu erkennen.

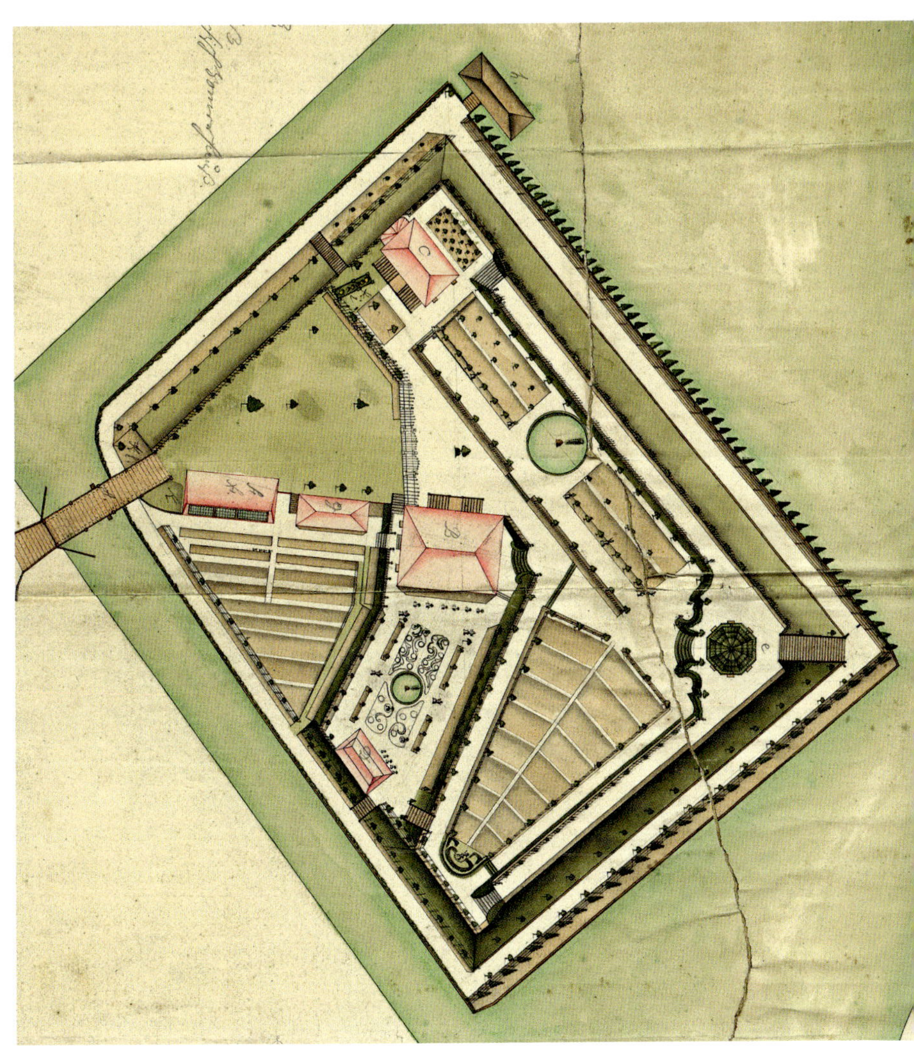

Garten des Ratsherrn Franz Anton Tusch auf dem Bräuhaus-Ravelin. Die Planzeichnung von Michael Riedl aus dem Jahr 1781 (eingenordet) zeigt detailliert die Gebäude und Gartenanlagen des „Lust-, Baum- und Würzgartens". Die zierliche Fichtenhecke, die die Nordost- und Südostseite des Gartens säumt, ist auf den Bildern von Wenng und Lebschée bereits ein hoher Wald.

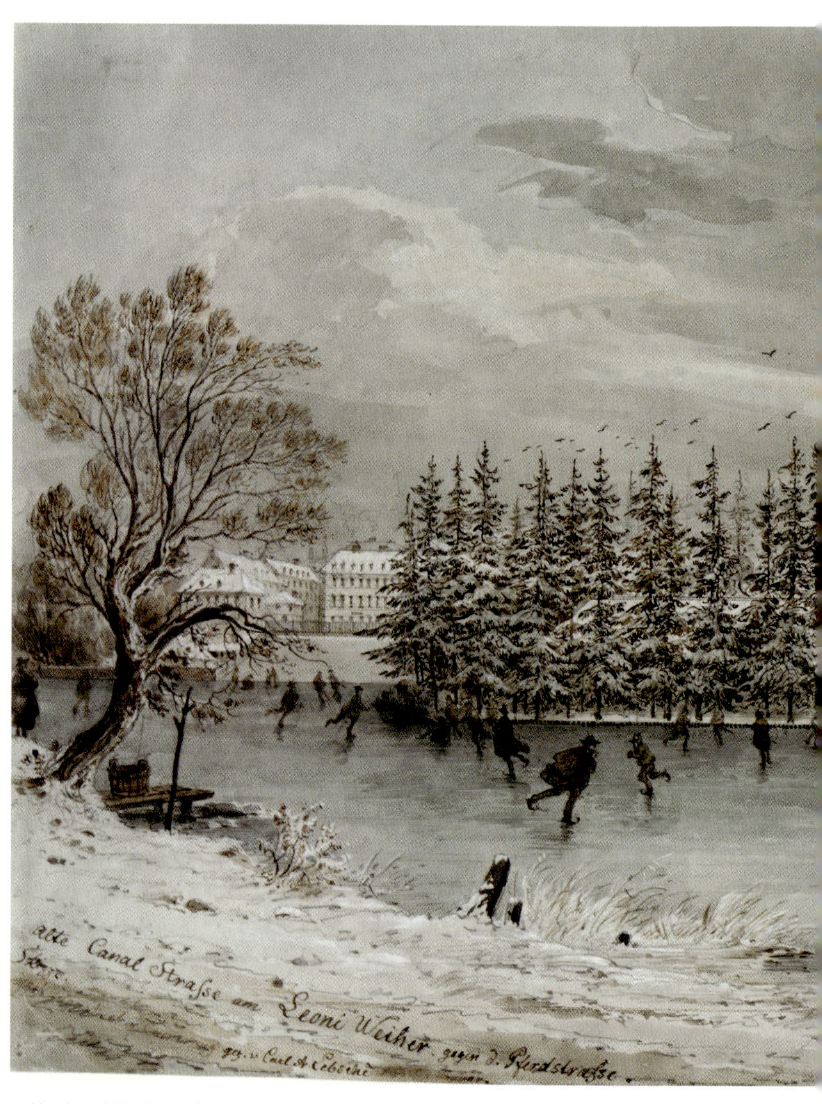

Alte Canal Straße am Leoni Weiher gegen d. Pferdstraße. Aquarell von Carl August Lebschée, entstanden 1863/64 aus der Erinnerung. Blick in südwestliche Richtung über den Weiher auf die Leonigarten-Insel. Hinter den Fichten ist das Wohnhaus der Leonis erkennbar. Der Standort des Betrachters befindet sich genau dort, wo auf Wenngs Aquarell (Seite 98) die Dragoner reiten.

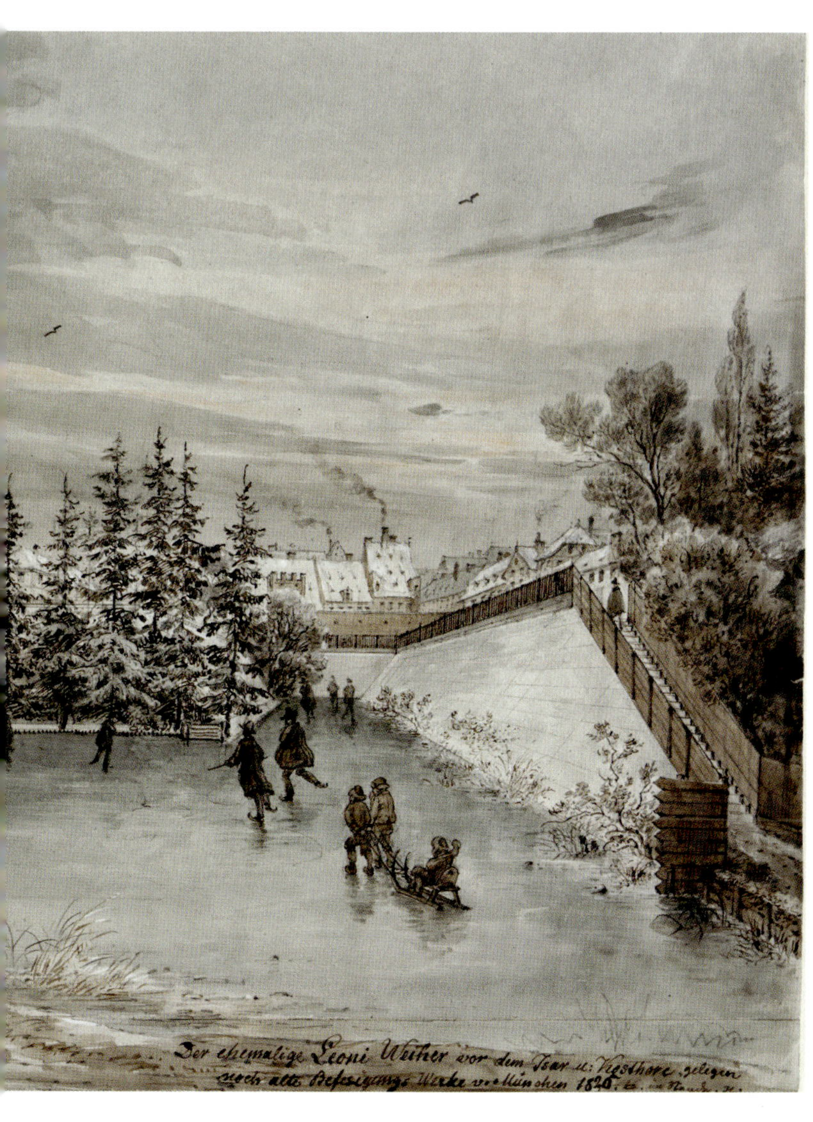

Folgende Doppelseite: Max Joseph Wagenbauer, *Ostufer des Starnberger Sees*, Ölgemälde 1813

Seite 104/105: Johann Jakob Dorner, *Der Starnberger See bei Leoni*, Ölgemälde 1835

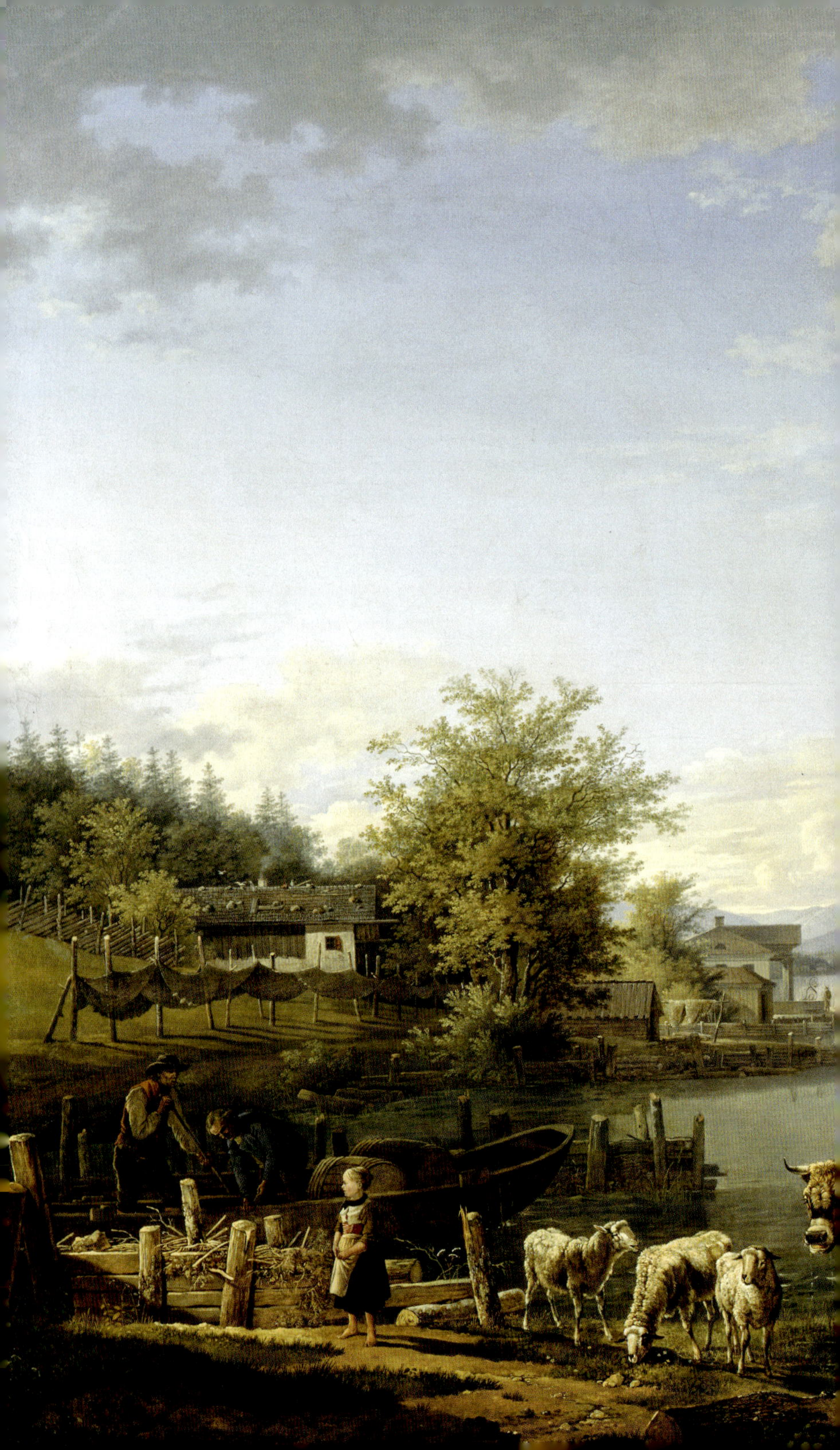

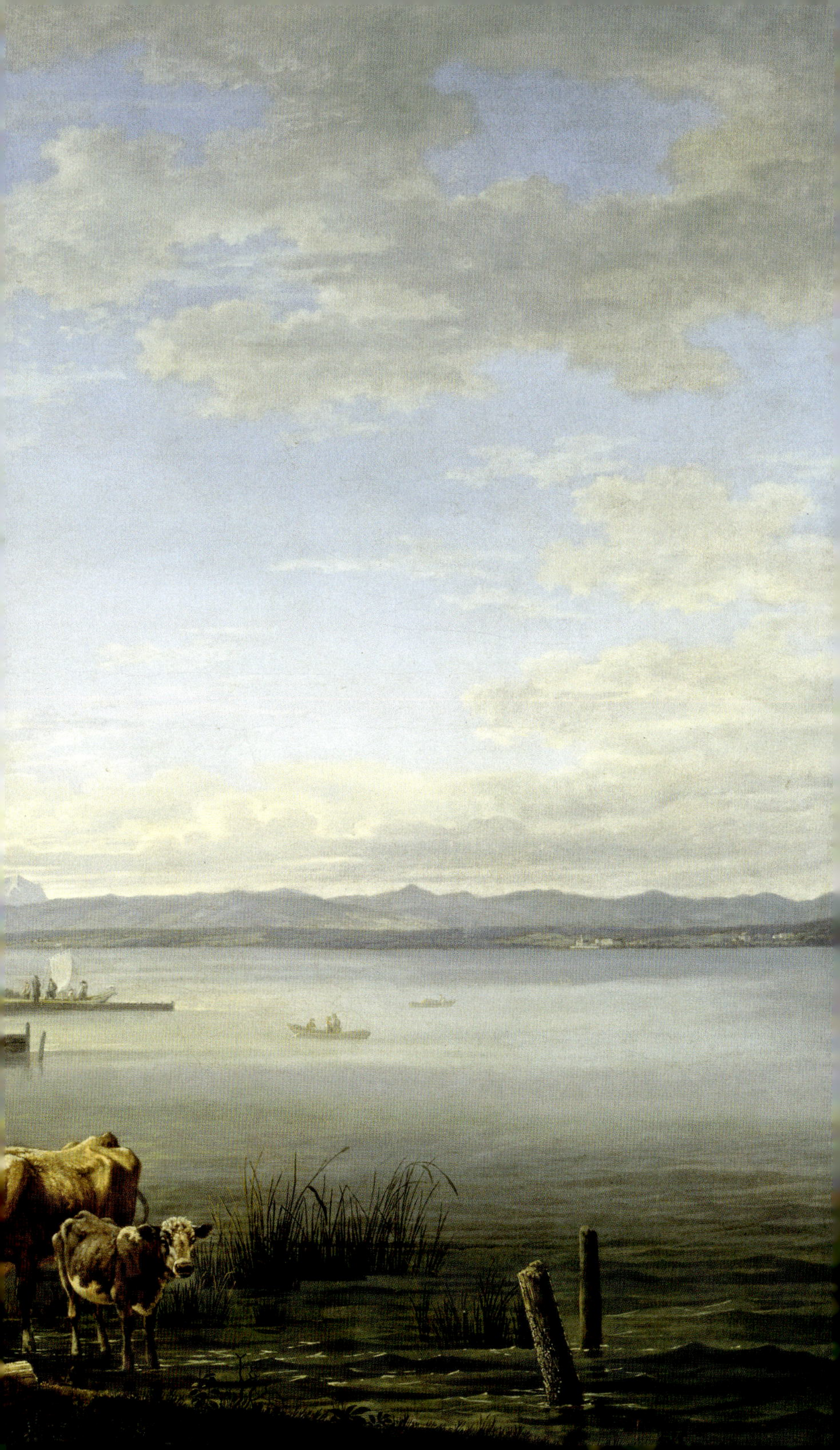

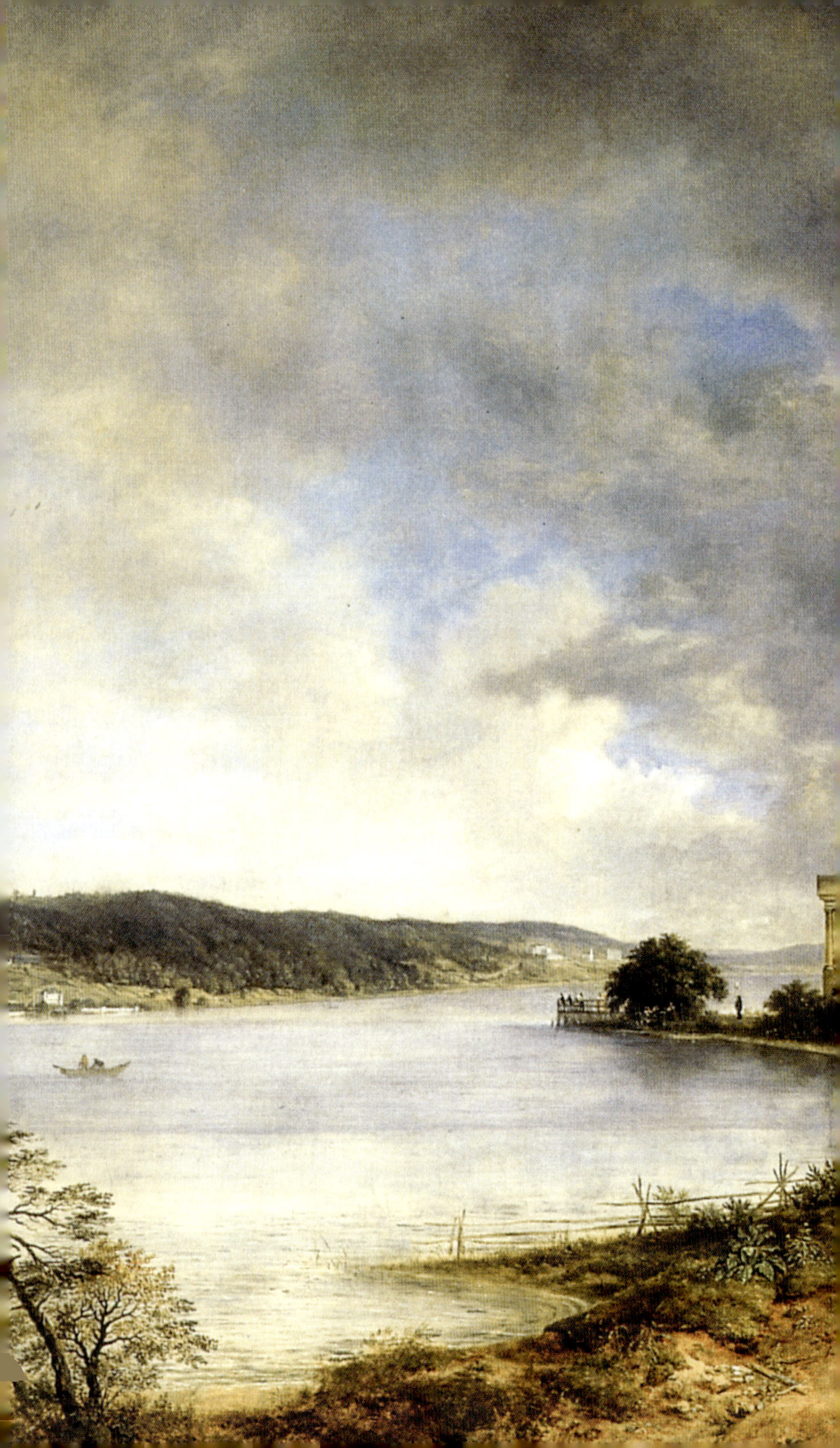

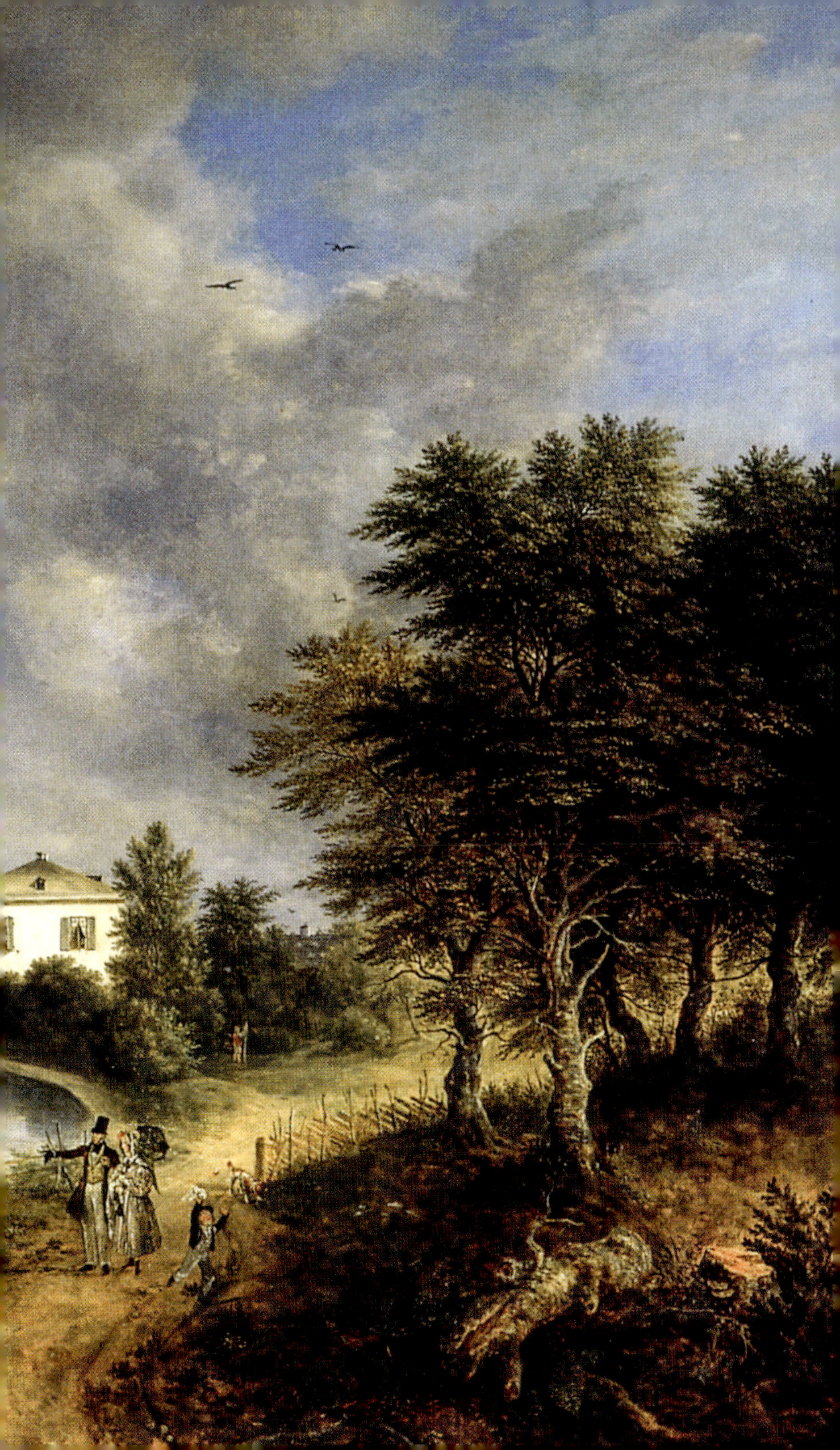

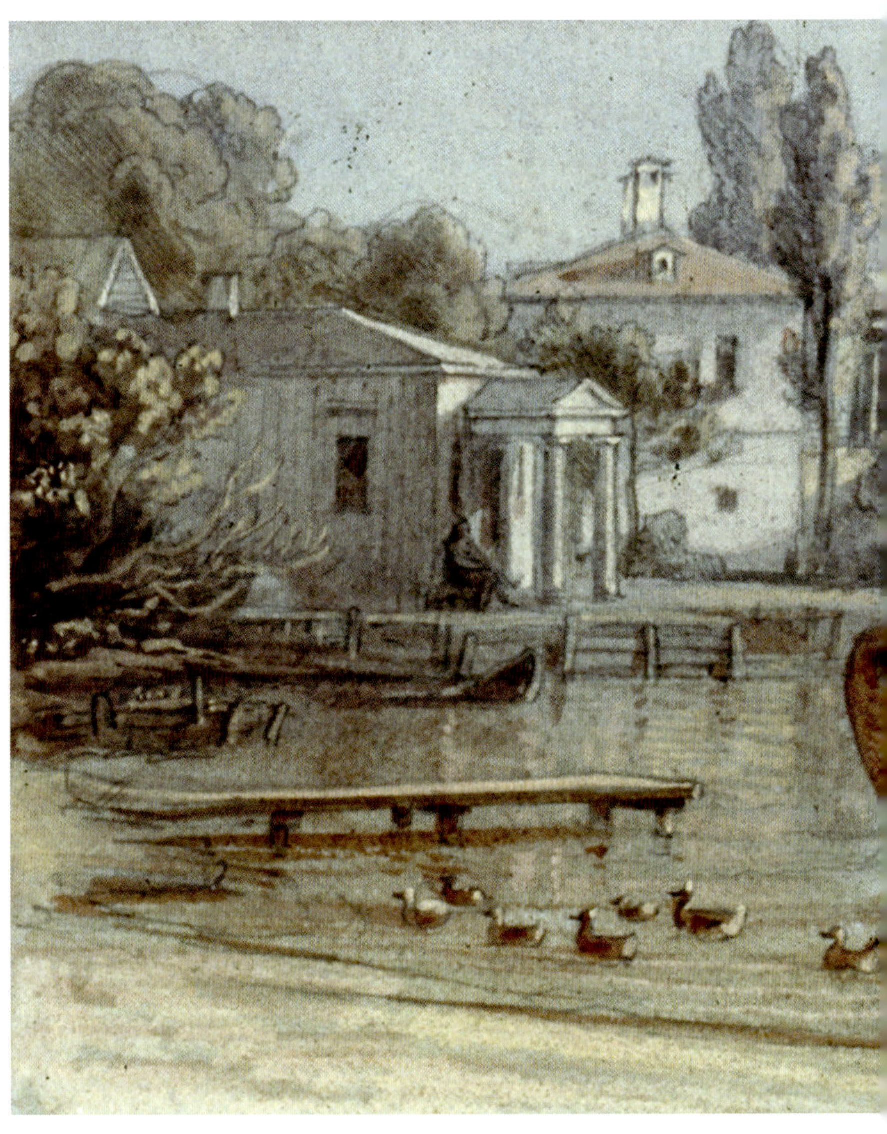

Leoni. Aquarellierte Zeichnung von Eugen Napoleon Neureuther, 1839

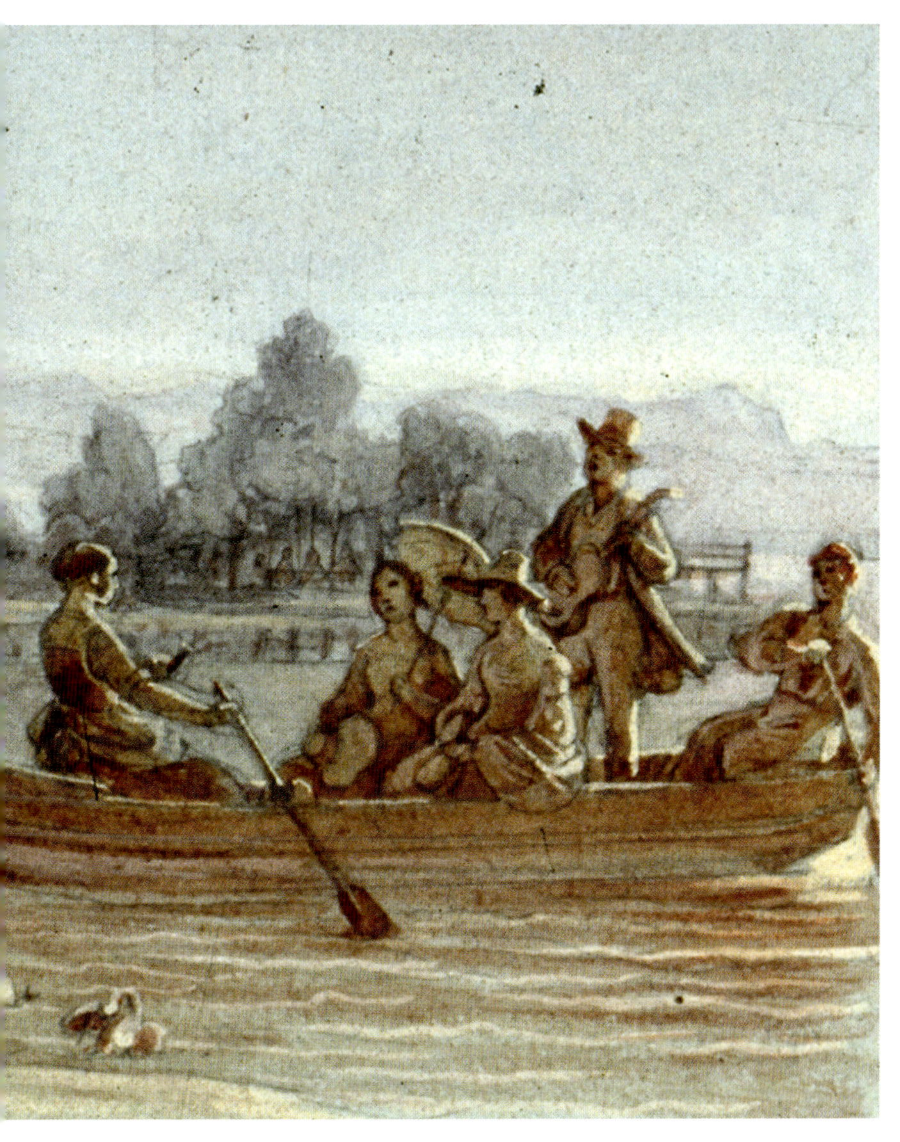

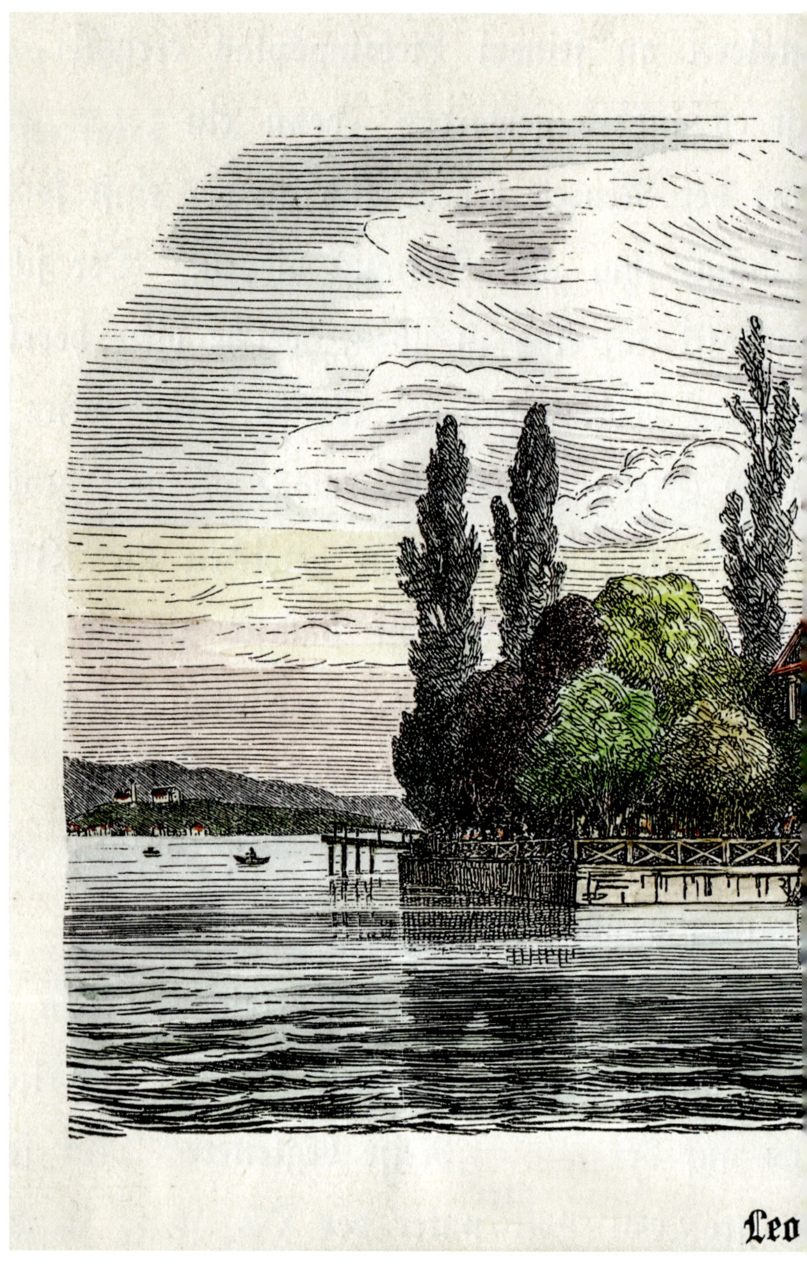

Kolorierter Holzstich von Gustav Adolf Horst, um 1870

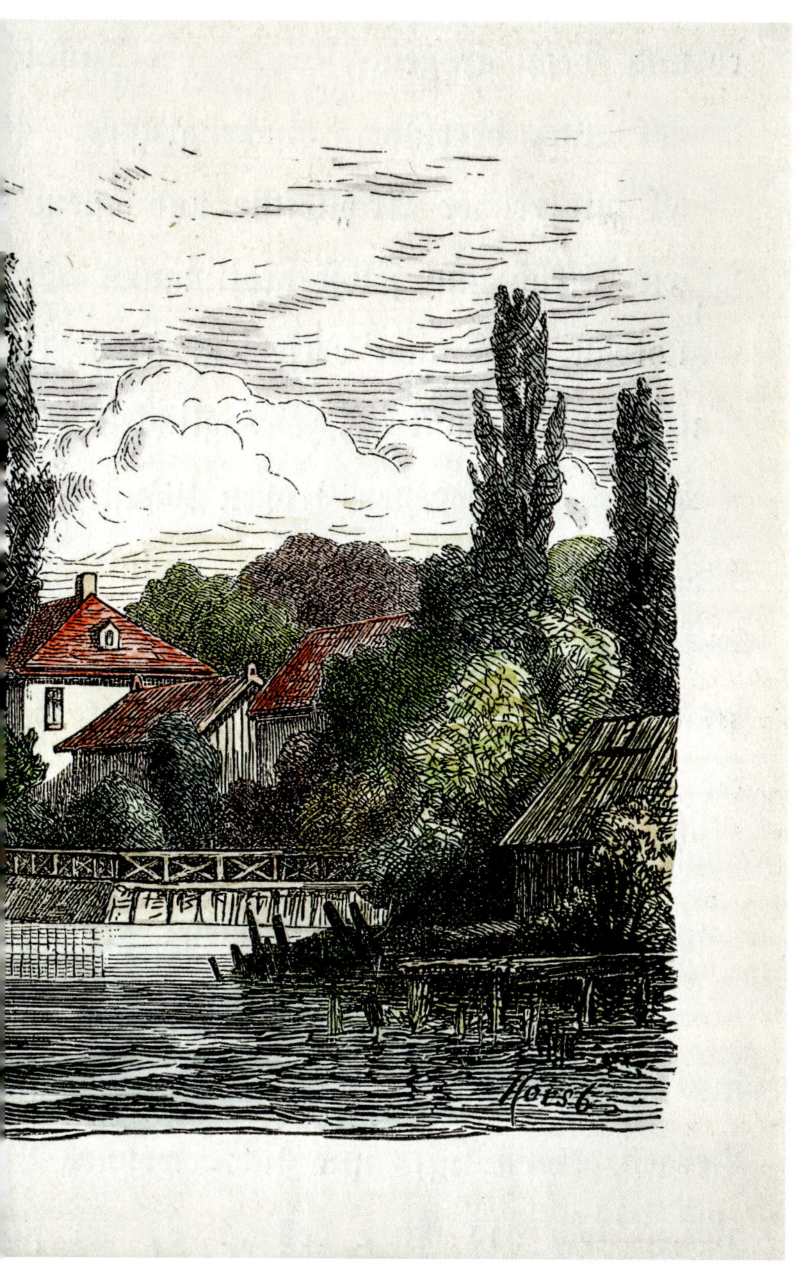

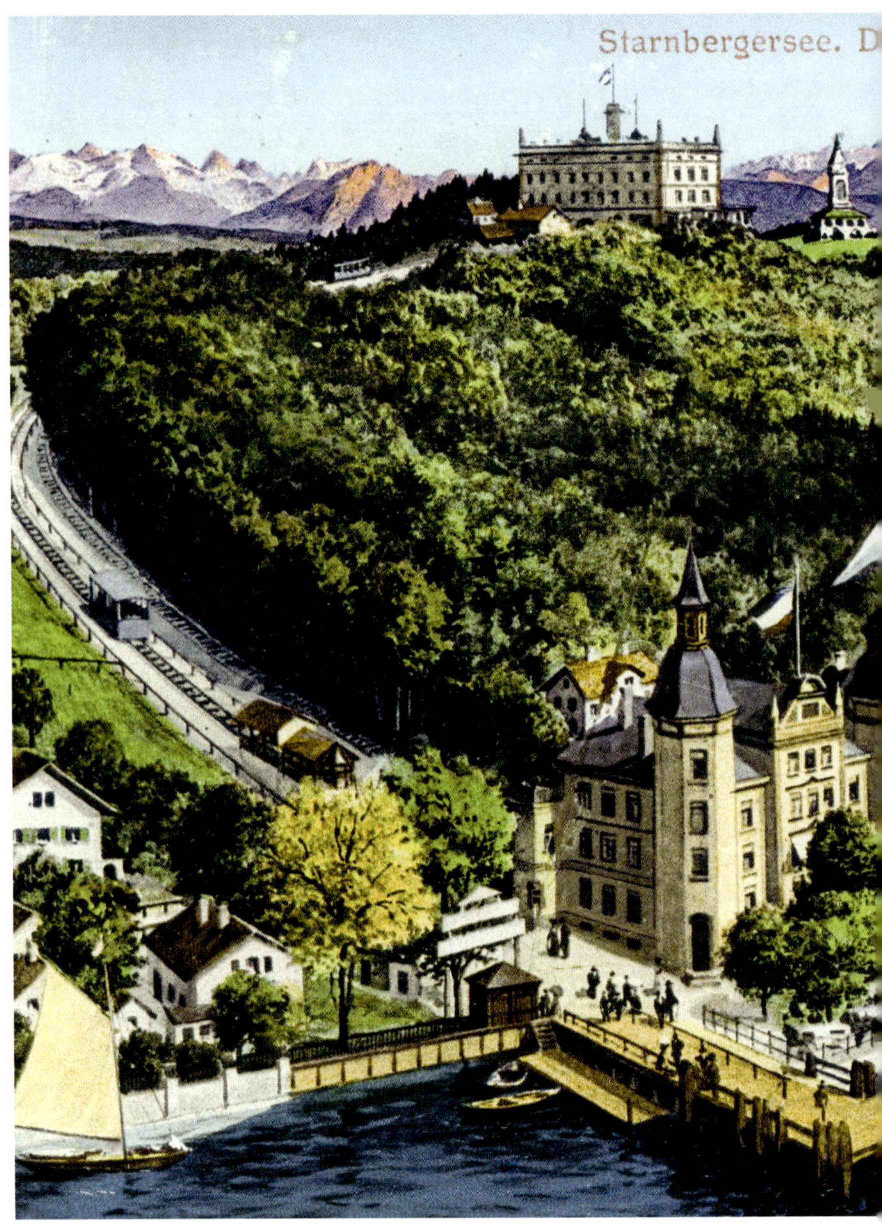

Seehotel Leoni mit Drahtseilbahn zur Rottmannshöhe. Idealisierte Ansichtskarte, um 1910

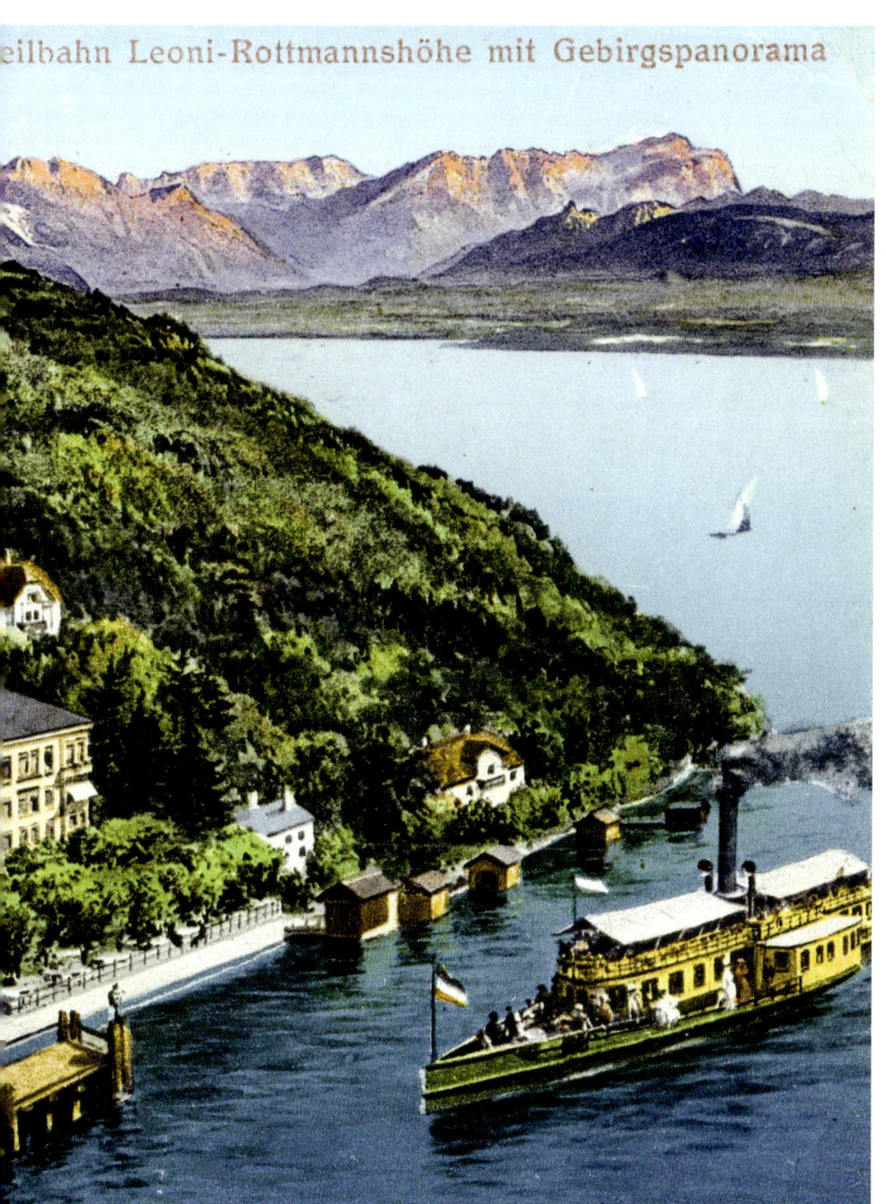
eilbahn Leoni-Rottmannshöhe mit Gebirgspanorama

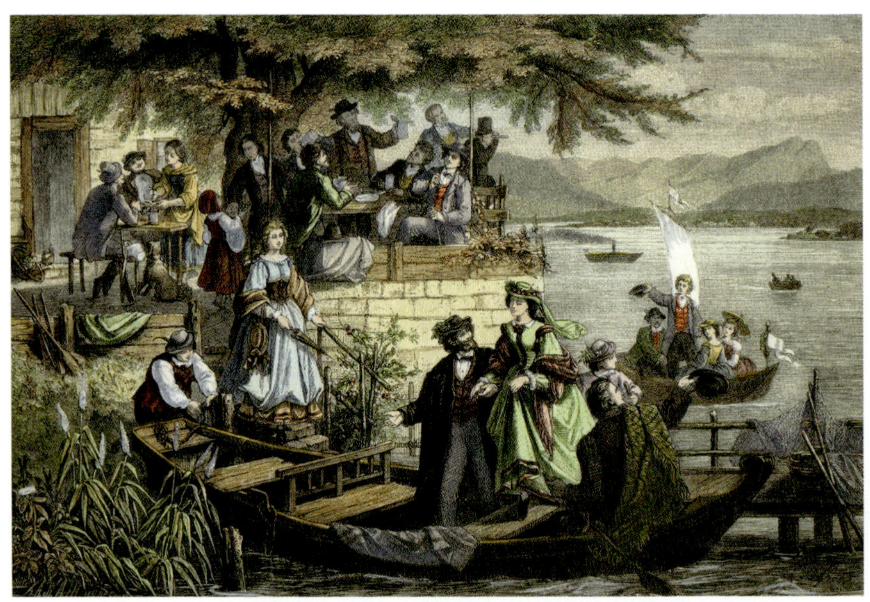

Am Ufer des Starnbergersees. Kolorierter Holzstich nach einer Zeichnung von A. Specht, um 1870. Die wahrscheinlich fiktive Szenerie am Ostufer des Sees dürfte durch Künstlergesellschaften in Leoni inspiriert worden sein.

Da es zu dieser Zeit noch kein Melderegister gibt, wissen wir nicht, ob Joseph Leoni noch als Mitbewohner auf der Insel bleibt oder ständig im Hause Krenner lebt. Beruflich geht Leoni nach wie vor auch seiner offiziellen Hauptbeschäftigung nach: Sein Name erscheint jedes Jahr in der *Anzeige, wie die königlichen Herrn Hofmusici das ganze Jahr hindurch in der königlichen Hofkapelle bey dem Hochamte, der Vesper und Litaney etc. wie auch in andern Kirchen nach Abtheilung der Wochen zu erscheinen haben* unter den Bassisten der Vokalmusik. Leoni singt die Dienste in der königlichen Hofkapelle, in der Theatinerkirche und in anderen Kirchen und erlebt in diesen Jahren die Anfänge eines kirchenmusikalischen Streits mit, der immer weitere Kreise zieht: Sind moderne, orchesterbegleitete Kirchenmusikkompositionen, wie sie natürlich mit den fortschrittlichen Mannheimern in München Einzug gehalten haben, im Gotteshaus überhaupt angemessen – oder soll die sakrale Musik sich nicht vielmehr auf den A-cappella-Stil der „alten Meister" wie Palestrina besinnen? Diese Tradition wird vor allem während der Fastenzeit noch besonders gepflegt – meistens. Als Kapellmeister Winter am Karfreitag 1813 in der Hofkapelle ein orchestrales *Stabat Mater* seines Schülers Peter Lindpaintner aufführt, zürnt der Kritiker der *Allgemeinen Musikalischen Zeitung*: „Todtenmärsche, wie man sie in Opern hört, lange Concertante der Instrumente, den Concertsälen abgeborgt, ein durchaus lärmender, ja wilder Styl, sind weder dem Orte, noch einer solchen Versammlung angemessen, und können nur Unwillen erregen."[36]

Ein anderes musikalisches Ereignis, zehn Tagesreisen von München entfernt, hat vielleicht gar nichts mit unserer Geschichte zu tun. Aber es wäre doch ein Versäumnis, es zu verschweigen: Der Komponist Carl Maria von Weber hat München inzwischen längst verlassen und im Frühjahr 1813 die Stelle des Operndirektors am Ständetheater in Prag angenommen. Dort leitet er auch Akademiekonzerte.

Am 17. März 1814 notiert Weber in sein Tagebuch: „Um 10 Uhr Pr[obe] vom Concert des H. Leoni" und am folgenden Tag nur: „Concert von Leoni. voll. er sang, so – – –".

In einem Brief vom 5. und 11. Mai an seinen (nicht mit ihm verwandten) Freund Gottfried Weber wird Carl Maria konkreter. Er schreibt:

> D. 18t gab H: Leoni, ein sogenannter Schüler von Crescentini Concert, Er ist ein französischer Italiener den wir gefangen haben, /: nehmlich die Armen, nicht ich denn ich hätte ihn laufen laßen :/ und der von den Damen protegirt, ein gutes Concert machte. Stimme hat er zwar keine, aber man hörte daß er manches gute gehört hatte. auch hat er eine seltne Vorliebe für Händel deßen Sachen er wirklich mit einem trefflichen Geiste vorträgt.

Am 23. März muss Weber abends „um 8 Uhr zur Gräfin Schlik. viel spielen und accompagniren müßen. dem Fürst Lobkowitz und Leoni. von Händel, Gluk pp die Comtesse spielte so recht Schülermäßig brav. um ½ 1 Uhr nach Hause, heftiger Kopfschmerz", und am 31. notiert er: „Leoni invitirt. mit Graf Wrtby herüber gefahren. hin und her gelaufen wegen Leoni."[37]

Aus einer unfreundlichen Kritik in der *Wiener Theater-Zeitung* Nr. 69 vom 11. Juni 1814 erfahren wir, dass wenige Tage später ein weiteres Konzert folgt:

> Am 4. April gab Herr Karl Maria v. Weber hies. Kapellmeister eine Akademie im Theater, die sich durch nichts Besonderes, als durch die Wenigkeit der Menschen, die im Theater waren, auszeichnete. Unter einer Menge von sehr uninteressanten Musikstücken war nichts bemerkungswerth als eine Scene aus der Oper Giuletta e Roméo die Herr Paolo Leoni, ein Schüler Crescentinis, sehr brav sang.

Der brave Sänger Leoni heißt also Paolo mit Vornamen – so steht es jedenfalls in der Zeitung. Tatsächlich spricht auf den ersten Blick einiges dagegen, dass es sich bei diesem Sänger um unseren Leoni handelt. Die Partie des Romeo aus der Oper von Niccolò Zingarelli ist eine Kastratenrolle, Joseph Leoni ist ein Bass, und mit einem „französischen Italiener" meint Weber möglicherweise jemanden, der aus Savoyen kommt – es könnte aber auch eine Spitze gegen das just in diesen Tagen zusammengebrochene napoleonische Königreich Italien sein.

Doch es gibt Anlass zu zweifeln: An keinem Ort im Gesangsuniversum – außer in der anonymen Wiener Theaterkritik – existiert auch nur der kleinste Hinweis auf einen Sänger namens Paolo Leoni. Er scheint nirgends unter diesem Namen aufzutreten. Die Vorliebe des Prager Leoni für Händel könnte darauf hindeuten, dass dieser Sänger eher in der Kirchenmusik zu Hause ist. Dass der Münchner Leoni über die Hofmusik Verbindungen zu Weber nutzt, um bei diesem in Prag zu singen (und irgendeinen italienischen Vornamen angedichtet bekommt), wäre zumindest theoretisch möglich. Auch muss die Romeo-Szene nicht zwangsläufig ein Kastrat singen. In dieser Zeit werden Kastratenrollen mangels Kastraten nicht selten mit einem Bariton besetzt, der den Part oktaviert.

Ein interessantes Detail im Hinblick auf „Paolo" Leonis Werdegang erwähnen sowohl Weber als auch der Theaterkritiker: Der Sänger in Prag verkauft sich als Schüler des Gesangsmeisters Girolamo Crescentini, und Weber kann sich Skepsis über diese Schülerschaft nicht verkneifen. Crescentini ist ein gefeierter Guru des italienischen Belcanto. Durch seine Schule gegangen zu sein, ist ein Qualitätssiegel. Tatsächlich gibt es mögliche Verbindungslinien zwischen Joseph Leoni und Crescentini: über Josephs Mutter Teresa Coppola und die Musikerfamilie Guglielmi, über Marianna und den Opernkomponisten Zingarelli – und über Antonio Brizzi. Dieser ist ein guter Bekannter und Kollege des Kastraten Crescentini. Und würde es nicht ein wenig zum Monaco-Leoni passen, sich mit einem großen Namen zu schmücken? Webers unverblümten Auskünften zufolge scheint jedenfalls auch eine Parallele zwischen dem nur teilweise vorhandenen sängerischen Talent des Prager Leoni und den begrenzten solistischen Möglichkeiten des Münchner Leoni zu bestehen.

So viel aus Prag.

Zwischen den Stühlen

Von Leonis Kindern leben nur noch zwei, Katharina und Friedrich. Die 22-jährige Katharina hat einen Verehrer, einen gewissen Gendarmerie-Oberleutnant von Löhr. Dieser schreibt am 31. März 1815 einen etwas aufdringlichen Brief an Franz von Krenner: Er, Löhr, wisse, dass Krenner sich „um das Wohl der Mademoiselle Leoni interessiere", das auch mit seinem eigenen Glück ganz nah zusammenhänge. Nach dieser Einleitung erklärt Löhr, dass sein Geist bei der Gendarmerie unterfordert sei und zum Generalstab der Armee strebe. Der Kriegsminister persönlich und der Kriegsreferendär von Langlais hätten ihm „entfernte Hoffnungen" auf die Verwirklichung seines Wunschs gemacht. Noch einmal betont Löhr, dass er glaube, zu Recht hohe Ansprüche zu haben, die er jedoch „nie zur Wirklichkeit steigern konnte". Die jetzige „politsche Krisis" aber (Napoleon ist soeben von Elba nach Paris zurückgekehrt und hat wieder die Macht ergriffen; Bayern steht jetzt in der Allianz gegen Napoleon) eröffne ganz neue Möglichkeiten. Nun gehe es darum, „daß ein mächtiger, durch seinen Rang, seine Kenntnisse, und seine Konnexionen rühmlich, und allgemein verehrter Mann wie Euer Excellenz sind, sich um mich verwendet, und sein Gewicht in die Schaale meiner etwaigen Verdienste legt, und ich werde reüßiren", schmeichelt Löhr. Und weiter:

> Daher geht meine Bitte bei euer Excellenz vordersamst dahin, die hohe Gnade für mich in Rücksicht auf die Familie Leoni zu haben, und mich bei dem Marschall Fürst Wrede zu empfehlen, und selben zu vermögen, daß ich seinem Generalstaabe zugetheilt werde.
>
> Intereßieren sich dieselben für mich, so kann es, da H. v. Langlais sowie H. Kriegsminister meinen Plänen nicht entgangen sind, mir gar nicht fehlen.
>
> Durch diese Versetzung würde mein Glück begründet, und ich halte keinen Augenblick für günstiger, als den gegenwärtigen, besonders noch aus dem Grunde, weil es mir als jungen Mann schlechterdings unmöglich ist, im Vaterlande zurückzubleiben während dem meine Kameraden den Weg des Ruhmes wandern.

> Der Gallerie Inspektor Dorner kann E. Excellenz eine Analiße meiner Kenntnisse entwerffen.
> Dieses vorausgesetzt, und derselben Empfehlung gewiß, habe ich die Gnade mit dem Ausdrucke des ausgezeichnesten Respektes mich zu empfehlen.

Vermutlich entspricht dieser Ton nicht Krenners Wellenlänge. Löhrs Versetzungswunsch bleibt unerfüllt. 1828 dient Carl Adolf von Löhr immer noch als Oberleutnant der 7. Gendarmerie-Compagnie in Würzburg.

* * *

Am 21. Februar 1816 erreicht das Königliche Finanzministerium ein anderer Brief, dessen Inhalt noch befremdlicher erscheint. „Den Verkauf des Leonischen Gartens betreffend" ist der Brief überschrieben. Er adressiert den König höchstpersönlich:

> Der allerunterthänigst unterzeichnete, als Eigenthümer des ehemaligen ravelins zwischen dem Isar- und Kost-Thor /: welcher Platz unter der Benennung Leoni Garten bekannt ist :/ hat sich entschlossen, diese Realität zu veräußern und dagegen einen andre, seinen Verhältnissen mehr anpassende zu aquiriren.
> Derselbe hält sich als getreuer Unterthan und als besoldeter Hofdiener verpflichtet, Eurer Königlichen Majestät diesen Plaz vordersamst zum Kaufe ehrfurchtsvoll anzubieten, ehe Er in anderweitige privat Unterhandlung sich einlaßen will.
> Die Lage dieses Plazes, welcher im ganzen mit dem Wassergraben einen flachen Raum von 4 Tagwerk 10. Quadrat Ruthen enthält, ist in vielfacher Rücksicht sehr vortheilhaft.
> Da diese Insel, von einem lebendigen Wassergraben umgeben, die regulaire Figur eines länglichen Vierecks, und von drei Seiten die Morgen-Mittag- und Abendsonnen Seite hat, so dürfte sich dieselbe vordringlich zur Anlage einer angemeßenen großen Gefängniß Anstalt um so mehr eignen, also ohnehin wenige Plätze in der Stadt selbst oder nahe an derselben zu diesem Zwecke besser geeigenschaftet sein werden. –
> Die obrigkeitliche Einschätzung des Werthes dieser Realität beträgt die

> Summe von 22.000f. – Allein der Unterzeichnete überläßt dieselbe dem allerhöchsten Staats*aerar* um 20.000f. in baarem Gelde oder in Staats-Papieren nach Maasgabe des Kurrent Preises, und erbietet sich überhaupt zu jeder billigen Unterhandlung, allenfalls gegen ein verhältnißmäßiges Tausch-Objeckt entweder hier in der Stadt oder auf dem Lande in der Nähe derselben. [...]
> Unter submissester Erbittung einer allergnädigsten Insolution erstirbt in tiefester Unterwürfigkeit
>
> Euer Königlichen Majestät
> alleruntерthänigst treu gehorsamster
> Joseph Leoni
> Könglich Hof Senger

Dokumente, die auf irgendeine Weise verständlich machen könnten, was Leoni dazu gebracht haben mag, die Rechtslage so eklatant zu verkennen oder zu missachten und allem Anschein nach hinter dem Rücken seiner Frau, der Eigentümerin, den Besitz dem König zum Kauf anzubieten, sind nicht vorhanden. Ebenso fehlt jede Reaktion auf dieses Schreiben. Man kann nur vermuten, dass Krenner, über dessen Tisch der Brief ja höchstwahrscheinlich gehen muss, seinem Freund noch am selben Tag den Kopf wäscht und ihm befiehlt, von diesem unsinnigen Versuch Abstand zu nehmen.

Leonis Verkaufsangebot hat offenbar weder ein Nachspiel noch irgendwelche Veränderungen der Besitzverhältnisse zur Folge. Im *Handels- und Gewerbs-Addreß-Taschenbuch der Königl.-Baierischen Haupt- und Residenz-Stadt München* aus dem Jahr 1818 (davor ist nur das Hausbesitzer-Verzeichnis von 1803 überliefert) steht unter „Herren-Strasse" neben der Nro. 305: „Leoni, Maria, Anna. Königl. Hof-Sängers-Gattin, gehör. Garten-Gebäude und Garten."

Neben Hausnummer 300 steht übrigens der Eintrag: „Krenner, Franz, von. Staats-Rath, General-Direktor der Sektion der Finanzen, und Kommandeur des Civil-Verdienst-Ordens gehör. Gebäude und Garten." „Wirklicher" Generaldirektor des Finanzministeriums wird Krenner erst 1817, seit 1813 ist er bereits „fungierender" Generaldirektor.

Dass Krenners Familienstand bisher unerwähnt geblieben ist, liegt wohl daran, dass nie eine Ehefrau in Erscheinung tritt. Aber es gibt sie. Maximiliana geborene von Kirstner ist seit 1796 mit Franz von Krenner verheiratet. Die junge Frau liebt eleganten, urbanen Luxus. In Krenners „Conti“ finden sich Rechnungen für teure Damenhüte, Schuhe, seidene Strümpfe, Mäntel, angefertigt von den französischen, in München ansässigen Couturièren Madame Lagrange und Madame de Cadeville, und die Rechnung eines Goldschmieds für „einen Kamm von Silber und vergoldet und Koralle“. Doch Maximilianas Gesundheit ist schwach. Der Arzt Dr. Graf muss oft Hausbesuche machen und hat „große Mühe“ mit der jungen Frau, wie Krenner später notiert.

Ein kleiner unscheinbarer Zettel liegt in Krenners Korrespondenzmappe versteckt zwischen verschiedenen Briefen. Das Papier ist gerade so groß wie eine Spielkarte und mit wenigen Zeilen in blasser Tinte beschrieben:

> Lieber Krenner
> mon cher Krenner
> Ich kann dir meine Liebe zu dir nicht beschreiben dan ich weis das ich meine Worte an einen Mann verschwende der mir schon so oft sagte das er mich nicht mehr liebte, das er die Stunden bereue mich zu seiner Frau genohmen zu haben

Kein Datum, keine Unterschrift, kein Absender – die Frau spricht Krenner mit Du und mit Nachnamen an, so wie es gleichrangige Adelige untereinander manchmal tun… und sie kann ein wenig Französisch, zumindest kokettiert sie damit. Ihre Orthographie ist fehlerhaft, aber ihre Handschrift ist flüssig. Hat Maximiliana die Zeilen geschrieben? Dann wäre das kleine Papier ein vielsagendes, trauriges Dokument der Beziehung zwischen den Eheleuten. Ganz sicher geht die Urheberschaft aus der etwas unbeholfenen Formulierung nicht hervor. Es könnten auch die Worte der Ehefrau eines anderen Mannes sein, die sich aus Enttäuschung Krenner zugewandt hat.

Am 19. Mai 1816 um zwei Uhr früh stirbt Maximiliana von Krenner im Alter von nur 38 Jahren. Zur Feststellung der Todesursache wird der Leichnam am nächsten Morgen um neun Uhr auf dem Friedhof durch einen stadtgerichtlichen Wundarzt obduziert. Die Obduktion ist nicht der Regelfall und wird zum Beispiel dann angeordnet, wenn ein Verdacht auf Vergiftung besteht. Die Rechnung des Wundarztes erhält der Witwer, „für die den 20t. may morgends 9 Uhr bey dem Kirchhofe bey dero entseelten gnädigen Gemahlin gemachten Leichenöffnung der Cavitäten 12fl. zu bezahlen".

Zwei Tage später wird Frau von Krenner beerdigt. Als Todesursache ist im Sterbematrikel „Bauchwassersucht mit Abzehrung" eingetragen. Sie ist also wahrscheinlich an Krebs gestorben.

Maximiliana hinterlässt keine Kinder, aber zwei noch sehr junge verwaiste Halbschwestern, Carolina und Xaveria von Kirstner, die in einem Pensionat der Englischen Fräulein in Altötting erzogen werden. Krenner bezahlt auch nach dem Tod seiner Frau den Unterhalt und die Erziehung der Schwägerinnen.

Die elegante und empfindliche Maximiliana wird wenig Sinn gehabt haben für die urigen Feste ihres Mannes und seiner Freunde am feuchten Ufer des Starnberger Sees, unter freiem Himmel oder nur vom Dach einer hölzernen Schiffhütte beschirmt.

Nach ihrem Tod beschließt Krenner, seinen Traum von einem Sommerhäuschen direkt am Seeufer in die Tat umzusetzen. Zusammen mit Leoni fährt er wieder nach Assenbuch und fragt Bartholomäus Gröber nach einem weiteren Viertel Tagwerk Land, einem „Plätzchen am Gries" (also am Uferkies). Der Buchenpauli überlässt es Krenner unentgeltlich. In Assenbuch erzählt man sich später, der Generaldirektor habe es dem Fischer beim Kartenspiel abgeluchst. Sei es drum – das Stück Garten mit den Obstbäumen hat der Bartl dem hohen Herrn einige Jahre zuvor ja für einen guten Preis verkauft, wenn man die Leibrente zusammenrechnet, und der Streifen unmittelbar am Wasser gibt wirtschaftlich nicht viel her.

Eine baldige Hochzeit des Gendarmerie-Oberleutnants von Löhr mit Katharina Leoni findet übrigens nicht statt. Vielleicht besser so, mag man sich denken. Doch da kommt ein anderer, der gerade noch im Hause Krenner die Sense geschwungen hat, und holt die junge Frau ab. Am 25. Juni 1816 stirbt Katharina Leoni, 23 Jahre, königl. Hofsängers-Tochter, ledig, in München am Schlagfluss.

* * *

Krenner steht vor dem großen Landschaftsgemälde. Mit den Maßen eines breiten Fensters wirkt es wie ein Ausblick ins Freie. Bald drei Jahre hängt das Bild nun im Salon des Hauses in der Pferdstraße – mit einer Unterbrechung. Krenner hatte es 1814 mit einigen anderen Gemälden der großen Kunstausstellung in der königlichen Akademie zur Verfügung gestellt; gottlob ist es heil wieder nach Hause zurückgekehrt.

Er betrachtet die Szenerie im Vordergrund: Das Hütemädchen mit dem trinkenden Vieh in der Morgensonne, die Fischer in ihrem Boot, dahinter trocknen die Netze vor dem Hof des Buchenpauli – genau so sieht es dort draußen aus. Der Kunstgelehrte Carl Friedrich Rumohr hat ein paar akademische Worte über das Bild verloren: Max Joseph Wagenbauer sei ein Mittelglied zwischen den Landschaftern und den Tiermalern.

> So einfühlsam und kunstfertig auch seine Fernen gemalt sind, so scheint er doch seinen Fleiß zunächst auf Heerden zu verwenden, in denen Schaafe und Rinder gefällig vorgetragen sind. Die gegenwärtig ausgestellten Bilder sind durch Vereinigung beider Talente besonders anziehend, und vorzüglich der Ansicht des Stahrenberger Sees mit einigem Vieh, das darin getränkt wird, kann die Heiterkeit seiner Wirkung nicht abgesprochen werden.[38]

Mag sein – aber das Wichtigste ist natürlich die Vision im Hintergrund in der Bildmitte, artig positioniert vor der Kulisse der Zugspitze: eine palladianische Villa mit Portikus zum See und schönen Stadtmenschen in eleganter Sommerkleidung, alles in diesem wunderbaren Licht. Der Wagenbauer ist schon ein Hund, denkt Krenner und lächelt: Weil er weiß, dass ich mich nicht porträtieren lassen will, hat er mich von hinten gemalt, natürlich zu meinem Haus schauend. Leoni auch von hinten im grauen Offiziersmantel und mit Tschako auf dem Kopf, weil die Italiener da noch immer getreue Bonapartisten waren, und weil „von Leoni“ sich gerne ein bisserl aufspielt... Und diese hässlichen, monströsen schmiedeeisernen Laternen vor dem Haus sollen wohl andeuten, dass das Ganze etwas zu prätentiös ist und nicht wirklich dorthin passt.

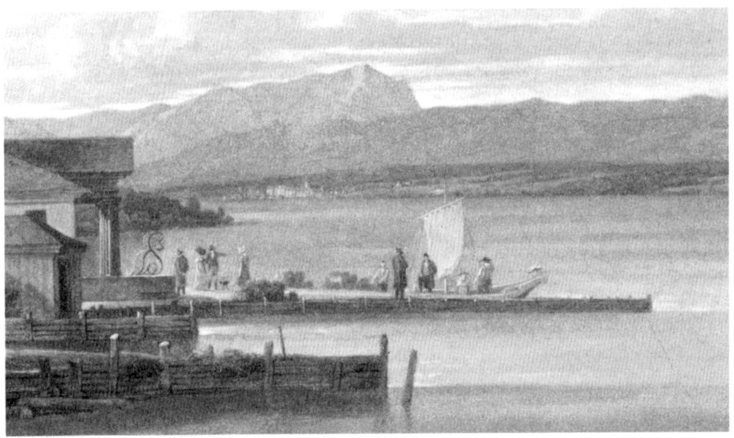

Ausschnitt aus dem Gemälde *Ostufer des Starnberger Sees* von Max Joseph Wagenbauer, 1813

Krenner weiß: Ein solcher Bau wäre nicht zu verantworten. Er, der Geheime Rat und fungierende Generaldirektor des Ministeriums der Finanzen ist der oberste Fiskalbeamte Bayerns, aber privat plagt ihn seine „ewige Noth am baaren Gelde", wie er in einem Brief von 1815 gesteht. Wie kann das sein? Krenner ist ein Spitzenverdiener im Königreich Bayern – sein Jahresgehalt beläuft sich auf 8.000 Gulden plus diverse Gratifikationen.

Krenner selbst analysiert das Problem in einem Brief an seinen Dienstherrn, Minister Montgelas. Es ist die „unglückliche Idee, daß ich bey einer so großen Dienstanstrengung mich übrigens um meine Privatverhältnisse nicht ängstlich zu sorgen brauchte, und durch diese unglückliche Idee kam ich von Zeit zu Zeit in Verlegenheiten, aus welchen mich aber, sobald sie mich zu tief niederschlugen, die Großmuth und Gnade S. Kön. Majestät einigemal mit einer augenblicklichen Unterstützung rissen."

Aber nur einige Male. Die anderen Male muss Krenner immer wieder kleine und mittlere Privatkredite aufnehmen. Die notorische Knappheit seiner Kasse kann vielfältige Ursachen haben: den Ausbau des großen Hauses in der Pferdstraße, Maximilianas feinen, anspruchsvollen Geschmack, Krenners reichlichen Verbrauch guter Weine, seine Sammlung erotischer Literatur oder sein Lotteriespiel.

Doch so unbekümmert er lebt, so großherzig und selbstlos unterstützt Krenner auch die Menschen, die ihm nahestehen. Er versorgt seine betagte Mutter und bezahlt den Unterhalt von Verwandten und ehemaligen Dienstboten. „Ich bedarf nicht viel“, schreibt er an Montgelas, „denn ich habe keine Kinder, und mit mir stirbt die ganze Welt“.

Franz von Krenner entscheidet sich für eine sparsame Lösung. Es muss keine palladianische Villa sein, ein hölzernes Sommerhaus tut es auch. So entsteht um das Jahr 1816 direkt am Wasser ein schlichter Holzständerbau zu Materialkosten von einigen hundert Gulden. Auf einen kleinen Portikus mit zwei Säulen zur Seeseite hin möchte der Generaldirektor freilich nicht verzichten. Ein wenig italienische Eleganz darf man sich schon gönnen. Schließlich wird das Sommerhaus tapeziert und gemütlich eingerichtet. Seither fährt Krenners Freundeskreis in der warmen Jahreszeit gerne hinaus an den See, um dort entspannte Stunden in der herrlichen Umgebung zu verbringen.

Leoni und der Kreiskassier Aulitschek sind öfter hier; „Buchenpauli“ Gröber spricht mit ihnen auch über den Bau. Zum engeren Sommerfrische-Kreis gehören wahrscheinlich auch Krenners andere „Abendgesellschafter“, der Lithograf Ferdinand Piloty, Leonis Sängerkollege Anton Schröfl und der Violinist Joseph Holzbauer.

* * *

Alltagsnotizen aus dem Haushalt Krenner: Eine Note aus Würzburg, etwas holperig adressiert an „Sr Wohlgebor. des k. baierische Hof Sänger Herrn v. Leoni, abzugeben bey dem General-Director Herrn v. Krenner im Lehel“. Absender ist der Hofkonditor Karl August Hilarius Bolgiano, genannt Hillary. Der Würzburger mit italienischen Wurzeln ist nicht nur königlicher „Confectmeister“, sondern liefert auch Wein aus seiner mainfränkischen Heimat und anderen guten Lagen und ist mit Leoni freundschaftlich verbunden. Das kurze Schreiben begleitet eine Lieferung an Krenner über drei Eimer (altes Volumenmaß; ein Eimer = 64 Liter) 1811er Würzburger Stein zum Preis von 255 Gulden.

„Werthester Freund!“, schreibt Hillary, „Den k. Rechnungs Comissair Herrn Moehl habe ich bevollmächtiget, gegen Vorzeigung meiner Rechnung obige Suma einzucassieren, nachdem Sie werden das Faß

Wein erhalten haben. Mit bekannter Freundschaft, den 9t May 1817, Hillary Hofcond S. K. H". Einen Monat zuvor hatte Hillary bereits ein Fass mit 80 Litern Deidesheimer Traminer für 96 Gulden geliefert.

Ende März 1818 läutet eine junge Frau in der Pferdstraße. Sie stellt sich mit dem Namen Kirmair aus Haselbach bei Ebersberg vor und hält „Herrn von Leoni" einen „Vorweiß" hin, auf dem geschrieben steht:

> Nach der gepflogenen Verabredung wird durch Vorzeigerin dieß Kirmairinn von Haslbach die fragl.e Kuh abgehollt – und hieher geführt werden – daher ihr pro legitimatione – gegenwartiger Vorweiß hiemit ertheilt worden. Ebersberg d 27t März 1818

Tatsächlich befindet sich auf Krenners großem Gartengrundstück auch ein Stall mit zwei Kühen und Federvieh. Der Hausherr hat beschlossen, dass eine Kuh für den täglichen Bedarf genügt – wahrscheinlich holt die Kirmairin das Tier im Tausch gegen Holzlieferungen ab, die der Generaldirektor regelmäßig aus Ebersberg bezieht.

Wenige Tage zuvor hat Franz von Krenner eine 16-seitige Verfügung niedergeschrieben. Dieses „Codicill" beginnt mit den Worten:

> Bey der Hinfälligkeit des menschlichen Lebens, und damit ich, wenn mich schnell ein Unglück, oder eine schwere tödtliche Krankheit befiele, eben so ruhig, froh und vergnügt sterben kann, als ich gelebt habe, finde ich für gut, bey vollem Verstandeskräften und bey einer noch ganz rüstigen Gesundheit über mein zeitliches Vermögen zu disponiren.

Auf den folgenden Seiten trifft Krenner zahlreiche Verfügungen über Leibrenten, Legate und Sachwerte, die seine Angestellten, Verwandten und Freunde nach seinem Tod erhalten sollen.

* * *

Das Münchner Kulturleben steht im Jahr 1818 ganz im Zeichen eines epochalen Ereignisses: der bevorstehenden Eröffnung des neuen Hof- und Nationaltheaters. Ein Theaterneubau ist seit vielen Jahren geplant. Der alte, baufällige „Haberkasten" am Salvatorplatz ist abgerissen worden. Das Residenztheater von Cuvilliés genügt aus verschiedenen Gründen nicht mehr den modernen Anforderungen. Das Gebäude ist eng, sein verschnörkelter Rokokostil entspricht nicht mehr dem Zeitgeschmack. Die Bühnenmechanik ist umständlich und langsam und der Bau lässt sich schlecht beheizen, was insbesondere die beliebten Karnevalsopern zur Qual für alle Beteiligten werden lässt. „Die Tänzer", klagt das *Journal des Luxus und der Moden* im März 1808, „hätten mit ihrem Zähneklappern wie mit Kastagnetten den Takt schlagen können". An manchen Wintertagen müssen Vorstellungen wegen Kälte abgesagt werden. Vor allen Dingen aber soll ein modernes Opernhaus in einer Stadt von 50.000 Einwohnern genügend Platz für ein großes Publikum bieten, denn die Oper steht längst nicht mehr nur einer kleinen Oberschicht offen, und kostspielige Produktionen (wie die Prunkinszenierungen von Antonio Brizzi) müssen sich amortisieren können.

Nun entsteht der großräumige Theaterneubau nach den Plänen des jungen Architekturprofessors Karl von Fischer am Max-Joseph-Platz, wo das Franziskanerkloster der Säkularisation zum Opfer gefallen ist. Im April dürfen die Münchner die Großbaustelle kostenlos besichtigen, um sich „von der musterhaften Zusammenfügung aller mannigfaltigen Theile zu unterrichten, welche erforderlich sind, mit der Darstellung großer Schauspiele auch alle Bequemlichkeiten des Publikums zu verbinden".[39]

Am 12. Oktober 1818 wird das Königliche Hof- und Nationaltheater mit einem für diesen Anlass geschaffenen Festspiel mit dem Titel *Die Weihe* eröffnet. In der allegorischen Dichtung von Friedrich Albert Klebe, in Musik gesetzt von Hofkapellmeister Ferdinand Fränzl, zieht die Schutzpatronin Bavaria in den Tempel der Musen ein. Das Programm dieser Eröffnungspremiere ist wahrscheinlich der einzige Münchner Theaterzettel dieser Zeit, der alle Mitwirkenden der verschiedenen Chor- und Statistengruppen namentlich aufführt: Musen, Priester, bayerische Männer, bayerische Frauen, Jünglinge, Kinder. Nahezu alles ist aufgeboten, was in München singen und sich auf der Bühne bewegen kann. Selbst der alte Ballettmeister Peter Crux beteiligt sich im „Chor der Baierischen Männer". Joseph Leoni jedoch suchen wir unter den Mitwirkenden vergeblich.

* * *

Die Weinvorräte in Staatsrat von Krenners Keller gehen immer rascher zur Neige. Im Laufe des Jahres 1819 verschlechtert sich der Gesundheitszustand des Generaldirektors deutlich.

Eine sehr belastende Komplikation seiner fortgeschrittenen Leberzirrhose ist die Ansammlung von Flüssigkeit in der Bauchhöhle; die Mediziner sprechen von Aszites oder Bauchwassersucht. Die Besuche des Leibarztes Dr. Graf werden häufiger. Um die Beschwerden des Patienten zu lindern, greift der Arzt wiederholt zu einer schmerzhaften Behandlungsmethode, der Punktion: Dr. Graf sticht (ohne Betäubung, versteht sich) eine Kanüle mit angeschlossenem Schlauch durch die Bauchdecke und lässt mehrere Liter Gewebsflüssigkeit ab. Jede Punktion verschafft Krenner für einige Tage Erleichterung, doch sein allgemeiner Zustand verschlechtert sich zusehends.

Der gesellige Staatsrat hat dafür gesorgt, dass er auch in seinen letzten Tagen nicht allein ist. Ende September sind einige „geladene Vacanzgäste“ im Haus: zwei entfernte Neffen oder Nichten aus der mütterlicherseits verwandten Familie von Hellersberg und „die zwei v. Kirstnerischen Töchter mit der Frau Institutsdirektorin Supprior von Neuötting“. Anwesend sind auch Krenners „Hausgenossen“ Leoni und Piloty.

Den 27. September Morgens um 2 Uhr starb Franz von Krenner, Seiner Majestät des Königs von Baiern wirklicher Staatsrath im ordentlichen Dienste, General-Direktor des Königlichen Staats-Ministeriums der Finanzen, Commandeur des Civil-Verdienst-Ordens der baierischen Krone, an der Wassersucht als Folge der Leberverhärtung im 57ten Jahre seines Lebens.
Im Gefühle des tiefsten Schmerzes zeigt die Unterzeichnete diesen unersetzlichen Verlurst (sic) den Verwandten, Freunden und Verehrern des Seeligen an, überzeugt von allgemeiner Theilnahme.
München den 28. September 1819.

Theresia Wallner
Geborene von Hellersberg, Stadtgerichts-Assessors-Wittwe, für sich, und im Namen ihrer Tochter, Neffen und Nichten, als nächste Anverwandte.

Noch am selben Tag begibt sich eine vom „hohen Stadt-Gerichts-Directorio abgeordnete Commission" zum Anwesen des verstorbenen Generaldirektors in der Pferdstraße, das „mehrere Gebäude, Stadl und Stallung, Glas- und Sommerhäuser, Holzschupfe, Gartenanlagen und Feuerlösch-Spritze" umfasst. Die Herren vom Gericht und der als Testamentsvollstrecker eingesetzte Finanzbeamte Johann Georg Feßmaier lassen sich von Krenners Haushälterin Margaretha Forster durch die Räume führen, um eine Bestandsaufnahme der darin befindlichen Einrichtungs- und Wertgegenstände zu machen. Offenbar möchte man verhindern, dass etwas abhandenkommt. Das bewegliche Inventar wird genau protokolliert.

Unter den zahlreichen Räumen gibt es auch ein Zimmer des Lithografen Ferdinand Piloty, der Krenner vor Jahren einen größeren Geldbetrag geliehen hat und als Gegenleistung in dessen Haus wohnen darf.

Nach mehreren Dienstbotenzimmern zeigt Frau Forster den Herren ein „Zimmer des Herrn Leoni". Darin befinden sich nur zwei alte Sessel; es ist damit wahrscheinlich kein Schlafzimmer, sondern allenfalls ein Rauchzimmer. Aber das Haus umfasst an die 15 Räume, von denen viele mit Bettstatt, Strohsack, Matratze und Oberbett ausgerüstet sind. Es bietet also genügend Schlafgelegenheiten für Freunde und Gäste. In einem „Bauernhaus" genannten Nebengebäude nimmt die Kommission sechs Kupferstiche hinter Glas in schwarzen Rahmen zu Protokoll und notiert dazu: „spricht Herr Leoni als sein Eigentum an".

Im Keller versiegelt die Kommission „3 Fächer, worinn verschiedene Weine aufbewahrt" werden, überlässt aber „46 Bouteillen Deutersheimer der von Krennerschen Haushälterin zum Gebrauche für die im Hause befindlichen Gäste".

Zu Michaelis, am 29. September, erhalten die Dienstboten im Hause Krenner ihren Lohn. Leoni besorgt die Abrechnung. Sie ist das einzige größere erhaltene Dokument von seiner eigenen Hand. Leoni schreibt nicht in der deutschen Kurrentschrift, sondern in lateinischer Schreibschrift, wie sie in den romanischen Ländern üblich ist. Die Abrechnung ist mit „Nota Uber den Lonh von die Domest. von Titl von Hernn General Director von Krenner" überschrieben und endet mit „Munchen, den 30. Sett. 1819". Sprachliche

Nota. Uber den Lonh von die Domesti von Titl von Herrn General Director von Krenner

L.A.B. n. 30. 31. 32. 33. 34. 35. 36. 37. 38. 39.

Haus Hütterin	15	
Nacht geld von Jakobi bis Micheli	3	24
Köchin Lonh	12	
Nacht geld	3	24
Haus Magd Lonh	8	
Nacht geld	3	24
Menlicher Domest Gärtner	f 45	12
Monatgeld	18	
Kutscher	18	
Haus Knecht	18	
Detto Namens tag geld	1	12
	f 55	12
Total Summe	f 100	24

München den 30 Sett. 1819 Leoni

Vorstehende Beträge von der Verlassenschaft des Titl. Herrn Generaldirector v. Kremer erhalten zu haben, bescheinen die Unterzeichneten [illegible] München 30 Oct. 1819

Johan [illegible] Gärtner Margaretha Förster
+ Zeigen Michel Trau Anna Jägerin
Zeigen + Magdalena [illegible]

Lohnabrechnung für die Krenner'schen Hausangestellten von Joseph Leonis Hand

Eigenarten deuten darauf hin, dass dem Sizilianer auch nach über 30 Jahren in München noch ein starker Akzent geblieben ist. Einen Monat später lässt Feßmaier die Hausangestellten den Erhalt der Beträge auf demselben Blatt bestätigen.

* * *

Aus Krenners Codicill, §12:

> Meine Hausfreunde und Abendgesellschafter, nämlich der H. Hofsänger Leoni, der H. Lytograph Pilotti, der H. Chorregent Schröfel, und der H. Hofmusikus Holzbauer, so viel davon zur Zeit meines Todes sich noch in meiner Gesellschaft befinden werden, sollen sich zu einem Andenken, (:obwohl sie auch ausser dessen sich ganz gewiß recht oft meiner erinnern werden:) jeder etwas ihm selbst beliebiges aus meiner Mobiliarschaft von ungefähr Sechzig Gulden werths aussuchen.

Anton Schröfl, ein Sängerkollege von Leoni in der Hofmusik, hat mittlerweile den Posten eines Chorregenten an der Frauenkirche inne. Er kümmert sich um die Musik für Krenners Trauerfeier und stellt dafür eine Rechnung:

> Für das Leichenbegängniß des Königlichen Wirklichen Staats-Raths und General Direktors der Finanzen Franz de Paula von Krenner, Komandeur des Civil-Verdienstordens der baierischen Krone etc etc.
>
> Für die Begleitung der Leiche zum Beisetzen mit Gesang und Posaunen, für die Begleitung der Leiche zum Grabe mit Gesang und Posaunen, für die Todten-Vigil, das solenne Requiem mit Libera. 37fl. 42 Kr.
> München den 4ten October 1819
>
> Zu höflichem Dank bezahlt

Als Erbstück sucht Schröfl sich „gegen Daraufgabe von 10fl." Krenners auf 70 Gulden geschätzten Flügel aus.

Leoni wählt ein Kanapee und sechs Sessel im Wert von 60 Gulden. Doch damit gibt er sich nicht zufrieden. Angeblich besteht eine weitere Vereinbarung zwischen Krenner und Leoni, die aber weder im Codicill des Verstorbenen erwähnt, noch sonst irgendwo schriftlich festgehalten ist. Dennoch kann Leoni dem Testamentsvollstrecker Feßmaier offenbar glaubhaft machen, dass diese Vereinbarung getroffen wurde. Joseph Leoni behauptet, Krenner habe ihm ein Stück Land am Starnberger See geschenkt oder versprochen.

Der gewissenhafte Feßmaier hat den richterlichen Auftrag, die Aktiva und Passiva der Krenner'schen „Verlassenschaft" genau zu ermitteln. Er muss der Starnberger Sache nachgehen. Nachdem er von Leoni die Lage und den Vorbesitzer des Grundstücks in Erfahrung gebracht hat, ersucht Feßmaier das zuständige königliche Landgericht Starnberg, die Angaben zu überprüfen. Dort schickt man eine Vorladung nach Assenbuch.

Am 20. November 1819 erscheint der Fischer Bartholomäus Gröber mit dem Hofnamen Buchenpauli im Landgericht Starnberg. Der königliche Landrichter von Barth hat von der „von Krennerischen Testaments-Execution" einige vorformulierte Fragen erhalten, über die er den Buchenpauli vernimmt. Das Protokoll der Vernehmung wird an Feßmaier „zum geeigneten Gebrauch" übersendet.

1. Worin besteht das Tit. von Krennerische Eigenthum auf dem Buchhaus?
   In ohngefähr einem halben Tagwerk Land am See, worauf eine Schiffhütte mit zwey eichenen Einbäumen, ein Baumgärtchen und ein Sommerhaus sich befindet.

2. Von wem und wie hoch hat Tit. Staatsrath von Krenner dieses Anwesen erkauft?
   Vor ohngefähr 7 Jahren erkaufte Titl. H. Staatsrath von Krenner zum Behuf der Erbauung einer Schiffhütte mit Einwilligung meiner Grundherrschaft des Titl. Grafen von La Rosée von Possenhofen von mir ein viertel Tagwerk von meinem Baumgarten am See. Er gab mir dafür 24f sogleich und verpflichtete sich, mir jährlich solange ich lebe 20f zu geben, und nach meinem Tode sich mit meiner Gutsübernahme gänzlich abzufinden. Es wurde über diesen Vertrag bey Titl. H. von Krenner

ein Protokoll abgefaßt, wovon ich selbst eine Abschrift besitze. Ich erhielt die stipulirten 20f Fristen alljährlich richtig in zwey gleichen Raten, zu Michaeli und Georgi. Gewöhnlich bezahlte mich Titl. von Krenner selbst, manchmal aber auch Hr von Leony, und zwar bald in München, bald im Buchenhause selbst. Vor beyläufig 3 Jahren ersuchte mich Hr. von Kroener und von Leony noch um ein Plätzchen am Gries zur Erbauung eines Sommerhauses, welches ich ihnen mit Betrag von einem viertel Tagwerk unentgeldlich gab. Es wurde auf diesem Platz auch wirklich ein hübsches Sommerhaus von Holz erbaut, welches von der Titl. von Krennerischen Gesellschaft seither bey guter Jahreszeit auch häufig besucht wurde.

3. Was mag Titl. von Krenner in dieses Anwesen verbaut haben?
   Ich hörte von Titl. von Leony und von Aulischeck öfters sagen, die Schiffhütte und das Sommerhaus /: bey letztem jedoch das Austapeziren und Meublement abgerechnet :/ kosteten miteinander circa 600fl. Was die Einrichtung werth ist, weiß ich nicht. Von den Einbäumen muß ich bemerken, daß der Aeltere 15fl. werth ist, und der Neue vor 5 Jahren verfertigte auf 100fl zu stehen kam.

4. Was mag der Grund, welches dieses Anwesen bildet, dermal werth seyn?
   Der leere Grund, welcher dieses Anwesen bildet, ist sicher 100fl. werth, denn auf dem Gartengrund stehen viele schöne Obstbäume.

5. Was sind die Gebäude werth?
   Die Schiffhütte samt den Schiffen schätze ich auf 150fl, und das Sommerhaus ohne Einrichtung auf 300 bis 400fl.

6. Welchen Werth haben die vorhandenen Baumaterialien?
   An Baumaterialien sind noch vorhanden 30 bis 35 Stück ausgehauene Bauhölzer à 70 Schuh Länge, und eben so viel noch unausgehauener in der Rinde. Die ausgehauenen sind in gutem Stande und wohl verwahrt. Es mag das Stück sicher 3fl werth seyn. Die unausgehauenen, welche schon 5 Jahre liegen, sind aber bereits so verdorben, daß sie zu Bauholz nicht mehr taugen, und das Stück mag höchstens noch 1fl werth seyn.

7. Was mag das Meublement werth seyn?
   Das weiß ich nicht zu beurtheilen, weil ich dasselbe nicht so genau kenne.

8. Wie hoch wird dieses Anwesen versteuert?
   Die Steuer dafür ist noch nicht ausgeschieden, sondern in meinem Anwesen inbegriffen. Doch versprach mir Hr. von Krenner zur Stift jährlich 15 Kr, und zur Steuer 2 Kr. beyzutragen. Noch erhielt aber keynen solchen Beytrag bezahlt.

9. Habt ihr nichts mehr anzugeben?
   Nein, doch bitte ich um 45 Kr. Vergütung für meinen heutigen Gang zu Gericht.

Die Aussagen des Buchenpauli decken sich im Wesentlichen mit dem Kaufbrief, von dem jedoch nur eine spätere Abschrift erhalten ist. Das Dokument beurkundet den Verkauf eines Gartens, der aus einem größeren und einem kleineren Flurstück besteht:

Plan No. 499	zu 0 Tagw 44 Dc
Plan No. 499 ½	zu 0 Tagw 03 Dc

„Dc“ steht für Dezimale, den hundertsten Teil eines Tagwerks. Ein Tagwerk entspricht etwa 3.400 Quadratmetern. Der von Krenner erworbene Grund hat also eine Fläche von rund 1.600 Quadratmetern.

Was den Zeitpunkt der Kaufvereinbarung mit Krenner angeht, trügt den Buchenpauli ein wenig das Zeitgefühl: Der Kaufbrief datiert vom 29. Oktober 1811, der Handel liegt also nicht sieben, sondern schon acht Jahre zurück.

Krenner habe versprochen, „zur Stift jährlich 15 Kreuzer beyzutragen“, gibt Gröber an. Was bedeutet das? Assenbuch gehört seit dem 16. Jahrhundert zur Hofmark Possenhofen am gegenüberliegenden Ufer des Sees. Eine Hofmark ist ein Grundherrschaftsbezirk. Der Hofmarksherr, das ist in diesem Fall der aktuelle Eigentümer des Schlosses Possenhofen, Johann Caspar Aloys Graf Basselet von La Rosée, vereint Grundherrschaft und niedere Gerichtsbarkeit über die Bewohner der Hofmark – ein Relikt mittelalterlicher Besitzverhältnisse, das noch bis zum Jahr 1848 Bestand hat. Das übliche bäuerliche Besitzrecht in diesem Rahmen ist die Freistiftgerechtigkeit: Der Freistifter baut ein Haus auf einem freien, leeren Grundstück. Dort wirtschaftet er eigenständig und leistet an den Grundherrn jährliche Abgaben, die „Stift". Der Grundherr kann dem Freistifter das Lehen von Jahr zu Jahr kündigen; der Bauer wiederum kann die auf dem Grund errichteten Immobilien mit Zustimmung des Grundherrn verkaufen, denn Gebäude und landwirtschaftliche Erträge sind Eigentum des Freistifters.

Entsprechend hält der Kaufbrief fest: Der Buchenpauli verkauft den oben genannten Gartenanteil „von seinem zur Hofmark Possenhofen gerichtsbar und freystiftsweise grundbaren Besitze [...] an den königl. geheimen Rath und Finanzreferendär Herrn Franz von Krenner um die Summe von 24 Gulden". Auch die Beiträge des Käufers von 15 Kreuzern zur Stift und von zwei Kreuzern zur Grundsteuer sind im Kaufbrief vereinbart.

Der Testaments-Exekutor Feßmaier ist ein Stück weiter. Er hat nun die Bestätigung, dass Krenner das Stück Land in Assenbuch erworben und einige Jahre später darauf ein hölzernes Sommerhaus gebaut hat. Mit Gröbers Aussage kann sich Feßmaier auch die Ungereimtheit erklären, dass der Krenner'sche Besitz nicht im Grundsteuerkataster von 1812 eingetragen ist: Die Steuer dafür ist noch nicht ausgeschieden, sondern im Buchenpauli-Hof inbegriffen. Und Krenner ist seinen Anteil an Steuer und Stift schuldig geblieben, sagt Gröber. Seltsam, bei einem so kleinen Betrag. Wahrscheinlich hat es der Generaldirektor einfach vergessen.

Was Feßmaier in dem Protokoll vergeblich sucht, ist irgendein Hinweis darauf, dass Krenner das Grundstück seinem Freund Leoni versprochen hat. Mehrmals liest der Testamentsvollstrecker diese eine Passage in den Aussagen des Buchenpauli: „[...] ersuchte mich Hr. von Kroener und von Leony noch um ein Plätzchen am Gries [...], welches ich ihnen [...] unentgeldlich gab". – Sie ersuchten ihn also zusammen, und er gab es ihnen beiden? Im Kaufbrief von 1811 über das erste Stück Garten steht freilich nur Krenner.

Später notiert Feßmaier in seinem Inventar des Krenner'schen Nachlasses: „Über die Besitzung am Starnbergersee mußte eine

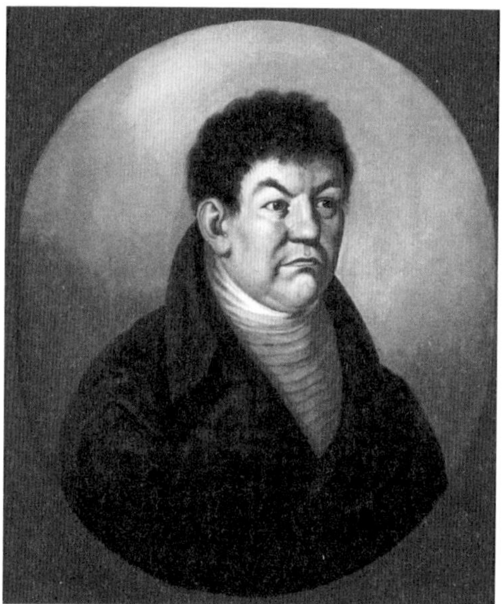

Johann Georg Feßmaier (1775–1828), Rechtswissenschaftler, Staatsbeamter und Testamentsverwalter des Krenner'schen Nachlasses

langwierige Correspondenz mit H. Hofsänger Leoni gepflogen werden."

Am 4. April 1820 bittet das königliche Kreis- und Stadtgericht München um „Auskunft über die dermalige Lage der Staatsrath von Krennerischen Verlassenschaft". Feßmaier antwortet, dass es nur noch an der Ermittlung zweier Sachwerte und „an einem Arrangement mit dem Hofsänger Leoni wegen des Besizthumes am Starnbergersee" fehle, um „den richterlichen Aufträgen vom 2ten Nov. v. J. zu genügen".

* * *

Zwei Wochen später geht beim Obersthofmeisterstabsamt ein ungewöhnliches Bewerbungsschreiben ein:

> Bereits sind es 32 Jahre, daß ich die allerhöchste Gnade genieße, in Allerhöchst dero Diensten als Hofsänger zu seyn.

Während diesen vielen Jahren erlaubte ich mir nie, weder für mich noch für meine Kinder Euer Königl. Majestät allerhöchste Gnade um Gehaltsmehrung oder sonstige Unterstützung allerunterthänigst in Anspruch zu nehmen, oder auf irgend eine Art zur Last zu fallen. Da ich aber nun meinen mächtigsten Wohlthäter und Unterstützer, den königl. Staats-Rath und General-Direktor der Finanzen Herrn Franz v. Paul von Krenner durch Absterben verlohren habe, und ich nunmehr bey näher heranrückenden Jahren, und dadurch erfoderlich größere Bedürfnissen mit jährlichen 500 fl zu bedrängt leben muß, so bitte ich Eure Königliche Majestät allerunterthänigst gehorsamst, um wenigst einigermaßen meine jetzig' traurige Lage in etwas zu verbessern, neben meinem bisherigen Dienste, der während dem Sommer hindurch ganz unbeschränkt ist, mir die Stelle der Schiffs und Garderoben-Aufsicht, vielmehr derselben Inspektion zu Starnberg und Nymphenburg unter den Befehlen eines königl. Oberstenhofmeisterstaabes gegen eine wenige Remuneration, kleines Quartier, und freyen ohnehin unbedeutenden Holzbedarf, wovon bey den vielvorhandenen überflüssigen Zimmern im königlichen Schloße Starnberg leicht ein paar mit unbedeutenden Kosten wohnbar gemacht werden können, so wie auch das wenig benöthigte Brennholz ohnehin geringen Werth hat, mir umsomehr allergnädigst zu übertragen, als ich mich in meinen früheren Jahren – 3 Jahre im Arsenale zu Venedig privat dem Schiffsbauwesen zum Vergnügen widmete, daher ich mir zum Voraus in dieser Erziehung der allergnädigsten Zufridenheit schmeicheln dürfte.

In Wiederhollung dieser allerunterthänigst gehorsamsten Bitte um allergnädigste Würdigung derselben ersterbe ich mit der tröstlichsten Hoffnung der Gewährung in tiefster Ehrfurcht
München den 20. April 1820

Euer königlichen Majestaet
Allerunterthänigst' gehorsamster
Joseph Leoni

Leonis Situation ist zweifellos prekär. Aus Feßmaiers Inventar geht hervor, dass der Krenner'sche Haushalt in der Pferdstraße noch bis zum 31. Oktober 1819 fortgeführt wurde. Seitdem hat Joseph Leoni dort keine Bleibe mehr. Seine Idee, am Starnberger See zu arbeiten, lässt vermuten, dass er in der Nähe des Sommerhäuschens in Assenbuch sein will. Wohnen kann er dort jedoch offenbar nicht, denn er sucht ja um Quartier in Starnberg nach, am besten im Schloss, „bey den vielvorhandenen überflüssigen Zimmern". Tatsächlich wird das Starnberger Schloss seit 1803 als Dienstgebäude für das königliche Rentamt genutzt und nicht mehr wie zuvor von den Wittelsbachern als Sommerresidenz bewohnt. Etwas unklar erscheint Leonis Aussage, sein bisheriger Dienst sei den Sommer hindurch „ganz unbeschränkt". Kirchenmusikalische Einsätze in der Hofkapelle sind jedenfalls in den Sommermonaten seltener als um Ostern und um Weihnachten herum.

Der Obersthofmeisterstab nimmt sich der Initiativbewerbung sehr ernsthaft an. „Um den Gesuch zu erörtern, rücksichtlich des Erforderniß der Kreirung, eines zur Zeit noch nicht bestandenen Dienstes", wird für den König eine ausführliche aktuelle Zustandsbeschreibung des königlichen Schiffswesens – auf dem Nymphenburger Kanal und am Starnberger See – angefertigt. Dann erinnern die Verfasser an den kurpfälzischen Entdeckungsreisenden Heinrich Zimmermann, der mit James Cook die Welt umsegelte und danach von Kurfürst Karl Theodor als Leibschiffmeister in Starnberg angestellt wurde. Nach Zimmermanns Tod wurde die Stelle nicht wieder besetzt und die Schiffsinspektion dem Obersthofmeisterstab übertragen. Weil heute der Gebrauch der Schiffe für die „Allerhöchsten Königlichen Herrschaften" selten sei, habe man „schon jeher darauf gesehen, daß die Ausgaben so unbedeutend – als möglich – hierauf gemacht worden".

„In wie fern nun", schließt das Gutachten, „für den eingangsangeführten Hofsänger, zur Verbesserung seines Einkommens, die angesuchte besondere, und eigene Sommer-Inspektion der gesammten k. Schiffe, wolle neu kreirt, und ihm anfür eine jährlich bezahlende Remuneration, nebst seiner Schloßbewohnung, dann einer unentgeltlichen Holzabgabe nach Bedarf, ausgesprochen werden, wird ganz allein der allerhöchsten Klemenz untergestellt."

Am 20. Mai 1820 ergeht der lapidare Bescheid von König Max I. Joseph:

> Das Gesuch des k. Hofsängers Leoni, zum Schiffsinspektor in Nymphenburg und Starnberg ernannt zu werden, ist abweislich zu bescheiden, da nach der brieflichen Erläuterung [...] eine solche Stelle gar nicht nothwendig ist.

Wieder ist ein Versuch von Joseph Leoni, seine wirtschaftliche Situation nachhaltig zu verbessern, gescheitert.

Die „langwierige Correspondenz" zwischen Leoni und Krenners Nachlassverwalter Feßmaier geht weiter. Dieser scheint grundsätzlich bereit, Leonis Anspruch auf das Grundstück in Assenbuch anzuerkennen. Doch was sollte jemand mit einem Stück Seeufer anfangen, wenn er keinen Erwerb in der Nähe hat?

Feßmaier wiederum bringt einige Fragen zur Sprache, die Ansprüche der Krenner'schen Nachlassmasse an Leoni betreffen. Es scheint offene Rechnungen zu geben. Daher verständigen sich die beiden Männer schließlich auf einen Vergleich, der beim Königlich Baierischen Kreis- und Stadtgericht am 21. August 1820 zu Protokoll genommen wird:

> Herr Joseph Leoni Hofsänger produzirt ein Schreiben des von Krennerischen Testaments Executors H. Ministerial Raths von Feßmaier, wonach derselbige wegen verschiedener Forderungen der von Krennerischen Masse sich mit ihm dahin vergleicht, daß er H. Leoni rücksichtlich der Ansprüche, welche an ihn gemacht werden könnten zu Gunsten der von Krennerischen Masse eine Hypothek über ein hundert dreyßig und drey Gulden auf den ihm gebührenden Antheil an dem sogenannten Leoni=Garten ausstellen, dagegen aber das ihm zugedachte von Krennerische Legat erhalten solle.
> Diesem nach bekennt nun H. Joseph von Leoni [...], 133 fl. der von Krennerischen Verlassenschafts-Masse schuldig zu seyn, verspricht diese Summe spätestens ultimo September 1821 baar zurückzubezahlen, bis dahin aber mit 5 p. zu verzinsen, und verpfändet hiefür sein gesamtes Vermögen in genere, in specie aber den ihm gebührenden

Antheil an dem sogenannten Leonigarten. Diese gerichtliche Hypotheks-Errichtung bittet derselbe in dem Grundbuch vorzumerken, und ihm eine beglaubte Abschrift zukommen zu lassen bestättiget dieses durch eigenhändige Unterschrift
Joseph Leoni

Eine doppelt überraschende Wendung. Leoni kauft sich von nicht näher bezeichneten Forderungen der Krenner'schen Testamentsverwaltung frei, indem er ihr die Assenbucher Sommerfrische überlässt, die Krenner ihm (angeblich?) zugedacht hat. Legen wir die Angaben des Buchenpauli zugrunde, dann beläuft sich der Wert des Grundstücks am See mit Sommerhaus, Mobiliar, Schiffhütte, Einbäumen und noch vorhandenem Bauholz auf knapp tausend Gulden. Damit sind aber Leonis Verbindlichkeiten gegenüber der Krenner'schen Erbmasse noch nicht ganz abgegolten; es bleibt eine Restforderung von 133 Gulden. Die stundet Feßmaier dem mittellosen Leoni, dafür verpfändet dieser seinen Anteil am Leonigarten. Dass er daran noch einen Anteil besitzt, ist eine bemerkenswerte Nachricht, denn im Grundsteuerkataster und im Verzeichnis der Hausbesitzer ist bekanntlich allein Marianna eingetragen.

Feßmaier hält den Stand der Dinge in seinem „Inventarium über die Titl. von Krennerische Verlassenschaft" vom Januar 1821 noch einmal fest und beziffert deren „Immobiliar-Vermoegen" wie folgt:

I. Haus und Garten in München

30.000 f.

II Antheil an einer Besizung am Starnbergersee
Darüber, so wie über andere Ansprüche, welche die Verlassenschaft an H. Hofsänger Jos. Leoni zu machen hatte, erwuchs ein eigener kleiner Act. Alle Differenzien wurden zuletzt auf die Summe von 133 f. verglichen, wofür der Antheil desselben an dem so genannten Leoni-Garten obrigkeitlich verpfändet ist; mithin sind anzusezen

133 f.

Bei einer Versteigerung des Krenner'schen Hausrats findet übrigens auch das Gemälde mit einer Landschaft am Starnberger See, signiert von Max Joseph Wagenbauer 1813, einen Abnehmer. Krenner hat letztwillig verfügt, dass der „Testaments-Executor" sich aus dem Nachlass „zwei der schönsten Gemälde nach seiner Wahl" als „Remuneration" aussuchen darf. Feßmaier notiert dazu:

> Testaments-Executor wählte nicht zum voraus, um die Sammlung nicht zu discreditiren, als wäre das Schönste beseitiget. Da aber die tit. Erben das lezte Gemälde – die Wagenbauerische Landschaft am Starnbergersee für den Executor ersteigerten, um ihm eine besondere Erkenntlichkeit zu bezeugen; So nahm Testaments-Executor dieses Gemälde an, und zwar statt der auszuwählenden schönsten Gemälde.

Nachdem Leonis Bewerbung um die Schiffsaufsicht gescheitert ist, bittet er im November 1820 den König um finanzielle Unterstützung. Bei der Hofmusik sieht Leoni aufgrund des budgetierten Stellenplans keine Chance, dass seine dürftige Besoldung erhöht wird.

> Ich genüße nun 32 Jahre das Glück in Euer königlichen Majestät Diensten zu stehen; ohne in die traurige Lage versetzt worden zu seyn, Allerhöchst-Deroselben mit einer Bitte um Gehaltsmehrung, oder Unterstützung belästigen zu müßen.
> Da ich aber itzt bey meinem vorrückenden Alter, so wie täglich schwächeren Gesundheits-Umständen, und dadurch anwachsend verschieden artigen Bedürfnissen und Auslagen, worüber ich im Falle Bedürfnis mit ärztlichen Zeugnissen den Nachweis zu liefern allerunterthänigst bereit bin, mit meiner Besoldung zu 500f. umsomehr unmöglich ausreiche, als ich auch meinen Bekannten Freund und Wohlthäter / H. Gen-Dir: v Krenner / sohin meine ganze Stüze verlohren habe; so bin ich gezwungen Euer Königliche Majestät um eine augenblickliche allerhuldvolleste Unterstüzung allerunterthänigst zu bitten, indem ich bey der königlichen Hofmusik-Intendanz um keine Besoldungsvermehrung bitten kann, weil keine Besoldung vacant ist, und ich also meinen Collegen keinen Schaden zufügen will.

Leonis Gesuch erhält vom Empfänger folgende Notiz: „An die k. Hofmusikintendanz zur nähern Berichterstattung über die Verhältnisse des Bittstellers" – und wird dann mit dem Vermerk versehen: „Als nicht motivirt zu den Acten München den 21. Nov. 1820".

Da Joseph Leoni noch einen Anteil am Garten vor dem Kosttor besitzt, richtet er sich möglicherweise wieder dort ein. Denkbar ist auch, dass er auf diesem Grundstück immer eine Bleibe hatte und nur zeitweise in Krenners Haus gewohnt hat. Das bleibt das Geheimnis der Leonis.

* * *

Was ist mittlerweile aus Marianna und aus dem Leonigarten geworden? Der vom Kaufmann Tusch angelegte Lust-, Baum- und Würzgarten mit Beeten, Bienenstöcken, einem Gewächshaus, Kompostanlagen und einer Gärtnerwohnung – nicht zu vergessen mit dem umgebenden Fischgewässer – kommt einem kleinen Bauernhof gleich. Ob er aber von Familie Leoni bzw. von Marianna noch intensiv als Nutzfläche bewirtschaftet und gepflegt wird, ist fraglich. Dafür würde ein Gärtner benötigt, den die Leonis sich jedenfalls in den Anfangsjahren nicht leisten können. Wenn sich der Betrachter der Aquarelle von Wenng und Lebschée, die den Zustand des Ortes um 1810 bzw. einige Jahre danach wiedergeben (siehe Seite 98 und 100/101), den Garten hinter den Büschen und hohen Fichten eingewachsener und verwilderter vorstellt als auf der Planzeichnung von Michael Riedl aus dem Jahr 1781 (siehe Seite 99), dann könnte diese Vermutung auch durch die Meinung von Joseph Anton Eisenmann bestätigt werden, der den Leonigarten im Jahr 1812 „mehr seiner romantischen Lage, als Schönheit wegen interessant" einschätzt. Bereits 1801 hat die Anlage ja durch die kriegsbedingten Einquartierungen gelitten, weswegen die Leonis um einen Kredit „wegen den höchst nothwendigen beträchtlichen Reparationen" des Gartens nachsuchten.

Immerhin aber annonciert Marianna im April 1807 in der Zeitung: „Es ist noch ein großer Vorrath von sehr guten Erdäpfeln zu verkaufen, und im Leoni-Garten zu erfragen."[40] 1812 wendet sie sich wegen Beeinträchtigung ihres Fischrechts auf dem Weiher an das

Appellationsgericht. Sie scheint also Garten und Wasser zumindest gelegentlich zu nutzen. Am 2. September 1821 bietet sie im *Königlich Baierischen Polizey-Anzeiger oder Kundschafts-Blatt von München* an: „Wer von einem Weiher nahe an der Stadt Bachletten abführen will, kann sich vor dem Kostthore in der Herrnstraße No. 305. melden." Mit „Bachletten" bezeichnet man Teichschlamm zum Düngen.

Neben ihrer beträchtlichen Pension von 1.300 Gulden im Jahr bezieht Marianna Leoni Mieteinnahmen, laut Kataster zunächst in Höhe von 200, später 300 Gulden. Durch ein Zeitungsinserat im *Polizey-Anzeiger* vom 13. April 1823 erhalten wir sogar konkrete Informationen über die Räume, die auf dem Leonigrundstück vermietet werden; offenbar sind gerade Mieter ausgezogen: „Vor dem Kostthore in der Herrnstraße No. 305 ist ein Sommerhaus mit Keller und einem Gartenantheile zu vermiethen. Auch können daselbst zwey Zimmer mit Stallung, Remise und Bedientenzimmer gemiethet werden."

In einer weiteren Annonce einen Monat später heißt es dann: „Ein ausgemaltes, schönes Zimmer, mit Meubels und eigenem Eingange versehen, ist in der Herrnstraße No. 305.a. sogleich zu beziehen".

Hausnummer 305a weist auf eine Grundstücksteilung hin. Und tatsächlich, laut *Anzeigebuch aller Haus- und Grundeigenthümer der königl. Haupt- und Residenzstadt München*, herausgegeben im März 1823, ist Nummer 305 wie bisher im Besitz von Marianna Leoni; Nummer 305a aber gehört nun einem Thomas Wihnthaler, von Beruf „ehem. Büchsenschäfter" – also Hersteller von Gewehrschäften – im königlichen Zeughaus. Wihnthaler besitzt auch ein benachbartes Haus in der Kanalstraße. Im Adressbuch von 1818 erscheint er noch nicht. Möglicherweise hat der Handwerker seine Ersparnisse in Immobilien investiert und vermietet nun Zimmer. Das Thema Miete gewinnt in München an Bedeutung.

* * *

Aus dem Jahr 1823 datieren auch Dokumente über Joseph Leonis beruflichen Werdegang bei der Münchner Hofmusik. Diese Korrespondenz gegen Ende seiner aktiven Dienstzeit ist die einzige verlässliche Quelle, die Aussagen über Leonis Position und Rang als

Musiker enthält. Machen wir uns selbst ein Bild anhand der drei aufeinanderfolgenden Schriftstücke in voller Länge.

Am 22. November wendet sich Leoni mit einer Beschwerde an den Minister der Finanzen, Maximilian von Lerchenfeld:

> Hochgebohrener Freyherr
> Gnädiger Herr Staats-Minister!
>
> Bey einer mir von Euer Excellenz gnädig ertheilten Audienz, in welcher ich Hochdieselben um Vermehrung meiner gegenwärtig noch in 500fl. bestehenden Besoldung unterthänigst gebethen habe, und diese meine Bitte nach 35 jähriger Dienstleistung gewiß nicht zu früh erscheinen dürfte, wurde mir von Euer Excellenz nur auf den Fall, die Versicherung zur Vorrückung in eine höhere Besoldungs-Klasse ertheilt, wenn meine vorgesezte Stelle bey allenfalsigen Besoldungs-Heimfällen mich hiezu in Antrag bringen würde.
> In dem jüngst an das hohe Finanz-Ministerium von Seite der Königl. Hofmusik-Intendanz erstatteten Berichte wurde ganz zuverlässig auch ich mit mehreren Anderen zu einer Besoldungs-Vermehrung von 100fl. /: nämlich von 5–600fl. :/ begutachtet; und wirklich erhielten auch meine Kollegen richtig Zulagen; nur ich allein wurde zurückgewiesen. – Wie tief mich diese Zurücksetzung kränken mußte, überlasse ich den hohen Gefühlen Euer Excellenz zur gnädigen Beurtheilung; nur so viel erlaube ich mir zu bemerken, daß selbst meine Vorgesezten die Nicht-genehmigung ihres gestellten Antrages in Betreff meiner; theilnehmend ergriffen hat. –
> Da ich mir keiner Dienstes Vernachläßigung schuldig bewußt bin, durch welche ich mir diese Ungnade hätte zuziehen können, so wage ich an Euer Excellenz die gehorsamste Bitte zu stellen, meine bedrängte Lage doch wenigstens in Zukunft bey ähnlichen Besoldungs-Vertheilungen huldvoll beherzigen, oder im Falle einer wirklichen Anschuldigung eines solchen Vergehens mich hochgefällig hierüber verständigen lassen zu wollen, um in den Stand gesezt zu werden, mich rechtfertigen zu können.
>
> Der huldvollen Würdigung meines submissesten Gesuches sehnlichst entgegensehend, verharre ich in tiefer Ehrfurcht

Schreiben des Königlichen Ministeriums der Finanzen vom 25. November 1823:

An
die k. Hofmusik-Intendanz
den k. Hofsänger Leoni betr.

Da das Kunsttalent des k. Hof-Sängers Leoni notorisch sehr beschränkt seyn soll und derselbe in frühern Vorstellungen selbst auf sein vorgerücktes Alter, und seine durch ärztliche Zeugnisse zu belegende geschwächte Gesundheit sich berief, so konnte man, bey dem ohnehin sehr in Anspruch genommenen Etat der Hofmusik-Intendanz, in den Antrag desselben, erwähnten Hofsängers Leoni seine Besoldung zu vermehren, nicht eingehen.
Um indessen seine neuerliche Reclamation dagegen genau zu würdigen, erhält die Hofmusik-Intendanz den Auftrag, über die gegenwärtigen und noch für die Zukunft zu erwartenden Dienstleistungen des Leoni pflichtmäßigen Bericht zu erstatten.

München, den 25ten Nov. 1823

Schreiben des Hofmusik-Intendanten Sigismund Freiherr von Rumling an den König am 30. November 1823:

Als die k. Hofmusik-Intendanz in ihrem Amts-Berichte vom 13t September d. J. unter andern Individuen der k. Vokal-Musik auch den k. Hofsänger Joseph Leoni zu allergnädigster Ertheilung einer Gehalts-Zulage allerunterthänigst begutachtete, glaubte sie, dieß aus dem Beweggrunde thun zu dürfen, weil Joseph Leoni bereits zwei und dreyßig Jahre lang dient, und in der Eigenschaft als Choralist und Baßsänger in der k. Hofkapelle stets fleißige und brauchbare Dienste geleistet hat. Da nun aber auch über seine gegenwärtigen Dienstleistungen von keiner Seite irgend eine Klage erhoben wird, so scheint die brauchbare Verwendung des Jos. Leoni, zwar nicht als Solo-Sänger, wohl aber als Choralist und Baßsänger bei der k. Hofkapelle auch für die Zukunft als unzweifelhaft angenommen werden zu können. In dieser Hinsicht und in Erwägung, daß Leoni mit Reklamationen und Bittstellungen, so viel der Hofmusik-Intendanz bekannt ist, das allerhöchste Aerar auf eine dringende Weise niemals behelligt hat, und daß er sich nach 32jähriger Dienstleistung zu keiner höhern als zu seiner gegenwärtigen nur in jährl. 500Fl bestehenden Besoldung emporschwingen konnte, in dieser doppelten Hinsicht glaubte die k. Hofmusik-Intendanz den Hofkapellsänger J. Leoni als einen der Gnade Eurer Königlichen Majestät nicht unwürdigen Diener Allerhöchstdemselben pflichtmäßig empfehlen zu dürfen.

In allertiefster Ehrfurcht ersterbend
Eurer Königlichen Majestät
München am 30ten November 1823
allerunterthänigst treugehorsamster
Frhr. von Rumling

Der zuständige Finanzbeamte setzt auf das Schreiben Rumlings den Vermerk „Zu den Acten", und zwar bis zu einem „Heimfall" von Mitteln an die Staatskasse, zum Beispiel durch Tod eines Musikers.

Dem Schriftwechsel zufolge ist die demütigende Zurücksetzung Leonis nicht eine Entscheidung des fast 80-jährigen Sigismund von Rumlings, der schon seit 1799 Vize- und seit 1818 erster Hofmusik-Intendant ist. Rumling bringt dem altgedienten Sänger Wohlwollen und Verständnis entgegen, kann aber Besoldungserhöhungen für die Musiker nur empfehlen. Die eigentliche Entscheidung liegt beim Finanzministerium. Dort hat Leoni seit Krenners Tod keinen einflussreichen Fürsprecher mehr. Die Generationen haben gewechselt; Minister von Lerchenfeld, ein junger Verwaltungsfachmann, gilt als Opponent seines Vorgängers Graf Montgelas.

Zum ersten Mal überhaupt aber lesen wir ein Urteil über Joseph Leonis sängerische Qualitäten. Im Ministerium weiß man vom Hörensagen, dass „das Kunsttalent des k. Hof-Sängers Leoni notorisch sehr beschränkt seyn soll". Rumling stellt klar, dass Leoni „in der k. Hofkapelle stets fleißige und brauchbare Dienste geleistet hat", zwar nicht als Solosänger, wohl aber als Choralist und Baßsänger", und dass seine „brauchbare Verwendung" in dieser Eigenschaft auch in Zukunft nicht infrage gestellt sei. Als Musiker verwendet Rumling die Fachbegriffe genau; er differenziert zwischen „Choralist" – also einem Sänger für den einstimmigen gregorianischen Choral, der in dieser Zeit nach wie vor in häufigem liturgischem Gebrauch ist – und „Baßsänger", also einem Sänger der untersten Stimme im mehrstimmigen Chor- und Ensemblesatz.

* * *

Trotz allen Bedrängnissen gelingt es Joseph Leoni Anfang 1824, das Darlehen aus dem Krenner'schen Nachlass in Höhe von 133 Gulden zurückzuzahlen, allerdings mit mehr als zwei Jahren Verzug, und zunächst ohne die angefallenen Zinsen, dafür mit dem gerichtlichen Auftrag, „die Original-Obligation zur Caßirung und Delirung anher zu übersenden, und den Empfang somit bestätigen zu wollen."

Feßmaier tut das nicht, sondern mahnt die Zinsen an. Daher muss Leoni sich nochmals beim Königlich Baierischen Kreis- und Stadtgericht München einfinden. Dort wird zu Protokoll genommen:

> Es erscheint der Königl Hofsänger Leoni, und nachdem man ihm als Duplicat die Vorstellung des Königl. Ministerialraths Titl. Fessmayer [...] eingehändigt hatte erlegt solcher *ad depositum judiciari* den berechneten Zeitenbetrag per 22f 42 Kr und stellt den Antrag, daß nunmehr Titl. Ministerialrath Fesmayer bewogen werde, die gerichtliche OriginalSchuldurkunde d.o 30t. September 1821 zum Behufe der Caßirung und Delirung zu Gerichtshänden zu bringen, so wie auch derselbe gemäß schriftlichem Versprechen d.o 17 August 1820 den förmlichen Verzicht dahin ausstellte, daß nemlich die von Krennersche Verlassenschafts Masse ihn aller ferneren Ansprüche aus irgend einem Titl enthebe und entbinde.

Feßmaier und Leoni scheinen es darauf anzulegen, einander auf die Nerven zu gehen:

> An den königlichen MinisterialRath Herrn von Feßmayer wird [...] eine Abschrift des Protocolls vom 11ten dieß Monats, nebst dem hierin berührten Interessenbetrag ad 22f 42 Kr mit dem Anhange zugeschlossen, nunmehr die befragliche Original Obligation abquittiert binen acht Tagen zu den Akten zu bringen – den 13ten Februar 1824

Schließlich trägt Feßmaier in die Buchhaltung des Krenner-Nachlasses ein, dass „die mit Herrn Joseph Leoni k. Hofsänger verglichene Summe für die Ansprüche auf den Plaz am Starnbergersee und Zugehör" und einige Tage später „auch die Zinsen davon" bezahlt worden sind.

Die entsprechenden Akten des Kreis- und Stadtgerichts könnten mit der Bezeichnung „die Hypothek aus der Generaldirektor von Krennerischen Verlasenschaftsmasse betreffend" versehen sein. Das ist aber nicht der Fall. Sie tragen vielmehr folgende unerwartete Notiz: „Die Friedrich Leoni'sche Vormundschaft betr." Auch das oben zitierte Protokoll ist „in Betrag der ehemaligen Friedrich Leoni'schen Vormundschaftssache abgehalten" worden.

* * *

Sein Name kommt in diesem Zusammenhang überraschend ins Spiel: Friedrich Leoni, jüngster Sohn von Marianna und (jedenfalls de jure) von Joseph Leoni.

Schon bei Friedrichs Taufe gibt es etwas Verwirrung. Das Kind wird am Tag seiner Geburt, dem 29. Dezember 1801, zunächst von einem Garnisons-Pfarrer „zur Tauf sohin auch in sein Taufbuch irrig an- und aufgenommen", aber am nächsten Tag in die Taufmatrikel der Pfarrei zu Unserer Lieben Frau eingetragen. Eine der Taufpatinnen ist „Helena Schmaussin, Mutter der Wöchnerin". Vielleicht lebt Mariannas Mutter zu dieser Zeit bereits in München.

Über Friedrich erfahren wir lange nichts. Er durchläuft aber eine höhere Schulbildung (seit 1802 herrscht in Bayern übrigens allgemeine Schulpflicht) und tritt 1819 während des Schuljahres in die oberste Gymnasialklasse der königlichen Gymnasial-Anstalt zu Kempten ein. Im folgenden Schuljahr 1819/20 ist er ebenfalls in der Ober-Gymnasialklasse aufgeführt, wiederholt sie also wahrscheinlich wegen des späten Eintritts – und schließt als Jahrgangszweiter ab.

In einem Fach erhält Friedrich keine Note, weil er außer Konkurrenz rangiert: „Leoni, welcher unter seinen Mitschülern am meisten Kenntnis der französischen Sprache besitzt, wurde nicht classificiert, weil er sie schon seit viel längerer Zeit studiert hat."[41]

Wahrscheinlich hat Marianna, selbst von klein auf durch die Ballettsprache Französisch und den Umgang mit Lauchery, Legrand und Crux geprägt, auch mit ihren Kindern oft Französisch gesprochen, was bei Friedrich auf den fruchtbaren Boden einer besonderen Begabung gefallen ist.

Ende Oktober 1821 immatrikuliert er sich an der Friedrich-Alexander-Universität Erlangen in der Fakultät für Philosophie. Bald aber verlässt er die fränkische Stadt wieder, um in Landshut, wo sich für kurze Zeit die ehemalige Universität Ingolstadt und künftige Ludwig-Maximilians-Universität München befindet, Medizin zu studieren.

Am 20. Juni 1823 gibt ein Johann Georg Schmidt, Vereins-Kassier und Sekretär des Lese-Vereins im *Landshuter Wochenblatt* bekannt, dass „Herr Leoni, Akademiker, die Gefälligkeit auf sich genommen" hat, Schmidt während seiner vier Wochen langen Abwesenheit zu vertreten und seine „Sekretariats-Geschäfte, jedoch indessen nur von 10 bis 11 Uhr früh zu besorgen. Die verehrlichen Herren Mitglieder, welche in Blättern der Zeitschriften nachschlagen, oder Bücher abnehmen und zurückstellen wollen, belieben es demnach in dieser Stunde zu thun."

Ende August desselben Jahres begegnen wir Friedrich mit dem Physiker Professor Marechaux in Regensburg. Der Wissenschaftler stellt auf seinen Reisen verschiedene Versuche und Apparaturen vor; möglicherweise assistiert der Medizinstudent dem Professor. Vielleicht trifft Friedrich auf dieser Reise auch seine Mutter. Marianna Leoni hält sich um den 20. August 1823 in Nürnberg auf. Sie wohnt dort im „Baierischen Hof", dem besten Hotel der Stadt. Den Grund ihres Aufenthalts kennen wir nicht, aber die Nähe der Daten fällt auf.[42]

* * *

Nun ist also von einer ehemaligen Vormundschaft für Friedrich Leoni die Rede. Diese scheint den Grund für die „Forderungen der von Krennerischen Masse" an Joseph Leoni darzustellen, die wiederum zu dem erwähnten Vergleich geführt haben.

Bedeutet das, Franz von Krenner fungierte als Vormund für Friedrich? Und seine Aufwendungen für den Jungen haben eine Forderung des Krenner'schen Nachlasses an Leoni begründet? Hängt die Sache mit der Trennung des Ehepaars Leoni zusammen?

Wir erinnern uns: Das Hofoberrichteramt hat damals einen „Sachwalter, respec. Curator" mit der „Aufrechterhaltung und Sicherstellung der den Leonischen Kindern mitls Gerichtlicher Urkunde auf den befraglichen Garten eingeräumten, und abgetrettenen Eigenthums-Rechten" beauftragt. Zu diesem Zeitpunkt lebten die Söhne Joseph junior und Clement sowie die Tochter Katharina noch, und Marianna war gerade mit Friedrich schwanger. Später ist sie bekanntlich als Eigentümerin des Grundstücks – „mein und meiner Kinder eigenthümliches Haus und Garten" – eingetragen. Ehemann Joseph scheint den Sachverhalt zeitweilig anders zu sehen.

Eine Sachlage, aus der man einiges konstruieren könnte: Der gerichtlich bestellte Sachwalter respektive Kurator Berger kümmert sich ab 1801 um die rechtlichen Interessen von Joseph, Clement und Katharina. Als Friedrich geboren wird, oder auch erst später, erbarmt sich Krenner und nimmt den Jungen in seine Obhut, weil die Familie Leoni eine Problemfamilie ist, und Joseph seinen Vaterpflichten nicht nachkommen kann – oder nicht nachkommen will, weil Friedrich gar nicht von ihm ist, sondern von ... Krenner?

Eine weitere Dimension des Gentlemen's Agreement? Der Geheime Staatsrat übernimmt Verantwortung für seinen Fehltritt, möchte aber vermeiden, dass die Sache gerichtsmassig wird; Leoni verzichtet daher auf eine Vaterschaftsklage, und Krenner verspricht ihm das Grundstück am Starnberger See...?

Natürlich reine Spekulation. Gibt es überhaupt irgendwelche Hinweise auf eine Verbindung zwischen Krenner und Marianna? – Ja, aber nur wenige. In späteren Jahren hat er ihr in ihrer Pensionsangelegenheit geholfen, doch darüber hinaus findet sich unter den vielen Rechnungen und Notizen in Krenners privatem Nachlass nur eine Quittung aus dem Jahr 1809, mit der eine Hausangestellte namens Marianne Schweiger, „derzeit bey Madame Leoni", den Empfang eines Gehalts von Madame Krenner bestätigt. Mehr geht aus den Papieren nicht hervor.

Verwundern muss die völlige Abwesenheit von Hinweisen auf Friedrich Leoni in Krenners „Conti"-Mappen, in denen er zum Beispiel alle Belege über die Unterstützung der Kirstner-Schwestern aufbewahrt hat. Auch fehlt der Name in Krenners letztwilliger Verfügung, in der der Generaldirektor so viele Menschen bedacht hat. Entweder bestand also doch keinerlei Verbindung zu Friedrich – oder Krenner wollte nicht, dass sie nachweisbar ist.

Wie dem auch sei, das Gericht kennt eine „ehemalige Friedrich Leoni'sche Vormundschaftssache" und stellt einen wie auch immer gearteten Zusammenhang mit „Forderungen der von Krennerischen Masse" an Leoni her...

Unter welchen Bedingungen wird überhaupt ein Vormund bestellt? Der *Codex Maximilianeus Bavaricus Civilis* sagt: Unter Vormundschaft werden nur unmündige Kinder gestellt, „und zwar die Knaben, welche das vierzehnte, und Mägdlein, welche das zwölfte Jahr ihres Alters noch nicht hinterlegt haben". „So lange sie aber unter Väterlicher oder Großväterlicher Gewalt stehen, hat die Vormundschaft nicht statt; ausgenommen da der Vater, respective Großvater selbst kuratelmäßig ist, und seinen Kindern nicht vorstehen kann."[43] Daraus wird klar, dass Friedrich nicht unter Vormundschaft im engeren Sinne stehen konnte, da sein Vater (und als Vater gilt, wer bei der Geburt des Kindes mit der Mutter verheiratet ist) im fraglichen Zeitraum längst volljährig und mündig war.

Doch der Rechtsbegriff der Vormundschaft steht nun einmal im Raum und wird bei einem Kreis- und Stadtgericht nicht von ungefähr verwendet. Was für ein Verhältnis kommt also infrage?

Eine Antwort könnte Paragraph 32 des siebten Kapitels geben: „Ein bloßer Ehren- und Ober-Vormund (Tutor Honorarius) distinguirt sich von anderen ordinären Vormünderen [...] indem ihm weiter nichts, als die Ober-Aufsicht über die Vormundschaft gebührt", wobei „die Bestellung eines Ehren-Vormunds Niemandem, als dem Vater des Puppillen, oder der Obrigkeit von Rechtswegen zukommt".

Dehnbar scheint schließlich ein Paragraph über die „Vormundschaftsvertreter" zu sein, denn „jene, welche zwar zu Vormündern nicht wirklich bestellt sind, gleichwohl aber dem Puppillen in guter Meynung und Absicht vorstehen (Protutores), haften dem Puppillen hierum auf die nämliche Art, wie andere ordinäre Vormünder."

Eine grundsätzliche Aussage, die jede Art der Vormundschaft betrifft, könnte jedenfalls von Belang sein: Pflicht des Vormunds sei es zwar, „des Pflegekindes Person, Gut, Recht und Gerechtigkeit" gebührend zu vertreten, „wohingegen der Vormund einen mittellosen Puppillen ex Propriis zu unterhalten, oder die Alimentationskosten ohne Anhoffung künftigen Ersatzes vorzuschießen nicht gehalten ist".

Alimentation „nicht ohne Anhoffung künftigen Ersatzes": Aus diesem Passus in Paragraph 11 ließen sich gegebenenfalls Forderungen der Nachlassmasse ableiten – die sich aber nun erledigt haben. Zahlreiche Fragen in dieser Causa müssen wohl offen bleiben.

* * *

Leoni hat seine Schulden bezahlt. Doch eine grundlegende Verbesserung seiner wirtschaftlichen Lage ist nicht in Sicht. Auf eine Gehaltserhöhung kann er kaum noch hoffen, sein Bemühen um eine neue berufliche Aufgabe ist gescheitert, und seine Wohnsituation dürfte sehr unsicher sein. Die Ehe der Leonis ist schon lange nicht mehr zu retten. Joseph Leoni ist Mitte 50. Was bleibt ihm noch?

Hundert Jahre zwischen Bucentaur und Dampfschiff Maximilian: der Würmsee im Dornröschenschlaf

„Nach Vollendung des Schiessens begabe sich der gantze Churfürstl. Hof und Dames nacher Fürstenried zum Fruhestuck, und von dar, nach einer gehaltenen Hirsch-Jagd, nach dem Churfl. Lust-Schloß Starnberg an dem schönen Fischreichen und grossen Würm-See. Sobald als sich die Hochfürstlichen Persohnen mit Dero Begleyt dem See näherten, wurde so wol von dem groß: als kostbaren Schiff Bucentauro als auch dem Starnbergischen Schloß Umbwechslungsweiß mit Stucken [Kanonen] geschossen. Als nun durch die Durchleuchtigste Persohnen, die hohe Damen und Cavallier der Bucentauro, auch andere grosse Jagd-Schiff, Gondolen und dergleichen in grosser Anzahl besetzt waren, seglete man von dem Land, und gleichete es einer kleinen Flotten, da die Gegend erreicht wurde, wo die Hirschen in den See getrieben werden können…“.[44]

Das höfische Seefest anlässlich der Geburt des Thronfolgers Maximilian im Jahr 1727, von dem hier berichtet wird, war eines der letzten seiner Art. Das Prunkschiff Bucentaur, gebaut 1663 nach venezianischem Vorbild, diente den barocken Kurfürsten als „schwimmendes Jagdschloss“ (Gerhard Schober), auf dem der Hofstaat, umgeben von einer Flotte bunter Begleitschiffe, der Vergnügungslust frönte. Bis zu 2.000 Menschen waren auf dem See. Nicht nur die berüchtigte Hirschjagd zu Wasser war ein fester Bestandteil dieser höfischen „Eventkultur“. Man zog akustisch und optisch alle Register: Kanonendonner, Jagdfanfaren der Trompeten und Pauken auf dem Oberdeck, zusätzlich ein begleitendes Musikschiff. Wenn abends die bunten Farben der Schiffe, Segel, Fahnen, Gewänder und Livreen in der Dunkelheit verschwanden, stellten die Diener Laternen auf, die sich vielfach in den Wellen spiegelten, und an den Ufern erleuchtete modernste Pyrotechnik mit sprühenden Feuerrädern, Feuerkugeln und Raketen die phantastische Szenerie. Der Starnberger See mit dem Bucentaur war in der Barockzeit ein einzigartiger Schauplatz höfischer Prachtentfaltung.

1741 nahmen die Seefeste ein Ende, bedingt durch Kriegszeiten, aber auch durch technische Probleme: Der Bucentaur und die kleineren Schiffe waren reparaturbedürftig. Mehrere Gutachten avisierten hohe Renovierungskosten, und der Hof zog es vor, das Problem auszusitzen. Der Bucentaur verblieb jahrelang in seiner großen Schiffshütte in Starnberg. 1758 schließlich gelangte eine Kommission zu dem Ergebnis, dass eine Reparatur nicht mehr infrage komme. Der Bucentaur wurde abgewrackt, einen Nachfolger gab es nicht.

Die barocke Zurschaustellung des Prunks, an der das einfache Volk am Seeufer nur als Publikum teilhaben konnte, galt in der zweiten Hälfte des 18. Jahrhunderts nicht mehr als zeitgemäß. Dennoch berichtet selbst der bedeutende Vertreter der Aufklärung in Bayern, Lorenz von Westenrieder, noch Jahrzehnte später von der Begeisterung der „Leute um den See" für den Bucentaur. Als er 1783 den Starnberger See erkundete und in Starnberg auf die spärlichen Überbleibsel des Schiffes stieß, bekannte Westenrieder: „Man kann, sage ich, diese Erzählungen nicht ohne Rührung hören, wenn man auf die unansehnlichen Trümmer sieht, welche der Zerstörung dieses prächtigen Werkes entgangen sind. Mir wenigstens ging es zu Herzen, als ich in der Hütte, wo das Schiff stand, noch eine übel bestellte Statue auf dem Angesichte liegen fand, und beym Umkehren den Neptun entdeckte, wie ein Sinnbild menschlicher Hinfälligkeit."[45]

So war es still geworden auf dem einstigen Fürstensee. Zwar ließen die Herrscher aus dem Hause Wittelsbach auch später noch Leibschiffe bauen, doch fielen diese vergleichsweise bescheiden aus. Immerhin wurde für die klassizistische „Carolina" (des Kurfürsten Max IV. Joseph, ab 1806 König Max I. Joseph) in Starnberg eine große Schiffshütte errichtet, die noch heute unter dem irreführenden Namen „Bucentaurus-Stadel" auf dem Gelände des Bayerischen Yacht-Clubs steht. Doch Max I. zog es im Sommer eher an den Tegernsee als an den Starnberger See.

Joseph Leonis Bewerbung um eine neu zu schaffende Stelle als Schiffs- und Garderobeninspektor im Jahr 1820 kam also zur Unzeit. Weil der Gebrauch der Schiffe „für die Allerhöchsten Königlichen Herrschaften selten ist", beschied der Obersthofmeister-Stab abschlägig, habe man „schon jeher darauf gesehen, daß die Ausgaben so unbedeutend – als möglich – hierauf gemacht worden".

Das änderte sich auch unter König Ludwig I. nicht. Er hatte wenig Interesse an der Schifffahrt und hielt sich selten am Starnberger See auf.

Zeitweise standen die meist ungenutzten Gondeln und Schiffe des Hofes für Privatleute, „welche zu ihrem Vergnügen den Starnberger-See beschiffen", zur Miete zur Verfügung. Die Tarife dafür hatten Kurfürst Max IV.

Joseph und sein Minister Montgelas 1805 festgelegt und bekanntgegeben. Im Wesentlichen jedoch beschränkte sich der Wasserverkehr auf dem Würmsee in der Zeit zwischen 1750 und 1850 auf Fischerboote, Heuboote und einen Bierkahn der Tutzinger Brauerei. Westenrieder befuhr im Jahr 1783 den See mit dem Segelboot eines in Schloss Berg logierenden englischen Gesandten und berichtet, wie die Fischer von Seeshaupt, „in deren Gegend vermuthlich nie ein Boot mit Segeln gekommen", aus ihren Einbäumen verwundert dem Boot nachsahen.

99 Fischgerechtigkeiten zählte Westenrieder am Starnberger See. Doch frei verkaufen durften die Fischer ihren Fang nicht. Dieses Recht war den beiden „Fischmeistern" in Possenhofen und in Ambach vorbehalten. Sie waren fest besoldete Beamte des Kurfürsten bzw. des Königs, hatten die Aufsicht über die Seefischerei und mussten dafür sorgen, dass jeden Freitagmorgen in der Münchner Hofküche frischer Fisch angeliefert wurde. Die Fischer hatten ihren Fang zu einem festgelegten Preis an die Fischmeister abzuliefern. War der Bedarf der Hofküche gedeckt, dann konnten die Fischmeister und einige „Fischkäufler" – nicht aber die Fischer selbst – die restlichen Fische auf dem Markt oder an die Gastwirtschaften verkaufen. Einen empfindlichen Einbruch des Absatzes bedeutete die Säkularisation, die Aufhebung der Klöster von 1803. Die restriktive Seeordnung galt bis zum Revolutionsjahr 1848, als in den deutschen Ländern die letzten Feudalrechte aufgehoben wurden.

Trotz der harten Bedingungen lebten die Bewohner der kleinen Orte am Seeufer ganz überwiegend vom Fischfang, laut Westenrieder „bey einer guten Gleichmüthigkeit in einer fast beneidenswürdigen Ruhe". Beim „Schwimmen, Schiffrennen und Panzenstechen" (einer Variante des noch heute stattfindenden Fischerstechens) wüssten sie Helden zu nennen, die überall den Sieg davontrugen: „Er blieb so und so lang unter dem Wasser; er schwamm von Perg bis nach Starnberg, und wieder zurück" – zu einer Zeit, als noch kein Städter aus Spaß seinen Fuß in ein Gewässer tauchte.

Die Renke, damals wie heute einer der beliebtesten Speisefische der Region, „gehört unstreitig unter die gesündesten und schmackhaftesten Fische in ganz Deutschland", schreibt Westenrieder, und „wird von der vortrefflichsten Art in dem Würmsee angetroffen". Auch die Journalisten Friedrich Wilhelm Bruckbräu und Moritz Saphir, wenngleich erbitterte Feinde, teilten um 1830 nicht nur die Treue zu Leonis Gasthaus, sondern auch ein unbändiges Verlangen nach Renken. „Die Renken sind eigentlich Vögel, nämlich

Lockvögel für die Münchener, die oft im Herzensdrange ihres Gaumens bloß ihnen zu Liebe nach Starnberg kommen", kalauert Bruckbräu.[46]
Außer Fischen gab die Gegend nicht viel her. Westenrieder beschreibt die Landwirtschaft um den See als wenig ertragreich. Noch 50 Jahre später lässt der Reiseschriftsteller Adolph von Schaden in seiner Beschreibung immer wieder durchblicken, dass der Starnberger See zwar eine herrliche Gegend, aber – wie man heute sagen würde – eine strukturschwache, ja sogar heruntergekommene Region sei: Das kleine Heilbad in Petersbrunn nördlich von Starnberg erhalte nur geringen Besuch, der Hopfenbau am See sei „ziemlich in Abnahme gekommen", und von dem Versuch, eines der Schlösser am See zu besichtigen, rät von Schaden dem Leser sogar ausdrücklich ab. Einige seien im Sommer von hohen Herrschaften bewohnt, die zwar „nicht unhöflich genug sein würden, unbekannten Besuch abzulehnen", doch solche Zudringlichkeit verbiete sich für Menschen mit Zartgefühl. Andere Herrenhäuser seien „von ihren Besitzern verlassen, verschlossen und verriegelt", und Sehenswertes fände man dort ohnehin nicht.
Hungrig suchten von Schaden und ein Freund den „schönen, großen Gasthof" zu Seeshaupt auf und mussten feststellen: „Fische waren hier, am Ufer des Sees, nicht zu erlangen, ebensowenig Geflügel oder irgend eine Sorte Fleisch, selbst nicht – horribile dictu – Butter und Käse. Die Wirthin entschuldigte sich mit der ungemeinen Seltenheit fremder Besuche, und wir mußten nun schon gute Miene zum schlimmen Spiele machen und uns mit Bernrieder Bier, hartem, schwarzem Hausbackenbrod und etlichen gesottenen Eiern begnügen." Schlimmer war es nur „in dem sehr schmutzigen Gasthofe" von St. Heinrich.
Erst beim Fischmeister in Ambach kamen von Schaden und sein Begleiter auf ihre Kosten und genossen im schattigen Garten Gesottenes und Gebratenes: ein wahrer Lichtblick, der allein durch die Annehmlichkeiten von „Leonihausen" übertroffen wurde!
Immerhin stellte das Land- und Seegericht Starnberg im selben Jahr fest: „Zur Freude der Einwohner des Fischerdörfchens Starnberg und der Umgegend von Würmsee mehren sich die Besuche, aus dem Wunsche der Erheiterung und der Erholung hervorgerufen" – möglicherweise, weil Leonis Gasthaus schon einen gewissen Ruf in der Hauptstadt erlangt hatte. Das Starnberger Gericht sah sich veranlasst, die Höhe der Schiffertaxen „zur Beseitigung übermäßiger Forderungen und daraus entspringenden

Beschwerden mit Rücksicht auf den Nahrungsstand der Fischer" verbindlich zu regeln. Die Fischerfamilien hatten das Recht, Fährdienste zu leisten. Dabei muss es öfter Unstimmigkeiten gegeben haben, was auch von Schaden berichtet. Nach der neuen behördlichen Regelung erhielt nun ein Schiffer für eine Fahrt von ein bis vier Personen bei ruhigem See von Starnberg nach Assenbuch oder Possenhofen 30 Kreuzer, dazu für einen Kreuzer Brot und eine Maß Bier.

Ebenfalls im Jahr 1832 – das Thema der touristischen Erschließung des Sees schien geradezu in der Luft zu liegen – schlug der Münchner Ingenieur Joseph von Baader die „Herstellung einer Eisenbahn zwischen München und Starnberg in Verbindung mit einer Dampf-Schifffahrt auf dem Würmsee" vor: „Man denke sich die Annehmlichkeit und Bequemlichkeit eines während den günstigen Jahreszeiten hergestellten Schnellfuhrwerkes mit eleganten Gesellschaftswagen von verschiedener Größe, welche regelmäßig zweimal des Tages vom Sendlinger Thore bis zur Schiffhütte in Starnberg, und von da wieder zurückgehen, und auf welchen 12, 24 und mehrere Personen für den Preis von 24 Kreuzer per Kopf in weniger als drei Viertelstunden, ohne alle Gefahr, ohne die geringste Erschütterung, ohne Staub von einem Orte zum anderen gebracht werden können. Wie außerordentlich würde durch eine solche Anstalt die Menge der Lustreisenden nach dem schönen See und in dessen Umgebungen zunehmen. Wie viel würden die dortigen Güterbesitzer, Wirthe und Gewerbsleute und die armen Fischer gewinnen! Wie belebt würde die ganze dortige Gegend werden!"[47]

Bis Baaders Vorschlag in die Tat umgesetzt wurde, dauerte es noch rund 20 Jahre. König Ludwig I. lehnte den Bau moderner Verkehrsmittel am Starnberger See ab: „Die Bereisung einer malerischen Gegend, wie dem Würmsee, auf Dampfschiffen entspricht wenigstens dem Zwecke einer pittoresken Reise gewiß nicht", befand der König 1838.[48] Erst sein Sohn und Nachfolger Max II. Joseph erteilte dem königlichen Baurat und Unternehmer Johann Ulrich Himbsel die Konzession zum Bau einer Eisenbahn von Pasing nach Starnberg und zum Betrieb der Dampfschifffahrt auf dem Starnberger See. Am 11. März 1851 lief in Starnberg das Dampfschiff „Maximilian" vom Stapel, und ab 1854 konnte Himbsel die Ausflugsgäste aus München mit seiner Eisenbahn direkt bis zum Starnberger Dampfersteg bringen. Der rasante wirtschaftliche Aufschwung der Region nahm seinen Lauf.

Zu neuen Ufern

Am 15. Mai 1824 mittags um ½ 12 Uhr stirbt Maria Anna Leoni, königliche Hofsängersgattin und pensionierte königliche Hof- und Ballet-Tänzerin, 55 Jahre alt, an Entkräftung mit Schleimfieber. So steht es im Sterbebuch der Pfarrei zu Unserer Lieben Frau und in der Tagespresse.

Marianna kann ihr wahres Alter bis über den Tod hinaus für sich behalten. Sie ist 59 Jahre alt geworden. Die durch den Medizinprofessor Dr. Braun festgestellte Todesursache hingegen klingt nicht beschönigend: Schleimfieber ist eine zeitgenössische Bezeichnung für Typhus. Die Infektionskrankheit wird vor allem durch die Aufnahme von Wasser übertragen, das durch Fäkalien kontaminiert wurde.

Marianna Leoni wird auf dem Alten Südfriedhof beerdigt, der einzigen Begräbnisstätte in München zu dieser Zeit. Die Koordinaten ihrer letzten Ruhestätte lauten: Sektion 20, Reihe 3, Grab Nummer 7.

Da wir weder die besonderen Vereinbarungen zwischen den Eheleuten Leoni noch Mariannas Testament kennen, wissen wir nicht, wie ihr Nachlass unter dem Witwer und dem einzig verbliebenen Sohn Friedrich aufgeteilt wird. In einem späteren Brief wird Friedrich erwähnen, dass er einen großen Teil seines mütterlichen Erbes für sein Medizinstudium aufgebraucht hat.

Doch aus den sich geradezu überschlagenden Ereignissen in den Monaten nach Mariannas Tod können wir schließen, dass auch Joseph Leoni nun über beträchtliche Mittel verfügt, um sehr schnell große Veränderungen zu schaffen... Doch berichten wir der Reihe nach – soweit das möglich ist.

* * *

Münchens stark verdichtetes Siedlungsgebiet muss sich nach außen ausdehnen. Die alten Befestigungswälle sind abgetragen. Die Einwohnerzahl der Hauptstadt des jungen Königreichs verdoppelt sich – vor allem durch Zuzug vom Land – ab 1795 alle 30 Jahre; davor brauchte sie für die Verdopplung 200 Jahre. Ein stadtplanerisches Großprojekt, die nach dem König benannte rasterförmig angelegte Maxvorstadt, entsteht jetzt im Nordwesten der Altstadt. Aber auch an anderen Orten vor den Toren setzt nun ein Bauboom ein. Die nur locker bebauten, mit großen Gärten begrünten Flächen außerhalb des ehemaligen Befestigungsrings werden begehrte Spekulationsobjekte.

Offenbar verständigen sich Joseph und Friedrich Leoni – den es ohnehin nicht in München hält – bald nach Mariannas Tod darauf, den Leonigarten zu verkaufen. Jedenfalls berichtet bereits 1827 Johann Koebler in seinem *Wegweiser* für München über den „Leoniweiher und Garten" in einem „Verzeichnis mehrerer Gebäude und Gegenstände, welche entweder nicht mehr sind, oder eine andere Bestimmung und Benennung erhalten haben":

> Dieses war eine artige Anlage zwischen der Herrn- und Kanal-Straße. man sah hier zur Winterszeit auf dem zugefrorenen Weiher die jungen Leute der Stadt sich mit Eisschiessen und Schlittschuhlaufen in großer Anzahl unterhalten. Der bürgerl. Schlossermeister, Herr Korbinian Mayr, welcher sich durch Erbauung mehrerer sehr schönen Häuser berühmt gemacht hat, brachte im J. 1825 diese Realitäten käuflich an sich, legte den Weiher trocken, machte Garten und Hügel eben, und gab so der ganzen dortigen Gegend eine andere Gestalt.[49]

Ein Jahr später erwähnt auch der Schriftsteller und Staatsbeamte Joseph Anton von Destouches die vom „Schlossermeister Mayer" erbauten „schönsten großen Privatgebäude" und fügt eine Fußnote zum Leoniweiher an, die sich mit Koeblers Erläuterung deckt.[50]

Als Joseph Leoni im Jahr 1816 das Grundstück dem König zur Anlage einer Gefängnisinsel anbot, schrieb er: „Die obrigkeitliche Einschätzung des Werthes dieser Realität beträgt die Summe von 22.000f." Damit dürfte Leoni ausnahmsweise nicht übertrieben haben. Um die gleiche Summe verkauft Feßmaier 1823/24 das Krenner'sche Anwesen in der Pferdstraße. Dessen Bausubstanz ist zwar wertvoller, dafür ist das Grundstück kleiner als der Leoniweiher.

Die Veränderung des Geländes nach der Trockenlegung und Auffüllung geht schnell voran. Auf einer Flurkarte von 1833 erkennt man bereits eine Häuserzeile an der Herrnstraße über die ganze Länge der Südwestseite des ehemaligen Weihers.

Das nächste, was wir von Leoni erfahren, sind – Heiratspläne! Wer eine Ehe eingehen möchte, muss bei seinem Dienstherrn um Heiratserlaubnis bitten. Am 19. Januar 1825 schreibt Leoni an den König (umrahmt von den üblichen Kuralien):

> Ich habe mich entschloßen, mit der Eva Rosina Oehler, Bürgerstochter von Prüfening bey Regensburg, deren Taufzeugniß beyliegt, in eheliche Verbindung zu tretten, und wage daher Euer Königliche Majestät allerunterthänigst zu bitten, mir die Erlaubniß hiezu allergnädigst zu ertheilen.

Das Gesuch landet beim Ministerium der Finanzen und wird dort von einem Beamten mit folgendem Vermerk versehen: „An die K. Hofmusik-Intendanz Duplicat mit der Ermächtigung, dem Bittsteller die erbetene Heiraths-Licenz zu ertheilen." Ein anderer Beamter streicht einige Worte durch und schreibt darüber: „[...] mit dem Auftrag, den Bittsteller anzuweisen, die erbethene Heirats-Licenz bei der ihm vorgesezten Intendanz gebührend nachzusuchen." Irgendjemand scheint Joseph Leoni ärgern zu wollen.

Dieser fügt sich und schreibt am 27. Januar einen weiteren Brief an die Hofmusik-Intendanz:

> Ich habe mich in Hinsicht meiner häuslichen Verhältniße entschlossen, mich mit Eva Rosina Oehler Bürgerstochter von Prüfening bey Regensburg in eheliche Verbindung zu tretten.
> Vermögen besitzt sie zur Zeit keines, indeß finde ich mich verpflichtet, diese ihre Heerkunft mit den Original-Taufschein /: welcher bey Seiner Königlichen Majestät allerhöchsten Staats-Ministerium der Finanzen schon vorliegt :/ und ihre untadelhafte Conducte, mit dem ihr von der Kl.en Polizey-Direktion München ertheilten Leumuthszeugniß zu beurkunden, und füge unterthänigst an, daß ich die Einwilligung ihrer Eltern nicht vorlegen könne, indem diese schon vorlängst verstorben sind, und eine Einwilligung von Seite der Vormünder dürfte bey ihren großmajorenen Alter nicht erforderlich seyn.
> Die Königl. Hofmusik-Intendanz bitte ich unterthänigst, mein Gesuch bey Seiner Königlichen Majestät zu bevorworten, daß Allerhöchstdieselben mir die allergnädigste Bewilligung hiezu zu ertheilen geruhen wollen.

Der freundliche alte Hofmusik-Intendant Rumling sowie sein Stellvertreter und neuer Hoftheater-Intendant Poißl – jener Poißl, der einst am Starnberger See mit Danzi und Weber um die Wette komponierte – sehen kein Hindernis, Leoni die Heiratserlaubnis zu erteilen, und geben postwendend am 30. Januar ihren Segen:

> Der k. Hofkapellsänger Joseph Leoni, der gegenwärtig in genannter Eigenschaft einen Gehalt von jährl: 500f bezieht, gibt der K. Hof-Musik-Intendanz in beigebogenen Anlagen den Wunsch zu erkennen, sich wieder verehelichen zu dürfen. Eva Rosina Oehler, eine Bürgers-Tochter aus Prüfening bey Regensburg, soll seine Gattin werden. Durch den hieneben anliegenden Taufschein und das beigebogene von der K. Polizey-Direktion angefertigte Leumuths-Zeugniß hat der Supplikant den bestehenden Vorschriften schuldiges Genüge geleistet.
> Nachdem derselbe [...] die k. Hofmusik-Intendanz gebeten hat, daß sie sich bey Ew: Königlichen Majestät verwenden möge, daß Allerhöchstdieselben seinem allerunterthänigsten Gesuche, mit E. R. Oehler von Prüfening sich verehelichen zu dürfen, huldvollst zu willfahren geruhen mochten, legt die K. Hofmusik-Intendanz diese Bitte Ew. Königlichen Majestät empfehlend pflichtschuldig vor, und erstirbt in alltiefster Ehrfurcht.

Das besagte Taufzeugnis hat sich Eva Rosina Oehler erst wenige Wochen zuvor, am 28. Dezember 1824, ausstellen lassen, höchstwahrscheinlich aus dem aktuellen Grund ihrer Heiratsabsicht. Dieses Dokument und Leonis Gesuch verraten uns die wichtigsten Daten über die Braut, lassen aber nur ein ungefähres Bild von ihr entstehen: Am 19. Oktober 1788 wurde sie in Prüfening bei Regensburg als Tochter des Schuhmachermeisters Stephan Oehler und dessen Frau Maria Eva, einer Bierbrauerstochter, geboren. Beide Eltern leben nicht mehr, sagt Leoni. Rosinas polizeiliches „Leumuthszeugniß“ wurde von der Polizeidirektion München ausgestellt, also wohnt sie in der Hauptstadt. Sie besitzt zurzeit kein Vermögen, aber die 35-Jährige muss irgendeinem Erwerb nachgehen, möglicherweise als Angestellte in einem Haushalt oder in einer Münchner Gastwirtschaft. Dort könnte Leoni die bodenständige Oberpfälzerin kennengelernt haben, vielleicht erst vor Kurzem, vielleicht auch schon vor längerer Zeit.

Das Paar säumt nicht lange. Am 14. Februar, dem Tag des heiligen Valentin, werden „Joseph Leoni, K. Hofkapell-Sänger Wittwer 53 J. a. mit Rosina des Franz Oehler Bürger in Prüfening bey Regensburg und der Anna geb. Fischer ehel. Tochter 35 J. a." in der Frauenkirche getraut. In Rosinas Taufzeugnis heißt ihr Vater Stephan und ihre Mutter Maria Eva, und wenn Leoni, wie im Pfarrmatrikel eingetragen, zu diesem Zeitpunkt 53 Jahre alt ist, dann war er bei seiner ersten Hochzeit und dem Antritt seiner Stelle als Hof-Bassist erst 16 Jahre alt. Nehmen wir das alles nicht zu genau.

Als Trauzeuge kann Joseph Leoni eine prominente Persönlichkeit gewinnen: den Landschaftsmaler Johann Jakob Dorner, der seit vielen Jahren das Amt eines Inspektors der Königlichen Zentralgalerie am Hofgarten innehat. Dorner stand auch in Verbindung mit Franz von Krenner; wir erinnern uns an jenen Gendarmerie-Oberleutnant, der um die unglückliche Katharina Leoni freite und bei Krenner den Galerie-Inspektor Dorner als Gewährsmann angab.

* * *

Drei Monate nach der Hochzeit ereignet sich eine weitere Sensation, die im Grundsteuerkataster Nr. 20478 nachzulesen ist:

> Die General-Direktor von Krennerische Testaments-Exekution verkauft nach produzirtem Kaufbrief vom 26t. May 1825 das Gesamt-Anwesen Haus Nr. 1 ½ zu Assenbuch bestehend:
> Kat. Lit. A. gerichtsbar und freystiftig zur Hofmark Possenhofen
> Garten Plan N. 499 und Haus, Nebengebäude
> Garten Plan N. 499 1/2
> [es folgen Angaben über Grundsteuer und Stift]
> /:neue Belegung:/
> an
> Joseph Leoni königl. Hofsänger
> um die Summe ad 2000 fl.

Leoni, der nun über Geld verfügt, erwirbt also jenes Assenbucher Grundstück, das Krenner ihm angeblich zugedacht hat, auf das er aber per Vergleich verzichtet hat, schließlich doch: zu einem Preis von 2.000 Gulden. Sechs Jahre zuvor hatte der Buchenpauli den Wert des Anwesens alles in allem – Grundstück, hölzernes Sommerhaus mit Einrichtung, Schiffhütte, Einbäume – auf rund tausend Gulden gerechnet. Bei einer gewissen Wertsteigerung und in Anbetracht des angespannten Verhältnisses zwischen Leoni und dem Nachlassverwalter Feßmaier ist der jetzige Preis nachvollziehbar.

Der Katastereintrag, der nur in einer späteren Abschrift erhalten ist, bezieht sich auf einen „Ankunfts-Brief", mit dem das Landgericht Wolfratshausen bestätigt und verbrieft, dass der neue Eigentümer auf der Immobilie „angekommen" ist. Da das Grundstück noch immer als Freistift zur Hofmark Possenhofen gehört, hält das Briefprotokoll die entsprechenden lehnsrechtlichen Bestimmungen fest:

> Josef Leoni k. Hofsaenger in München hat nach einer Erklaerung der titl General Direktor von Krennerischen Testaments Exekution vom 30t. Aug. 1820 jenen Garten Antheil in Asenbuch am Würmsee, welchen der verlebte Herr General Direktor von Krenner gemäß Kaufbriefes vom 29ten Oktbr. 1811 von Bartlmée Gröber Buchabartl in Asenbuch erkauft hat, und worauf sich nun zwey dem Sommeraufenthalt gewidmete Landhaeuser befinden, unter nachstehenden Bedingungen erworben.

1. Sowohl der Grund als auch die Gebaeude stehen im Verbande veranleiter Freystifts Gerechtigkeit zur Hofmarkt Possenhofen, und unterliegen jenen allgemeinen Pflichten, und Gewohnheiten, welche dießfals gesezlich sind.
2. Zur Überlassung jenes ländlichen hieher freystiftigen Anwesens an den gegenwärtigen Besizer Josef Leoni ist guts- und grundherrlicher Consens dahin erfolgt, daß demselben in Rücksicht des heuer geführten Neubaues ohne Praejudiz für eine künftige Gutsveränderung die Entrichtung eines Freystifts Laudemiums erlassen seyn solle.

3. Josef Leoni ist ferner schuldig, den auf jenem Anwesen ruhenden Canon von jährlichen 5f. zu entrichten, und die gewöhnlichen landesherrlichen Abgaben zu bezahlen.

Hierüber wurde gegenwärtiger Ankunftsbrief errichtet, vorgelesen, bestättigt, und unterschrieben.

Joseph Leoni bestätigt dies mit seiner Unterschrift, datiert den 26. Mai 1825.

Uns aber fallen sofort die Ungereimtheiten ins Auge: Zunächst der Passus „hat [...] nach einer Erklaerung der titl General Direktor von Krennerischen Testaments Exekution vom 30t. Aug. 1820 jenen Garten Antheil [...] erworben." Wurde nicht zu jener Zeit erst der Vergleich gerichtlich beurkundet, mit dem Leoni auf das Grundstück verzichtet hat? – Man muss wohl davon ausgehen, dass genau das gemeint ist: *nach* der Erklärung von 1820, der zufolge der Garten im Besitz der „Krennerischen Testaments Exekution" verblieb, hat Leoni das Objekt jetzt, 1825, erworben.

Nächstes Rätsel: „worauf sich nun zwey dem Sommeraufenthalt gewidmete Landhaeuser befinden"? Auf dem Grundstück steht nach den Aussagen des Buchenpauli „ein hübsches Sommerhaus von Holz" und eine Schiffhütte, aber nicht zwei Sommerhäuser. Was ist geschehen?

Konkreteres erfahren wir aus dem Freistiftsbrief des Grafen von La Rosée, der noch immer Eigentümer der Hofmark Possenhofen ist. Der Besitzerwechsel des Freistifts setzt die Zustimmung des Grundherrn voraus. Diese hat Leoni offenbar schon im Vorjahr eingeholt (der Graf datiert das Dokument „den acht und zwanzigsten July, Eintausend achthundert zwanzig vier") und legt sie nun dem Landgericht Wolfratshausen vor.

Ich Johann Kaspar Alois Graf Baßelet von La Rosée
Inhaber der Patrimonialgerichte Garatshausen und Poßenhofen, Oelkofen und Eisendorf p.p. S.er k. Majestät von Baiern Kämmer, Oberappellationsgerichts-Präsident des Königreiches, Staatsrath und Großkreuz des Zivil Verdienst-Ordens der baierischen Krone p.p. bekenne hiemit

für mich, meine Erben und Nachkommen, daß ich auf gestelltes gehorsamstes Bitten dem k. Hofsänger Josef Leoni in München auf das von dem verlebten k. b. General Direktor des Ministeriums der Finanzen Herrn von Krenner laut Kaufbriefs dto 29ten Oktb. 1811 dem Bartlmée Gröber in Asenbuch am Würmsee, zu Daraufbauung eines, seinem und einiger guter Freunde Vergnügen gewidmeten Landhauses, aberkaufte Stück Gartens, so besagter von Krenner nebst schon beygeschaft einigen Baumaterialien, in Kraft mündlich vor Gezeugen erklärter, und von dessen Erben, resp. Testaments Exekution anerkannter Schenkung ihm Leoni überlaßen hat, so wie auf das von ihm nach dem von Krennerischen Plane nunmehr darauf vollführte Lusthausgebäude veranleitete Freystiftsgerechtigkeit unter folgenden Bedingungen verliehen habe:

1. Josef Leoni kann diesen Platz mit dem bereits von dem von Krenner vorgehabten, und nunmehr von ihm, Leoni neu erbauten ländlichen Lusthause zu seinem Vergnügen inhaben, nuzen und gebrauchen, wie veranleiter Freystift, Herkommen, dann gesetzliche und polizeyliche Ordnung angemessen ist [...].

2. Wann derselbe aber gesonnen, dieses ländliche Anwesen zu verkaufen, so hat er es zuvor mir, oder meinen Erben und Nachkommen anzubieten, [...]

Zum Schluss erklärt der Freistiftsbrief in einigen altertümlichen, über Jahrhunderte unveränderten Formeln die Konditionen der jährlichen Abgaben: Der Besitzer muss „jährlich zur Stiftszeit um Galli [Galli = Tag St. Gallus, 16. Oktober], wohin ihm angesagt wird, jedesmal in die Stift kommen, und zur Stift vom Grunde reichen, Fünfzehn Kreuzer. Vom Hause Canon Vier Gulden, Vierzig fünf Kreuzer" – also die Beträge, die auch in der Katasterabschrift aufgeführt werden. Von dieser Pflicht „soll ihn weder Schauer, Krieg, Brand, noch andere Unglücksfälle befreyen".

Jedenfalls ist diese Information eindeutig: Leoni hat auf dem Grundstück ein „ländliches Lusthaus" erbaut, noch ehe er das Grundstück gekauft hat.

Ein scheinbar paradoxer Fall. Wie ist das zu verstehen? Und wie ist es zu verstehen, dass Graf von La Rosée nun davon ausgeht, Krenner habe den Garten und die Baumaterialien „in Kraft mündlich vor Gezeugen erklärter, und von dessen Erben, resp. Testaments Exekution anerkannter Schenkung ihm Leoni überlaßen", aber den Vergleich vom August 1820 nicht erwähnt?

Die Grundherrschaft steht seit der Französischen Revolution in der Kritik. Sie ist eine Besitzform vergangener Zeiten, die ihrem Ende zugeht und bereits an vielen Orten gelockert worden ist. Der Verzicht des Grafen von La Rosée auf das Laudemium, die beim Besitzerwechsel fällige Abgabe (einer Grunderwerbssteuer vergleichbar), deutet in diese Richtung. Abgesehen davon ist La Rosée als hoher Hofbeamter und Präsident des Oberappellationsgerichts in München beschäftigt und wohnt in der Hauptstadt. Er kann seine grundherrlichen Angelegenheiten um die Hofmark Possenhofen nicht mit eiserner Hand kontrollieren – und will das vielleicht auch gar nicht. Adolph von Schaden charakterisiert den Grafen als „Menschenfreund".

Diese Lage der Dinge könnte es „Oberstjägermeister-Freund von Leoni" erleichtert haben, mit der ihm eigenen Chuzpe vollendete Tatsachen zu schaffen: Pläne für ein größeres Haus existieren offenbar bereits aus Krenners Zeit, entworfen von jemandem, der einen strengen Klassizismus vertritt, wie der 1820 jung verstorbene Architekturprofessor Karl von Fischer. Nach Mariannas Tod kann Leoni Geld in die Hand nehmen. Er macht Nägel mit Köpfen und lässt neben dem schon existierenden Holzhaus ein gemauertes Sommerhaus nach den vorliegenden Plänen errichten. Der Rohbau steht schnell, denn das Haus ist nicht unterkellert. Bartholomäus Gröber, der Buchenpauli, dürfte keinen Zweifel haben, dass alles mit rechten Dingen zugeht, und Leoni den Grund von Krenner geerbt hat. Graf von La Rosée in München ist weit weg, ebenso Feßmaier, der sich um diverse Probleme mit Krenners Nachlass kümmern muss, etwa um die Güter des Staatsrats in Württemberg, und sicher nicht vorrangig das relativ wertlose Grundstück am Starnberger See im Blick hat, das niemand mehr nutzt. Selbst wenn Feßmaier von Leonis Aktion wissen sollte, stellt er sich möglicherweise nicht in den Weg, weil Leoni ihm ein gutes Angebot macht.

Aber warum geht Leoni nicht in der normalen Reihenfolge vor? Warum kauft er nicht zuerst das Grundstück und baut dann das Haus?

Ein möglicher Grund: Leoni hat noch nicht genügend Geld. Marianna ist im Mai 1824 gestorben; der Witwer hat den ihm zustehenden Anteil ihres Barvermögens geerbt, aber der Leonigarten wird erst im folgenden Jahr verkauft. Würde er zuerst den Grund kaufen, müsste der Hausbau warten.

Ein weiteres, etwas spitzfindigeres Motiv kommt außerdem infrage: Basierend auf dem römischen Recht (das weiter subsidiär neben dem Bayerischen Landrecht gilt) gibt es die Auffassung, dass das sogenannte „Laudemium" an den Grundherrn nur bei Kauf, aber nicht bei Schenkung oder Erbschaft zu entrichten sei.[51] Wenn auch die Meinungen darüber auseinandergehen, könnte Leoni – vielleicht sogar in Abstimmung mit Feßmaier – dafür sorgen, dass der alte Graf von La Rosée den Besitzübergang als Schenkung betrachtet. Dass Leoni zwischenzeitlich im Zuge eines Vergleichs auf das Grundstück verzichtet hat, um es erst später zurückzukaufen, muss La Rosée nicht wissen. Die Vergleichsvereinbarung von 1820 bedeutete ja keinen Besitzwechsel, betraf den Grundherrn also gar nicht.

Und tatsächlich erlässt La Rosée dem Besitzer „in Rücksicht des heuer geführten Neubaues die Entrichtung eines Freystifts Laudemiums", allerdings „ohne Praejudiz für eine künftige Gutsveränderung".

Laut Freistiftsbrief steht das Haus bereits Ende Juli 1824, zumindest im Rohbau. Ein Familienbuch der Pfarrei Aufkirchen nennt ebenfalls das Baujahr 1824, während das Wolfratshauser Briefprotokoll Ende Mai 1825 vom „heuer geführten Neubau" spricht. Möglicherweise wird der Bau nach einer Winterpause erst im Frühjahr 1825 fertiggestellt.

Währenddessen aber ist Joseph Leoni mit seinem Projekt schon wieder einen Schritt weiter. Er hat bereits beantragt, in seinem neu gebauten Haus in Assenbuch eine Gastwirtschaft zu eröffnen.

Am 19. April weist das Landgericht Starnberg diesen Antrag ab, nachdem Wirte aus der Umgebung vorstellig geworden sind. Leoni legt Beschwerde ein – und hat in der nächsthöheren Instanz Erfolg. Am 5. Juli 1825 ergeht folgender Bescheid der Königlichen Regierung des Isarkreises (Isarkreis = Vorläufer des späteren Regierungsbezirks

Oberbayern): Man will dem königlichen Hofsänger Leoni „eine beschränkte Seegastwirthschaft auf sein bei Asenbuch am Würmsee errichtetes Gebäude in der Art verleihen, daß derselbe die Bewilligung habe, Gäste ohne Unterschied vom 1ten April angefangen, bis 1ten November zu bewirthen und zwar wie dieß den Tafernwirthen zusteht, wobei derselbe übrigens gehalten ist, sich den polizeilichen Anordnungen wie diese zu fügen."

Das „Tafernrecht" (abgeleitet von „Taverne") ist eine Gaststättenkonzession, die unter anderem auch die Lizenz zum Bierbrauen und das Herbergsrecht beinhaltet. Ein historisch bedingter Unterschied zwischen zwei Arten von Wirten in Bayern aber besteht darin, „daß das Schenkrecht der Tafernwirthe (als aus dem Gewerbe der Bierwirthe hervorgegangen) auf die Verleitgabe des Bieres sich beschränkt, während der Ausschank der Weingastgeber auf den Wein gerichtet ist".[52] „Beschränkt" ist die Lizenz für Leonis Seegastwirtschaft jedoch nur jahreszeitlich: auf die Monate April bis Oktober.

* * *

Bei diesem geradezu atemlosen Tempo der Entwicklungen ist es Zeit, kurz den Ablauf der letzten Monate zu rekapitulieren und zu rekonstruieren.

Mai 1824: Marianna Leoni stirbt. Joseph Leoni beginnt mit dem Neubau in Assenbuch.

Juli 1824: Leoni erhält einen Freistiftsbrief von Graf von La Rosée. Währenddessen wird Mariannas Erbe geregelt und der Verkauf des Leoniweihers in die Wege geleitet.

Januar 1825: Leoni beantragt die Heiratserlaubnis.

Februar 1825: Leoni und Rosina Oehler heiraten.

Frühjahr 1825: Leoni beantragt die Gaststättenkonzession, die zunächst abgelehnt wird. Er legt Einspruch ein. Währenddessen wird der Leoniweiher in München verkauft.

Mai 1825: Leoni kauft den Grund in Assenbuch.

Juli 1825: Leoni erhält die Gastwirtschaftskonzession in Assenbuch.

Nach dem jahrzehntelangen Stillstand in Joseph Leonis Leben erscheint dieser Umschwung binnen Jahresfrist, selbst in Anbetracht der plötzlichen Veränderung seiner finanziellen Lage, fast unglaublich. Doch man kann sich vorstellen, dass die zupackende Rosina den alternden Sänger aus der Resignation zieht und ihn motiviert, gemeinsam eine neue, andere Zukunft in die Hand zu nehmen und dabei keine Zeit zu verlieren.

Reibungslos durchstarten kann Leoni mit seiner Gastwirtschaft am See jedoch nicht. Die Konkurrenz in der dünn besiedelten Region beobachtet das Vorhaben von Anfang an mit großem Argwohn. Mit der Erteilung der Konzession ist der Widerstand der ansässigen Wirte nicht beigelegt – im Gegenteil. Am 29. Juli 1825 macht die Intendanz der königlichen Hofgärten auf Bitte des Hofgärtners bei Schloss Berg eine Eingabe beim König, die „Wirthschafts-Beeinträchtigung des königlichen Hofgärtners Klein zu Berg am Würmsee betreffend", und führt ihre Bedenken hinsichtlich Leonis Gastwirtschaft aus:

> Da nun dieses Besitzthum kaum eine kleine Viertel Stunde vom Ausgange des königlichen Schloßgartens zu Berg gelegen ist, so ist es außer Zweifel, daß der Erwerb des dortigen Hofgärtners, welchem die Ausübung einer besteurten Wirthschafts-Gerechtigkeit nicht allein erlaubt, sondern der selbst hiezu verpflichtet ist, sehr bedeutend hiedurch beeinträchtigt wird, welches für selben um so fühlbarer ist, da er nur eine mäßige Besoldung von 600 fl genießt; indem dieser Wirthschafts-Erwerb hiebei in Anschlag genommen wurde.–
> Das königliche Landgericht Starnberg hat auch sowohl in dieser Hinsicht, als auf Vorstellung der übrigen betheiligten Wirthe, das Wirthschaftsgesuch des ehemaligen Hofsängers Leoni abgeschlagen, allein eine hohe königliche Regierung des Isarkreises hat durch obigen Regierungsbeschluß vom 5ten dieß die Ausübung derselben dennoch erlaubt, gegen welchen Beschluß jedoch der Wirth von Aufkirchen den Rekurs ergriffen hat.
> Die königliche Hofgärten Intendanz glaubt daher auf die Bitte des zu Berg angestellten Hofgärtners Klein gegen dessen Dienstverrichtungen, wie auch gegen dessen Ausübung der Wirthschaft nicht die geringste Klage sich jemals ergeben hat Euer Königlichen Majestät die Nachtheile, welche durch eine so nahe beim königlichen Garten ausgeübte

> Gastwirthschaft sowohl für die Dienstverhältnisse des gegenwärtigen als künftigen Hofgärtners sich ergeben werden allerunterthänigst zur allerhöchsten Berücksichtigung vorlegen zu dürfen.

Hofgarteninspektor Schiller fügt das Schreiben des Hofgärtners Klein an, der die Intendanz mit dem Argument hinter sich bringen kann, dass nicht nur ihm persönlich, sondern der „Realen Wirthschaftsgerechtsame bei dem Königl. Lustschloße zu Berg" ein erheblicher Schaden drohe.

Nicht genug damit. Aus dem Schreiben geht bereits hervor, dass auch der Wirt des Gasthofs zur Post in Aufkirchen, dem auf der nächsten Anhöhe gelegenen Pfarrdorf, Einspruch gegen Leonis Gewerberecht erhoben hat – wahrscheinlich in Absprache mit Hofgärtner Klein.

Muss Leonis Seegastwirtschaft wenige Monate nach ihrer Eröffnung wieder schließen?

Am 25. August nimmt die Regierung des Isarkreises Stellung, um die Entscheidung über die Streitsache in die Hände der obersten Gerichtsbarkeit – des Königs – zu legen:

> Da gegen unseren Beschluß vom 5ten Jul. laufenden Jahres, durch welchen wir dem königl. Hofsänger Leoni ein beschränktes Seegastwirtschafts-Recht auf sein bei Asenbuch am Würmsee gelegenes Haus verliehen haben, der Wirth Anton Fink in Aufkirchen die Berufung zu Euerer Koeniglichen Majestaet ergriffen hat, so legen wir die ebenfalls gepflogenen Verhandlungen zur allerhöchsten Entscheidung Euerer Koeniglichen Majestaet allerehrfurchtsvollest mit der allerunterthänigsten Bemerkung vor, daß obige Beschwerde des Anton Fink ganz grundlos erscheinen dürfte, da Aufkirchen nicht am Würmsee liegt, und der dortige Wirth, wegen seiner beträchtlichen Entfernung vom See, durch die dem Leoni bewilligte beschränkte Seegastwirthschaft, welche sich blos auf die Sommermonate erstreckt, nicht beeinträchtigt werden kann; da Gäste und Fremde überhaupt, welche blos an den Starnberger- oder Würmsee sich hinbegeben, um die Seeluft zu genießen, ohnehin nicht nach Aufkirchen gehen werden, wo sie den See nicht finden; übrigens aber auch Leoni solche Gäste nur vom 1ten April bis 1ten

> Novbr. seine Wohnung öffnen darf, daher eine eigentliche Beeinträchtigung der in der Umgegend, aber nicht am Würmsee liegenden Wirthe, im eigentlichen Sinn nicht entstehen kann.
> Aus obigem Gesichtspunkte betrachtet, haben wir es sogar als ein Bedürfnis betrachtet, dem Leoni auf sein ganz zur Aufnahme von Fremden geeignetes und unmittelbar am See liegendes Haus das besagte Begastungsrecht einräumen zu müßen.

Am 15. September 1825 ist die Sache entschieden:

> Auf den Bericht der Regg. des Isarkreises [...] nach Einsicht der damit vorgelegten Verhandlungen bestätigen Seine Majestät die Regierungs Entschließung vom 5. Juli l. Js, wodurch dem ehemaligen Hofsänger Leoni eine beschränkte Gastwirthschafts Concession auf sein bei Asenbuch am Starnbergersee errichtetes Gebäude bewilligt wurde, und wollen den Wirth Anton Fink zu Aufkirchen mit seiner dagegen eingereichten Berufung lediglich abgewiesen haben.

Der Kelch ist an Leoni vorübergegangen. „Der gute Vater Max“, wie ihn viele Untertanen nennen, hat gesprochen – wenn auch vermutlich nicht persönlich. Vier Wochen später, am 13. Oktober 1825, stirbt Max I. Joseph, der erste König Bayerns, friedlich im Schlaf. Sein ältester Sohn Ludwig wird noch am selben Tag inthronisiert.

* * *

Einen Zeitenwechsel erleben auch die Hofmusik und das Hoftheater. Im neuen Hof- und Nationaltheater war im Januar 1823 während einer Vorstellung hinter der Bühne ein Brand ausgebrochen, der wegen gefrorener Löschteiche angeblich mit Bier aus dem Hofbräuhaus gelöscht werden musste. Verletzt wurde glücklicherweise niemand, da Baumeister von Fischer die Treppenhäuser und Ausgänge großzügig angelegt hatte, doch das Theater brannte bis auf die Außenmauern aus. Im Januar 1825 wird nun das nach den alten Plänen wiederaufgebaute, durch Leo von Klenze nur geringfügig veränderte Theater wiedereröffnet. Damit beginnt auch die Ära des neuen Intendanten Johann Nepomuk von Poißl. Eine andere Ära geht zu Ende: Wenige Tage nach dem Tod von König Max I. Joseph stirbt der fast schon ewige Kapellmeister Peter von Winter.

Am 29. Dezember 1825 teilt der neue König Ludwig „auf den gutächtlichen Bericht Unserer Hofmusik-Intendanz" mit, dass einige „Individuen ihres Personals" mit dem Ersten des kommenden Monats in den Ruhestand treten, unter ihnen auch „der Bassist Joseph Leoni". Die Musiker „haben die auf ihren bisherigen Gehältern und ihrer Diensteszeit normalmäßig regulirten und beygesetzten Quieszenzgehälter zu beziehen". Für Leoni beträgt diese Pension 450 Gulden - also dank seiner langen Dienstzeit immerhin (wie bei Marianna) 90 Prozent seines letzten Gehalts.

Ob der Sänger (gleichsam als letzter Akt seines Eintritts in ein neues selbstbestimmtes Leben) um Versetzung in den Ruhestand nachgesucht hat, oder ob die Intendanz ihn nun doch, womöglich aufgrund häufiger Abwesenheit, als entbehrlich oder nicht mehr dienstfähig beurteilt - Leoni hat nun Zeit für seinen neuen Beruf.

Leonihausen

Offenbar hat Leoni die Kontakte zu den Sängern und Schauspielern des Hoftheaters gepflegt; vielleicht konnte er auch die Verbindung zum Freundeskreis Krenners halten. Jedenfalls stößt die neue Gastwirtschaft des Hofsängers am Ufer des Starnberger Sees, immerhin eine Tagesreise von München entfernt, auf großes Interesse. Davon zeugen Berichte ab 1826, also ab der zweiten Sommersaison. Davor nehmen die Leonis jedoch noch ein Darlehen von 500 Gulden „aus dem Vermoegen der Kirche Holzhausen" auf, wie ein Schuldbrief vom 19. April 1826 belegt:

> Dieses Darlehen versehen sie mit erlangten grundherrlichen Consens auf ihren hieher jurisdiktionsbaren und freystiftlichen neu erbauten Landhaus in Asenbuch, welches unterm 16t. d: Mts: auf 2000f gerichtlich geschäzt wurde, demgestalt daß dieses Kapital mit 500f. hierauf die erste Hypothek erlangen soll. Sie verzinsen es ferner mit vier vom Hundert und bezahlen es nach voraufgeschehener halbjähriger Aufkündung in Conv: Münze [Handelsmünze Konventionstaler = zwei Gulden] zurück.

* * *

Über die folgende Saison lassen wir Friedrich Wilhelm Bruckbräu sprechen, jenen Unterhaltungsschriftsteller, der schon als kleiner Junge nach einem Unfall auf dem Eis des Leoniweihers die Gastfreundschaft des Besitzers erfuhr. Derselbe Bruckbräu berichtet nun über einen Ausflug zum Starnberger See und zum Gasthaus Leoni an Pfingsten 1826 (die Jahreszahl lässt sich erschließen). Der Ausflug mündet in eine unheimliche Begebenheit:[53]

> Mein Ränzchen auf dem Rücken verließ ich am frühen Morgen des Pfingstmontages im Jahre 182- das gastliche Nachtquartier im Pfarrhause auf dem Hohenpeißenberge, Bayerns Rigi, nachdem ich zuvor herkömmlicherweise den Aufgang der Sonne bewundert hatte, und wanderte über Weilheim in gerader Richtung nach Bernried am Starnbergersee, um mich dort nach der Villa Leoni einzuschiffen, wo ich an der Mittagstafel eine auserlesene Gesellschaft zu treffen hoffte.

In Bernried, einer ehemaligen Probstei der regulirten Augustiner-Chorherren, in welches Graf Otto von Valley, einer der mächtigsten bayer'schen Grafen, im Jahre 1120 sein Schloß verwandelte, traf ich dicht am Gestade des See's meinen Freund D*, der, in gewohnter Art tief und schwärmerisch in sich gekehrt, auf einem sanften Hügel lag, während zwei Fischermädchen seitwärts mit einer Barke heranruderten, um ihn an das Ufer gegenüber zu führen.

Bruckbräu mag es uns nachsehen, die Erzählung ein wenig zu kürzen: D*, ein stiller Gemütsmensch, plant seine Verlobung mit der anmutigen Emilie.

D* kam von dem Landgute seiner Eltern, wo er zu dem auf den nächsten Tag bestimmten Verlobungsfeste alles Nöthige angeordnet hatte: auf der Villa Leoni erwartete ihn am Pfingstmontage Emilie mit ihren Eltern. In froher Umgebung wollte er den Vorabend dort feiern und später, im magischen Mondlichte, mit ihnen auf das Landgut fahren.

Die beiden lassen sich im Fischerboot von Bernried nach Leoni rudern. Der Erzähler nimmt zwei Dutzend geräucherte Renken mit. Seinen Vorsatz, die Fische einigen Freunden in der Villa Leoni aufzutischen, ändert er jedoch unterwegs, isst alle 24 Renken im Boot selbst auf und wirft die Gerippe in den See. Die Freunde sprechen über die Legende von der heiligen Herluka, einer Nonne des Klosters Bernried, die die Gabe der Weissagung besessen haben soll.

Aus den romantisch gruppirten Buchenbäumen und Gebüschen der Villa Leoni rauschten uns fröhliche Lieder, Alpengejodel, Guitarrenklänge, Gelächter und Jauchzen begrüßend entgegen.
Stattliche Schlösser in alterthümlichem Style und bescheidene Fischerhäuschen umgürten den lieblichen Starnbergersee, und jeder Ort hat seine eigene Anmuth; auch fehlt es nirgends an Bewirthung, mehr oder minder gut: doch die wahre Heiterkeit, das wahre Leben am See, ist nur auf der Villa Leoni zu Hause, dessen bejahrter Besitzer selbst noch jugendlich-fröhlich die Kreise seiner muntern Gäste belebt und Scherze

mit Scherzen vergilt. Da lebt man so zwanglos, wie in einem Bade, und an schönen Tagen fehlt es nie an schöner Gesellschaft.

Niemand wird durch die Doppelkreide geprellt: alles ist taxirt, und Jeder weiß seine Zeche, bevor der Wirth sie ihm sagt; den besten Weinen, zu höhern und geringern Preisen, für jede Sorte kaum merkbar höher als in München selbst, schließt sich ein vortrefflicher, ächter klassischer Kaffee an, den man nach Belieben noch mit feinen Liqueuren würzen kann.

Das originellste und selbst in der Geldklemme noch heiterste unter allen Völkern der Erde, das Theatervolk, erholt sich hier von seinen Anstrengungen aus der Hofbühne, – und weiß den reizenden Ort mit den buntesten Gefilden der Phantasie gesellig auszuschmücken.

Ach, an jenem Morgen meiner Landung war's, wo ich die nun auf ewig verhallten Wunderklänge der ersten Nachtigall unserer Oper, der seligen Frau Klara Metzger-Vespermann, zum letztenmal mit trunkener Seele auf jener Villa vernahm! Sie stand auf einem Abhange hinter einem Gebüsche, jedem Blicke dicht verborgen, und sang das bekannte Alpenlied: „Wenn der Gamsbock übern Stiegel springt," u.s.w. mit hinreißender Bravour, und jodelte am Schlusse jeder Strophe mit unglaublicher Kraft und Gewandtheit, während ihre Pausen eine Clarinette mit den lieblichsten Variationen ausfüllte.

Der Salon, das Zelt vor dem Hause, Tische unter den Buchen, vereinten zahlreiche Gäste zur Mittagstafel, an welcher das ausgezeichnete Küchentalent der achtungswürdigen Frau des Hauses laut von allen Lippen gepriesen wurde.

Dürfte ich einmal mein müdes Haupt irgendwo zur Ruhe legen, um mich von ausgestandenen bittern Leiden zu erholen, Leoni's Villa würde ich wählen! Sinnige Freunde dieses herrlichen Aufenthaltes haben sich hinter der Villa, an der aufsteigenden schattigen Anhöhe, geschmackvolle Häuschen mit Gärtchen gebaut: wie oft hab' ich diese Glücklichen beneidet!

Der an der Seite seiner Geliebten Emilie überselige D* war wie umgewandelt: keine Spur von Schwermuth trübte seine von der innigsten Freude gerötheten Wangen. Seewärts, rechts von der Villa, einige Schritte von ihr entfernt, steht dicht am Gestade ein Tisch mit zwei Bänken in einer Laube: dorthin lud mich D* zum Kaffee! Ich saß links an der Ecke, zu meiner Rechten Emilie, mir gegenüber mein Freund,

um nur seiner Angebeteten immer in das rosige Antlitz schauen zu können, die mit dem schönen Ebenmaße eines kräftigen Körpers das Bild der Gesundheit versinnlichte.
Es wurde gelacht, gescherzt, geneckt, gesungen; junge Herren mit und ohne Guitarren umschwärmten den Tisch, und Jeder wollte irgend ein geselliges Talent glänzen lassen. Begann der Eine mit lieblicher Tenorstimme „Dieß Bildniß ist bezaubernd schön," u.s.w. so stießen vier Andere taktmäßig ihre Gläser aneinander und brummten im tiefsten Baß:
„Uns ist's Alles eins uns ist's Alles eins
Ob wir Geld haben oder kein's."
Da fiel es einem jungen Baukünstler ein (obgleich einem Baukünstler eigentlich nichts einfallen sollte), einen Kaffee-Toast auf das Wohl der schönen Damen an der Tafel auszubringen, und rasch klirrten die Tassen in der Runde. D* und seine Emilie stießen mit freudestrahlenden Blicken an; sie wechselten, nachdem sie genippt hatten, die Tassen, um diese gerade an jener Stelle mit den Lippen zu berühren, wo sie zuvor vom Munde genommen waren.
Nur ich bemerkte dieß Spiel mitten im lauten Jubel.
Emilie wendete trinkend ihr Köpfchen an die Rücklehne, um einem Herrn zu antworten, der eine Frage an sie stellte. D* trank; doch plötzlich stellte er die Tasse vor sich auf den Tisch hin; alle Spur des Lebens schien aus seinem Gesichte zu weichen, einem Menschen ähnlich, der von einer tödtlichen Ohnmacht ergriffen wird.
Ich hielt diesen Zustand für ein plötzliches Unwohlwerden; um durch keine Besorgniß die Gesellschaft zu stören sagte ich gefaßt: „Komm, Freund, wir wollen sehen, was die Andern machen!" Rasch zog ich ihn vom Sitze weg dicht am Gestade fort, jeden Gast vermeidend, bis wir im Walde allein waren.
„Was fehlt dir, lieber Freund? Bist du krank?"
Als er die Stimme wieder gewonnen hatte, sprach er:
„Zum viertenmale in meinem Leben hat sich vor wenigen Augenblicken die unheilvolle Gabe wieder geäußert, Entsetzliches aus meiner nächsten Umgebung weissagen zu können, und pünktlich traf bisher alles ein. Kaum hatte ich aus Emiliens Tasse getrunken, als ich mir gegenüber ihre – Leiche lehnen sah, mit bleichen Wangen, geschlossenen Augen, die Hände auf der Brust, von einem Rosenkranze durchschlungen, zum

Gebete gefaltet, angethan mit einem weißen Gewande, geziert mit Rosenschleifen, einen Kranz von weißen Rosen durch die Haare geflochten. Dieß Bild verschwand erst, als deine Hand mich berührte." –

Daß es Menschen mit solchen schauerlichen Vorahnungen gibt, – man nennt sie Leichenschauer, – möchte ich nicht bezweifeln; es war nicht der erste Fall, den ich selbst erlebte; aber dem Freunde durfte ich diesen Glauben nicht bezeugen. Er war nicht in der Stimmung Vernunftgründe anzuhören; ich mußte über den ganzen Vorfall herzlich lachen, um ihn zu heilen, und die furchtbare Erscheinung als die Wirkung einer krankhaften Hirnthätigkeit erklären, die er durch den ungewohnten Genuß von vielem und starkem Weine, von aufreizendem Kaffee nach der Sonnengluth unserer Seefahrt, und durch überspannte Freude ganz natürlich veranlaßt habe.

„Wenn Emilie," schloß ich, „in der sichtbaren Fülle einer musterhaften Gesundheit eine Leiche werden könnte, so müßten wir zwei eigentlich schon lange begraben seyn."

Sein Verstand siegte tröstend über seine Phantasie; er merkte jedoch Tag und Stunde der Erscheinung in seiner Schreibtafel an. Eine Flasche frisches Zuckerwasser kühlte sein Blut, und bald wurde er wieder so heiter wie zuvor. Man hatte uns kaum vermißt. Gegen Abend fuhr er mit Emilie und ihren Eltern auf das Landgut; ich mußte wiederholt versprechen, am andern Tage gewiß zum Verlobungsfeste zu kommen. Ich hielt Wort, nachdem wir die Morgensonne, dem Schlafe entsagend; bei Becherklang mit dem trefflichen Liede begrüßt hatten: „Bald prangt, den Morgen zu verkünden," etc.

Später wohnte ich auch dem Trauungsfeste der Glücklichen bei, und habe sie noch öfter besucht auf ihrem Schlosse. Emilie überstand glücklich ein gefährliches Wochenbett; bald darauf wurde sie von einem Nervenfieber befallen, welches die vereinte Kunst unserer größten Aerzte verhöhnte; nach Jahr und Tag genau an dem selben Monatstage, in derselben Stunde, da D* ein Jahr früher jene furchtbare Erscheinung hatte, war Emilie – eine Leiche.

* * *

Die vor der schauerlichen Wendung farbenfrohe Schilderung des Ortes und der vergnügten Gesellschaft lässt die Gegenwart einiger

Hofmusiker erahnen: die Klarinette könnte Heinrich Baermann gehören, der auch zu dieser Zeit noch Soloklarinettist der Hofkapelle ist. Besonders hebt Bruckbräu die „Erste Nachtigall der Oper" Klara Metzger-Vespermann hervor.

1799 als Kind armer Leute in der Münchner Au geboren, erhält Klara Metzger schon früh Gesangsunterricht bei Peter von Winter, der das Mädchen sogar als Pflegetochter annimmt. Mit 15 Jahren tritt sie schon in Konzerten auf, mit 17 singt sie die Hauptrolle in Winters Erfolgsoper *Das unterbrochene Opferfest*. Von ihren ersten Honoraren kauft sie ihren Eltern eine Wohnung im ersten Stock eines Hauses in der Franz-Prüller-Straße. „So, Herr Vater, jetzt haben'S a Heimat für immer", soll die Sängerin beim Öffnen der Tür gesagt und die Wohnung mit neuen Goldstücken bar bezahlt haben.[54] Sie heiratet den Hofschauspieler Wilhelm Vespermann. Am 5. April 1822 wird der *Freischütz* von Carl Maria von Weber zum ersten Mal in München aufgeführt, mit Klara als Agathe. Der Komponist ist hingerissen und preist ihre sängerische Leistung als „einzig und unerreichbar". Am 6. März 1827 stirbt die Sängerin mit nicht einmal 28 Jahren – und wird damit wohl das erste Mitglied im später einmal so genannten „Klub 27" der in diesem jungen Alter gestorbenen, hochtalentierten, weit über den Tod hinaus gefeierten, verklärten Musiker.

Die sommerlichen Gesellschaften bei Leoni in Verbindung mit der schaurigen Vision des Leichensehers und mit dem Schicksal der Klara Metzger-Vespermann inspirieren den Schriftsteller Bruckbräu viele Jahre später, im Jahr 1866, zu einer zweiten, verdichteten Variante dieser Geschichte mit einer fast vorhersehbaren Neubesetzung der Akteure:[55]

> Leoni – war einst das Feldgeschrei vieler Mitglieder des k. Hoftheater Personals, besonders der Tänzer und Tänzerinnen, die auf der gleich lautenden wirthlichen Villa des ehemaligen k. Hofsängers, Herrn Joseph Leoni, am östlichen Ufer des Starnbergersee's von ihm und seiner Gattin, Frau Rosine Leoni, der ausgezeichneten Küchenmeisterin dieses freundlichen Gasthauses, immer mit aller Herzlichkeit aufgenommen wurden, wenn auch bisweilen ein leiser Zweifel an ihrer augenblicklichen Zahlungsfähigkeit entstehen mochte. Da sie aber in

der Regel bei dem nächsten Besuche ihre vorige Schuld richtig bezahlten, so genossen sie immer Credit.

Ich kannte Herrn Leoni und seine Frau schon zur Zeit, da sie noch Insulaner in München waren. Ihre Insel, von stattlichen Bäumen durchzogen, lag in einem großen Weiher auf welchem die Eisfreunde im Winter als Schlittschuhläufer und Eisschützen sich tummelten, an jener Stelle, wo jetzt dem Kälbermarkte gegenüber, in der Herrenstraße eine lange Linie gut verzinslicher Häuser prangt. Nach dem Verkaufe der Insel hat sich ihr Besitzer, Herr Leoni, vom Weiherwasser zum Seewasser gewendet.

In den Zwanziger Jahren verlebte ich manchen frohen Tag in der Villa Leoni, den denkwürdigsten jedoch am Pfingstsonntage des Jahres 1826, an welchem, theils verabredet, theils zufällig, eine heitere Gesellschaft dort zusammentraf. Da fand ich Deutschlands größten Tragöden, den bisher unersetzten und wohl auch unersetzbaren Eßlair, den vortrefflichen Vespermann, und seine Gattin, die berühmte Sängerin Clara Metzger-Vespermann, in der Fülle ihrer Gesundheit und ihres Frohsinnes, den unvergeßlichen Urban, den dramatischen Dichter J von Plötz, Vespermann's Gast, und den gemüthlichen patriotischen Dichter Ulrich von Destouches, vieljährigen Redakteur des Münchener Tageblattes, zuletzt magistratischer Bibliothekar, dessen talentvoller Sohn, Herr Ernst von Destouches, zur Zeit Rechtscandidat an der Hochschule München, das Dichtertalent seines Vaters geerbt, und bereits durch viele ausgezeichnete Gedichte auf eine rühmliche Weise bewährt hat.

Es waren auch noch viele andere Gäste zu Wasser und zu Land gekommen, die aber bald nach der gemeinsamen Mittagstafel sich wieder heimwärts begaben, als sie am Himmel oberhalb des Karpfenwinkels bei Bernried sturmdrohende finstere Wolken aufmarschiren sahen. Wir beschlossen, den Sturm zu erwarten, vom Speisesaale aus den wogenden See zu betrachten, und erst am andern frühen Morgen heimzukehren.

Wir nahmen den Kaffee in der langen Laube vor der Landfront der Villa im Freien unter fröhlichem Geplauder und Witzworten, die namentlich aus dem Munde Vespermann's und Urban's wie Funken stoben. Unser „liebes Clärchen", wie wir Frau Vespermann zu nennen pflegten, erfüllte unsere vereinte Bitte nicht, ein Jodelliedchen zu singen.

„Thut nichts, liebes Clärchen," sagte ich; „bis übermorgen werden Sie unsere mündliche Bitte und die Schilderung Ihrer grausamen Versagung derselben gedruckt in der Eos lesen."

„Nein, nein, ich singe schon," erwiederte sie lachend mit einer abwehrenden Bewegung der rechten Hand, und sang das Lied: „Wenn der Gemsbock übern Stiegel springt," etc. und jodelte so entzückend und kräftig, daß die Töne wie ein Strom fernhin rauschten. Ein dreimaliges donnerndes Bravo und Händeklatschen erscholl. Ich hatte bemerkt, daß sie während des Singens einen alten eisgrauen Jäger beobachtet hatte, der aus der Richtung von Allmannshausen gekommen war, stehend aufmerksam dem Jodeln lauschte, dann aber am untern Ende unsers Tisches Platz nahm, seinen alten Tabaksbeutel aus der Seitentasche seiner fadenscheinigen grüngrauen Joppe zog, und den Kopf schüttelte, als er sie leer fand. Während ich zu ihm ging und seinen leeren Tabaksbeutel mit meinem virginischen Canaster füllte, worüber er dankend höchst erfreut war, brachte ihm das gute liebe Clärchen eigenhändig ein großes Stück Braten und einen Teller voll Brod nebst Messer und Gabel, und eine Kellnerin folgte ihr mit einer Maß Bier auf dem Fuße nach. Ich stand neben der wohlthätigen Spenderin, als sie Alles, dem Alten gegenüber, mit den Worten vor ihm auftischte:

„So, Jägersmann, laßt's euch schmecken! Bezahlt ist's schon!"

„Vergelt's euch Gott tausendmal!" erwiederte er; „g'jodelt habt's aber so prächti wie ich's im Gebirg gar nie g'hört hab', und bin do a steinalter Kerl."

„Passirt schon!" äußerte sie, und eilte fort.

Plötzlich wurde der Jäger blaß, seine Augen schienen zu erstarren; er zitterte und fuhr mit der rechten Hand nach seinem Herzen. Ich fürchtete, der Schlag habe ihn getroffen. Dieser Zustand dauerte aber kaum drei Secunden; die Krankheitszeichen verschwanden, er sah wieder aus, wie zuvor, und begann wieder zu essen.

„Ist euch übel geworden?" fragte ich.

Was wir sprachen, konnten die ganz oben Sitzenden nicht hören.

„Uebel grad' nicht, wie einem sonst übel wird. Es ist ein Zustand, den ich nur höchst selten hab'. Da preßt's mir dann das Herz zusammen, daß ich mein', ich müßt sterben, ist aber immer gleich vorbei. Dieser Zustand überfällt mich, so oft ich einer Person in's Gesicht schaue, die nimmer länger als ein Jahr lebt. So oft mir's passirte, ist's richtig eingetroffen. Thut mir recht leid um die herzgute Person; auf's Jahr um diese Zeit hört sie kein Mensch mehr singen."

Ich bedaure, was er sagte, nicht in seiner treuherzigen Gebirgsmundart erzählen zu können, weil es vielleicht Vielen nicht verständlich wäre.

„Seid halt so gut, der braven Person nichts davon zu sagen," fügte er bei; „es könnt' ihr's Herz vor der Zeit brechen; das braucht's nicht."

Ich gelobte ihm, zu schweigen, und hielt Wort, aber ich war sehr bestürzt und tief betrübt. Sollt' ich es glauben? Gibt's wirklich Leichenseher?

Gegen 5 Uhr Nachmittags brach das Hochgewitter los, und wir sahen, wie während des Seesturmes, von zuckenden Blitzen beleuchtet, zwei sogenannte Einbäume, die vermuthlich von Ammerland kamen, von kundigen und kräftigen Händen gelenkt, über die schäumenden Wogen hinglitten, und in Possenhofen glücklich landeten. Als Alles vorüber war, trat der alte Jäger in den Speisesaal, dankte für alles Erhaltene, und sagte, daß er in einer Fischerhütte übernachten, und am frühen Morgen nach München gehen wolle, um für die Ernennung seines einzigen Sohnes zum Forstwart zu danken. Das gutherzige „liebe Clärchen" zog ihre Börse, und wir folgten ihrem guten Beispiele zu einer Reisekostenbeisteuer für den alten Jäger, der mit Dankesthränen in den Augen von uns schied.

Nach dem Abendessen unterhielten wir uns durch Erzählungen denkwürdiger Ereignisse aus dem eigenen Leben. Da wurde auch von Geistererscheinungen, von Ahnungen und anderem unheimlichen Zeuge gesprochen, theils für möglich gehalten, theils bestritten.

„Es gibt doch geheimnißvolle Dinge, die bisher noch nicht erklärt sind; dazu gehören auch die Leichenseher," sagte Eßlair. Ich horchte in gespanntester Erwartung.

„Als ich einst in Regensburg gastirte, saß ich im Prinzengarten einem mir bekannten alten Bürger gegenüber. Die junge, kräftige, kerngesunde, blühende Kellnerin Babette stellte mit freundlichem Gruße ein Glas Bier vor mich hin, von dem erbleichenden Bürger mit starren Augen angeschaut. Gleich darauf sagte er zu mir: ‚Diese Person lebt kein Jahr mehr.'

Ich lachte.

Vier Monate später erhielt ich in Nürnberg einen Brief von diesem Bürger mit dem beigelegten Ausschnitte einer Regensburger Zeitung, worin ich die Kellnerin Babette unter den Todten las."

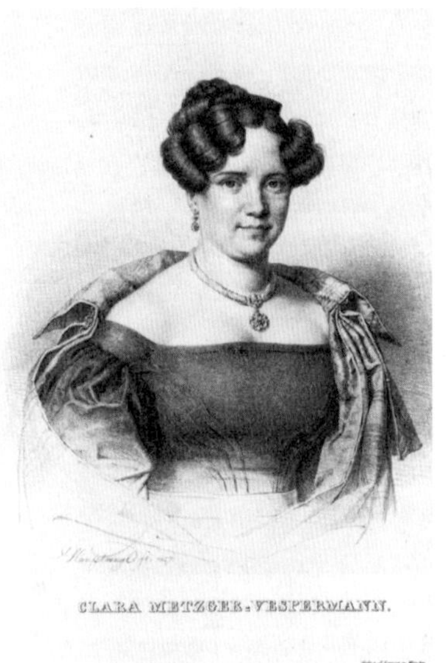

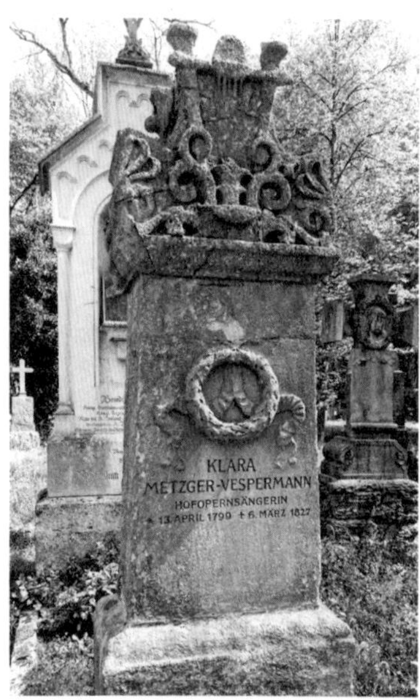

Klara Metzger-Vespermann (1799–1827): Brustbild von Franz Hanfstaengl und der Grabstein der Sängerin auf dem Alten Südlichen Friedhof in München

Eine Pause des Schweigens trat ein. Dieses sonderbare Zusammentreffen mit der Aeußerung des alten Jägers erfüllte mich mit peinigender Angst, die mich, selbst nach den nachgefolgten heiteren Geschichtchen, in dieser Nacht nicht schlafen ließ.

Es gibt Leichenseher!

Der alte Jäger hatte zu mir gesagt: „Auf's Jahr um die Zeit hört sie kein Mensch mehr singen."

So geschah es auch. Das gute „liebe Clärchen" starb in München am 6 März 1827, Morgens 5¼ Uhr an einer Entzündungs-Krankheit von vier Wochen, in einem Sonette von mir gefeiert, von Tausenden beweint.

* * *

Friedrich Wilhelm Bruckbräu genießt nicht unter allen Zeitgenossen Anerkennung. Er macht mit Romanen wie *Rosa's Gardinenseufzer, nachgehaucht*, *Der Papst im Unterrocke* oder *Die Verschwörung in Muenchen: Eine Gallerie der interessantesten Liebschaften galanter Her-*

ren und lüsterner Damen von sich reden. Diese Titel begründen Bruckbräus Ruf als „Winkelliterat" und beleidigen nach Auffassung konservativer katholischer Kreise das sittliche Empfinden. „Werke, bei deren Nennung einem gebildeten Menschen die Haut schaudert. Alle kritischen Blätter Deutschlands haben längst ihrem Verfasser seinen Platz angewiesen. Dieser Bruckbräu war einer von denen, die stets vom Scandale lebten", urteilt August Lewald im Jahr 1835.[56]

Die schlüpfrigen Romane erscheinen in den Jahren um 1830, also zu der Zeit, als Bruckbräu auch Sommertage beim Leoni verbringt. In seinem *Conversations-Blatt* führt er unterdessen einen gehässig-genüsslichen Feldzug gegen einen anderen Literaten, den Satiriker Moritz Gottlieb Saphir. Dieser musste in Berlin wegen Beleidigung der Sängerin Henriette Sontag eine kurze Festungshaft verbüßen und hat es danach vorgezogen, nach München umzusiedeln. Jetzt nimmt Saphir sich auch hier mit seiner spitzen Feder die Prominenz vor. Vor allem auf das Theater hat er es abgesehen: Die Regie sei faul, die Schauspieler nur gewohnt, gelobhudelt zu werden, und die käuflichen Kritiker schmarotzten bei ihnen Freibillette. Der verehrte, in Heldenrollen gefeierte Hofschauspieler Ferdinand Eßlair ist über diese Attacken nicht amüsiert und beschwert sich beim König, jedoch vergebens. Zu anderen Mitteln greift der Maler Jakob Friedrich Hahn, der Saphir böse karikiert und bei Veranstaltungen nachäfft, was – behauptet Bruckbräu – mit Beifall quittiert wird. An einem Februartag 1830 lauert Hahn Saphir vor einem Münchner Café auf und verprügelt ihn auf offener Straße. Dabei wird Hahn – behauptet Saphir[57] – von Hofrat Klebe, dem Redakteur des Unterhaltungs-Blatts *Flora*, wild angefeuert und Bruckbräu macht sich in der Zeitung über den Vorfall lustig.

Nach diesem Krawall steigen Saphirs Ansehen und die Verkaufszahlen seines Blattes *Bazar*, die vornehme Gesellschaft „Museum" lädt ihn zu einer Vortragsreihe ein. Saphir lässt jedoch nicht von seinen heftigen Angriffen gegen die Theater-Intendanz ab, der *Bazar* wird einige Male beschlagnahmt, schließlich wird Saphir von König Ludwig I. aus München ausgewiesen, jedoch nur für kurze Zeit: Er darf nach wenigen Monaten zurückkehren, gibt wiederum den

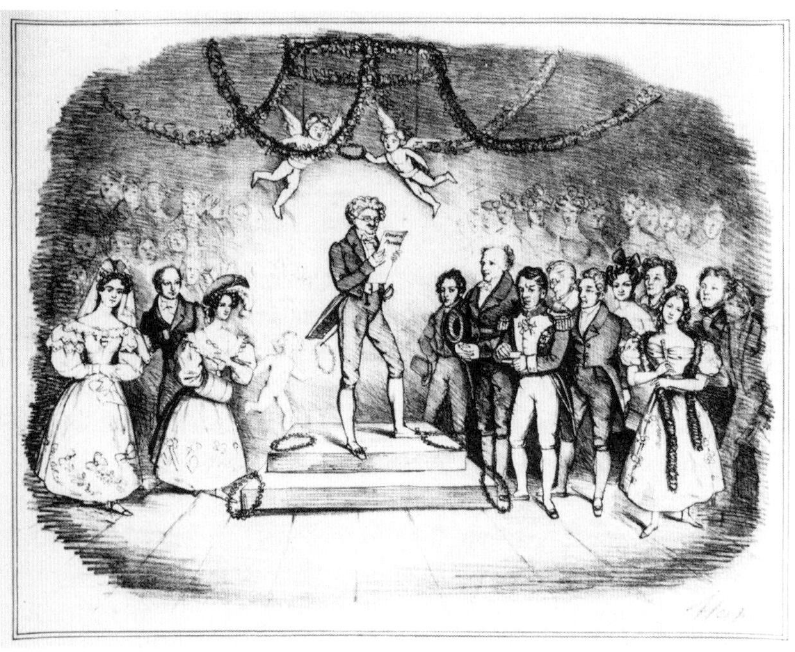

Dieses zum *Bazar* Nr. 304 vom 1. Dezember 1830 gehörende satirische Flugblatt zeigt Moritz Gottlieb Saphir auf einem Podest, von Genien bekränzt. Die Mitglieder des Königlichen Hoftheaters treten an, um ihr „Generalpardon" zu empfangen: auf der linken Seite von links nach rechts die Sängerin Nanette Schechner, der Schauspieler Wilhelm Vespermann und seine zweite Frau, die Sängerin Katharina Sigl-Vespermann. Auf der rechten Seite von links nach rechts u.a. die Schauspieler Wilhelm Urban und Ferdinand Eßlair sowie der Intendant Johann Nepomuk von Poißl. – Viele der hier Dargestellten trafen sich auch in Leonis Gastwirtschaft in Assenbuch.

Bazar heraus – und beschreibt darin auch einen Aufenthalt am Starnberger See im „Leonihaus". Man kann sich seinen Besuch an diesem Ort, der ja auch von Bruckbräu und dem Schauspieler Eßlair so gerne frequentiert wird, nicht gerade entspannt vorstellen. Jedoch erwähnt er mit keinem Wort irgendeinen Konflikt, außer seinem „Nervenfieber". Saphir, der die innige Beziehung zu den Renken des Starnberger Sees mit seinem Widersacher Bruckbräu zu teilen scheint, phantasiert zunächst darüber, dass die gebratenen Fische von seinem Teller in Possenhofen in den See zurückspringen, und fährt fort:

Villa Leoni.

Ein Possenhofer Schiffer fieng mich auf als ich mich den Renken nach in den See stürzen wollte, und brachte mich in einem Viertelstündchen hinüber zu Leoni oder Leonihaus. Unter allen Punkten am See liegt die Villa Leoni am Angenehmsten, am Einladendsten, am Wirthlichsten und, für Alle die den See besuchen wollen, am Bequemsten da. Ein gastliches und freundliches Gebäude, mit einem baum- und schattenreichen Vorsprung in den See hinein, winkt einem traulich zu in seinen Gemächern Schatten und Labung, Nachtherberge und Ruhe zu suchen. Von hier aus hat man die schönste und totalste Uebersicht über den ganzen See und überblickt das jenseitige parthienreiche Ufer. In einem kleinen Viertelstündchen ist man in Berg, wohin ein schattenüppiger, kühlfrischer Park führt. Es ist seit einigen Jahren recht lebendig um Villa Leoni herum geworden; naturliebende Kolonisten, welche die Wochensorgen und Tagesmühen an Sonn- und Feiertagen gerne ablegen, um sich in den freien Dom zu begeben, der für alle Wesenheit aufgebaut ist, haben sich diesen reizenden Punkt gewählt, um hier ihr Geschäftsbündelchen in den See zu werfen. So entstanden die lieblichen Baumüller'schen und Möhl'schen Häuschen, und die niedliche, elegante und reizende Landkokette: die Villa Himbsel, eine Ansiedelung des baugenialen Oberbaurath Himbsel. [...] In diesem Tusculanum bildete Herr Himbsel, wahrscheinlich Ciceros Andenken zu ehren, eine blumenreiche Zunge, eine Erd-Zunge nämlich, die tief in den See hineingreift. Durch das vortreffliche Fernrohr des Herrn H. lag mir Starnberg und das jenseitige Fernufer dicht vor den Augen; ich konnte in Possenhofen die Gräten in den Ränken zählen; in Starenberg die Rechnung lesen, welche die Wirthe eben machten; eine reizende Frau, die jenseits eben die Stufen ihrer Besitzung herabstieg, gieng mir nahe ans Herz, wovon sie sich bei weitem nichts einfallen läßt. – Ich nistete bei Leoni fest ein; freundliche, gutherzige Wirthsleute, ein guter, schmackhafter Tisch, vortreffliche Betten, eine billige Rechnung, was braucht das menschliche Herz mehr um glücklich zu seyn? –

Bei dieser Gelegenheit will ich der Dankbarkeit ein Monument setzen; ich will der Welt ein glänzendes Beispiel geben wie man geleistete Dienste vergilt; wie man Treue, Zärtlichkeit, Theilnahme, Anhänglichkeit und Sorgfalt belohnt und belehnt; nehmt euch ein Exempel daran ihr Großen der Erde und ihr Alle, die ihr diese Zeilen zu Gesicht bekommt; mit einem Federzug belohne ich hier ein zärtliches Herz mehr als königlich, mehr als kaiserlich, ich mache es unsterblich! Dieses zärtliche Wesen heißt – Nanni! Dieses zärtliche Wesen ist Aufwärterin bei Leoni! Ja, Nanni, du sollst mit mir unsterblich werden; kein Münchener soll Leoni besuchen ohne dich anzustaunen und auszurufen, das ist die „Nanni!" „Das ist die plötzlich unsterblich gewordene sterbliche Nanni!" Ja, lieber Leser, ja, empfindsame Leserin, als ich nach meinem Nervenfieber zum Erstenmale nach Starnberg kam, und aussah wie das Leben in der Stadt Kassel, d. h. wie der Tod; und als sich alle Tischgäste vor mir entsetzten, weil ich bleich und dürr' aussah wie der belohnte Royalismus; als ich einsam und matt auf dem Bette lag wie die verdrießliche Tugend; als Alles mich verließ um Bier zu trinken und Kegel zu schieben, da harrten nur zwei Wesen geduldig bei mir aus: die goldene Phantasie und die Nanni! Die goldene Phantasie aber legte mir kein Kopfkissen zurecht, brachte mir keine Limonade, besorgte mir keine Suppe; aber die Nanni that das Alles, woraus ich den praktischen Schluß zog, daß eine einfache Nanni oft trost- und hülfreicher ist als eine goldene Phantasie!

[...] Dazumal schwur ich es der Nani, ihr ein schriftstellerisches Denkmal zu setzen.

„Damals gelobt ich mir in meinem Inn'ren,
Daß meiner nächsten Feder erstes Ziel
Die Nani sollte seyn, was ich mir gelobt
In jenes Augenblickes Caffeequalen
Ist eine heil'ge Schuld, ich will sie zahlen!" (Tell.)

Wohlan denn, treue Nanni, nimm hin deinen Dank; sey unsterblich, nur gieb dabei acht, daß du nicht Hunger stirbst! [...]

Wenn ich je einmal ein großer Herr werden sollte, so komme zu mir und, beim Himmel! ich will dir etwas versprechenl Ich will dir versprechen, dir nichts zu versprechen; Nanni, das ist sehr viel!

(Forts. folgt.)[58]

Die versprochene Fortsetzung bleibt den Lesern jedoch erspart, da der *Bazar*, das *Frühstücks-Blatt für Jedermann und jede Frau* sein Erscheinen im selben Jahr einstellt und der Herausgeber München nun endgültig verlässt, „um seinem Genius in Wien eine neue Aera erblühen zu lassen", wie Adolph von Schaden bemerkt.

Außer der Saphir'schen Quelle sind übrigens keine weiteren Hinweise auf eine Bedienung namens Nanni in Leonis Gasthaus überliefert. Bruckbräu trifft hier die „muntere, schwarzlockige Rosine, dieses ‚Fräulein vom See'" an, die „hinsichtlich der Bedienung nichts zu wünschen übrig läßt". Damit meint er sicher nicht Rosina Leoni (denn sie ist kein „Fräulein" mehr), sondern die junge Rosina Hartl, geboren 1812, die bei den Leonis als Köchin angestellt ist und wahrscheinlich auch bedient.[59]

* * *

Der Journalist Bruckbräu betreibt von Anfang an die eifrigste Öffentlichkeitsarbeit für Leoni. Bereits in seinem *Neuesten Taschenbuch der Haupt- und Residenzstadt München und den Umgebungen* von 1827 legt er dem Besucher den „Starnbergersee" für einen Ausflug ins Umland dringend ans Herz. Kein Fremder solle „diesen See voll italienischer Anmuth in Lage und Umgebung unbesucht lassen", schreibt Bruckbräu und empfiehlt das „kleine k. Lustschloß Berg, worin Gäste sehr gut bewirthet werden" und das „Leoni-Schlößchen – von Gästen gerne besucht".[60]

Auch das Unterhaltungs-Blatt *Flora* des schon erwähnten Hofrats Klebe erwähnt lobend Leonis Gasthaus. In einer Ausgabe von 1828 wird die schlechte Unterkunftslage im Ort Tegernsee beklagt. Leute, die dort „einige Tage oder Wochen verweilen mögen", seien „genötigt, sich in Bauernhäusern einzumieten, was nicht jedermanns Sache ist". Der örtliche Posthalter und Wirt habe sein Haus nicht entsprechend eingerichtet, weil er finde, „daß die Leute, die längere Zeit auf dem Lande sein wollten, nicht im Gasthause wohnen wollten". Voraussetzung für florierenden Fremdenverkehr aber sei „ein anständiges geräumiges Gasthaus mit einem Speisesaale, wo sich die Fremden vereinigen können". Der Tegernseer Wirt könne sich ein Beispiel an Herrn Leoni nehmen: „Wo am Starnberger-See ein wohleingerichtetes Gasthaus des Herrn Leoni steht, konnte sonst niemand einkehren, aber jetzt ist es zahlreich besucht. Wenn der Erbauer desselben von dem Grundsatz des Herrn O. ausgegangen wäre, so würde man dort noch heute nicht der Annehmlichkeiten der Natur und Geselligkeit genießen."

Doch Leoni geht von anderen Grundsätzen aus, und so übt der idyllisch gelegene Ort nun eine fast magische Anziehungskraft aus. Schon bald wollen sich einige Freunde des „herrlichen Aufenthalts" nicht mehr mit einem Besuch in Leonis Gasthaus begnügen. In den Jahren 1826 und 1827 bauen sich drei weitere Münchner in der Nähe der Villa Leoni ihre eigenen Landhäuser. Es sind keine Adeligen, sondern Bürger der Münchner Gesellschaft aus dem weiteren Umfeld von Krenner oder Leoni, und höchstwahrscheinlich untereinander bekannt. Etwa 200 Meter nördlich der Villa Leoni lässt sich Hofkapellmeister Ferdinand Fränzl ein Sommerhaus bauen, das er jedoch bereits im folgenden Jahr an den Geheimrat Joseph von Baumüller veräußert. Noch einmal hundert Meter weiter nordwärts steht seit dem gleichen Jahr das Landhaus des königlichen Haushofmeisters Franz Möhl. Der hohe Hofbeamte, zuvor Kellermeister des Kronprinzen Ludwig, ist wiederum mit Karl August „Hillary" Bolgiano, Hofkonditor und Krenners einstigem Weinlieferant, verschwägert.

Der prominenteste Nachbar der Leonis aber ist – wie schon von Saphir erwähnt – Baurat Johann Ulrich Himbsel. Der gelernte Architekt ist der technische Leiter der Münchner Baukommission. Er wird später durch den Bau der Eisenbahn von Pasing nach Starnberg und durch die Gründung der öffentlichen Dampfschifffahrt auf dem Starnberger See in die Geschichte eingehen. Doch schon viele Jahre zuvor, 1827, kauft Himbsel dem Buchenpauli ein großes Stück Land ab, baut sich darauf knappe 200 Meter südlich vom Gasthaus Leoni ein „geschmackvolles und geräumiges Lusthaus aus Holz" und wandelt „die hinter demselben gelegene waldige Anhöhe in ein englisches Paradieß" um, wie von Schaden mitteilt.

So wird der Ort, ausgehend von Leonis Gasthaus, innerhalb von drei Jahren zu einer kleinen Landhauskolonie. Den Namen „Leonihausen" aber, der später manchmal für die ganze Kolonie gebraucht wird, erfindet Joseph Leoni selbst und meint damit nur sein eigenes Anwesen. Gedruckt erscheint diese Ortsbezeichnung zum ersten Mal in einer Annonce in der *Münchener Politischen Zeitung* vom 13. April 1829:

> Der Unterzeichnete, stets bemüht, den Freunden der Natur, in seinem Lokale am viel besuchten Würmsee jede mögliche Erholung und Bequemlichkeit zu verschaffen, gibt sich hiermit die Ehre, auch für gegenwärtiges Jahr und zwar von den Oster-Feyertagen anfangend, bey schöner Witterung seine freundlichste Einladung zu machen, verbürgt sich für guten, schmackhaften Tisch, dann ausgezeichnet reine Weine, und wird jede Gelegenheit mit Vergnügen ergreifen, den Wünschen feiner hochgeehrten Gäste bestens zu entsprechen. Auch ist bey Hrn. Fischer Fries in Berg am See für Stallung bestens gesorgt. Den 4. April 1829. Joseph Leoni, Besitzer des Sommer-Aufenthalts Leonihausen am Starnberger-See.

* * *

Den Münchner Sommergästen wird in Leonihausen etwas geboten – an Festtagen sogar Kanonendonner. 1831 berichtet das *Conversations-Blatt* über den Tag des Münchner Schutzpatrons St. Benno am 16. Juni:

> Seit den Pfingstfeiertagen war Leoni's auserlesene, gut servirte Tafel an den romantischen Ufern des Stahrenberger-Sees nicht mehr so zahlreich wie am St. Benno-Tag (50 Gedecke) besucht. Während von der lieblich dominirenden Höhe von Aufkirchen herüber majestätisches Glockengeläut und Pöllergekrache die erhabene Feier der dort bei schönster Witterung erst jetzt gehaltenen Frohnleichnams-Prozession den Gläubigen verkündete, begrüßte Himsl'sche und Leoni'sche Artillerie (3 Kanonen) die von allen Seiten heransegelnden, lebenslustigen Bewohner Münchens.[61]

Bisweilen verkündet ein Schuss auch „das Herangleiten von Gondeln und Einbäumen, welche die Mannschaft in die Küchen- und Kellerquarantaine des Herrn Leoni führen."[62]

Für die auf dem Landweg nach Leonihausen anreisenden Besucher hingegen geht dem Vergnügen einige Mühe voran. Der Fahrweg von Starnberg über Percha endet in Berg vor dem Park des königlichen Schlosses. Dort müssen die Gäste Wagen und Pferde zurücklassen und die letzte Wegstrecke durch den Berger Schlosspark (immerhin fast zwei Kilometer) zu Fuß zurücklegen.

Im ungünstigen Fall jedoch kann es geschehen, dass die Ausflugsgäste in Berg wieder umkehren müssen. Einige Tage nach dem St.-Benno-Fest 1831 weist das *Conversations-Blatt* seine Leser ausdrücklich auf ein Problem hin: Der „Kleingütler" Fries, den Leoni empfiehlt, biete zwar Stallung für die Pferde und Unterkunft für die Kutscher. Bei großem Andrang aber seien diese bald überfüllt, „und da der königl. Hofgärtner, Herr Klein, welcher die Erlaubnis hat, Gäste zu bewirthen, keine Equipage aufnimmt, selbst Extraposten derb zurückweiset, wenn nicht auch deren Besitzer bei ihm einkehren, so muß dieses zur Warnung bekannt gemacht werden, damit man entweder schon in Percha den Wagen verlasse und ihn nach Stahrenberg schicke, oder sonst die Partie darnach einrichten möge, um in seinem Vergnügen durch Indolenz eines Einzelnen nicht unlieb gestört zu werden."[63]

„Der Genuß aller Freunde des Starnbergersee's würde sehr erhöht", folgert Bruckbräus Zeitung, „und der wechselseitige Verkehr ungemein belebt werden, wenn ein Fahrweg rings um die Ufer sich hinzöge. Vorläufig begnügen wir uns mit der Hoffnung einer guten Vicinalstraße von Berg nach Leoni's Villa, die im Werke seyn soll, damit bei plötzlich einfallendem Regenwetter auch zarte Damen, deren niedlichen Füßchen das Gehen auf feuchtem Boden scheuen, während sie sich dem treulosen Elemente nicht anvertrauen wollen, den Aufenthalt auf der Villa mit ihren persönlichen Reizen schmücken können."[64]

Durch den unter König Max I. Joseph zum Landschaftspark umgestalteten Wald südlich des Berger Jagdschlosses verläuft am Seeufer nur ein schmaler Ziehweg, der „Fischkäuflerweg". Über ihn gelangt man von Berg nach Assenbuch und weiter nach Allmannshausen. Nach altem Wegerecht hat die Öffentlichkeit freien Durchgang durch den königlichen Park. Am südlichen Ausgang des Parks zu der vor Leonihausen gelegenen Wiese ist ein Gittertor angebracht, das jedoch nie verschlossen wird. Am 10. Mai 1832 aber berichtet die *Flora*:

> Seit einigen Tagen sei „die Gitterthür mit einem Schloße versehen, der Zugang zum Fischkäuflerweg mit hohen Planken verschlagen worden, und das Ganze unter doppelten Verschluß gebracht, so daß sowohl die Gäste der Wirthschaft im Nebengebäude des königl Jagdschlosses

Berg, als alle Bewobner des linken Seeufers ausgeschlossen und abgesperrt sind, wenn sie die neue Polizeistunde nicht halten, und sich nach neun Uhr Abends oder vor fünf Uhr Morgens von einem Orte zum andern begeben wollen. Noch mehr. Vorigen Samstag, den 3. Mai, war das Gatter nach Leoni's Seite bis gegen eilf Uhr Morgens verschlossen, und ich habe zu fragen vergessen, ob er über die Höhen von Aufkirchen, eine starke Stunde, oder zu Wasser den Boten schickte, der den neuen königl Hof-Gärtner Hrn. Lang [...] ersuchen mußte, aufschließen zu lassen. [...] Dem Vernehmen nach hat Hr Leoni beim Landgerichte Starnberg seinem, und aller Uferbewohner Erstaunen über diese seltsame Absperrung Worte gegeben."

Ob hinter dieser Aktion der neue Hofgärtner Lang oder vielleicht noch dessen Vorgänger Klein steckt, der von Anfang an mit allen Mitteln den Betrieb von Leonis Gastwirtschaft zu behindern suchte, ist nicht bekannt. Ein sehr viel schlimmerer Zwischenfall zeigt aber, dass auch von dem neuen Hofgärtner keine nachbarliche Hilfe zu erwarten ist, nicht einmal in einer gefährlichen Notlage. *Der Bayerische Volksfreund* berichtet in seiner Ausgabe vom 21. Juni 1832:

Im Gasthause zum Leoni am Starnbergersee, wo man sehr gut und billig bewirthet wird, hat sich am Pfingstsonntage ein sehr unangenehmer bedauerungswürdiger Vorfall ereignet. Der hiesige bürgerl. Goldschläger Simerlein befand sich und seine Gattin mit einer Gesellschaft ebendaselbst, als auch eine andere Gesellschaft über den See gefahren, angekommen war, und sich mit Pistolenschießen belustigte. Bei dieser Belustigung, an welcher auch die Damen der beiden Gesellschaften Theil genommen hatten, ergab es sich nun, daß die Madame Simerlein ein zu stark geladenes Pistol losschoß und durch den Rückstoß desselben eine solche bedeutende Verwundung an dem Munde erhielt, welche das Zusammennähen der zerrissenen Mundtheile nothwendig gemacht hat. Der aus Starnberg herbeigerufene Landarzt hat sich dieser ärztlichen Hilfe mit eben so vieler Bereitwilligkeit als geschicklicher Umsicht vollzogen; allein eine ernstliche Rüge verdient das bei dieser Gelegenheit wiederholt kundgegebene, unverantwortlich rücksichtslose und eigennützige Benehmen des Hofgärtners zu Berg, welches den Gästen schon zu mancher Unzufriedenheit Anlaß gegeben hat. Hr. Simerlein, der für seine Gattin zur Rückreise aus der Post keinen Wagen mehr erhielt, sendete nun um einen Lohnkutscher nach Starnberg, den der Hofgärtner zu Berg aber nicht eher durch den Garten passiren ließ, als bis er bei ihm eingesprochen und gezecht hatte. Wenn nun bei Ereignissen, wo so zu sagen, Gefahr auf Verzug haftet, der Eigennutz eines Wirthes und überdieß noch eines besoldeten, so rücksichtslos erscheint, so wird es wohl auch erlaubt sein, hierüber die allgemein lautgewordene Mißbilligung auszusprechen, um dem allgemeinen Besten zu dienen.

* * *

Diese Wermutstropfen können jedoch den Erfolg und die Faszination von „Leonihausen" nicht mindern. Eines Tages, wahrscheinlich im Jahr 1831, kommt es zu einem Ereignis, das möglicherweise einen Höhepunkt im Leben von Joseph und Rosina Leoni bedeutet. Adolph von Schaden spricht in seiner See-Beschreibung von 1832 zwar von einer „diesjährigen" Begebenheit, aber da von Schadens Buch bereits Anfang 1832 erhältlich ist, ist der Bericht wahrscheinlich im Jahr zuvor verfasst worden.

In den Sommermonaten hält sich König Ludwig I. von Bayern mindestens einmal in Schloss Berg und einmal in Possenhofen auf. Wann genau der Landesherr einen Ausflug zum See um einen Programmpunkt am Ostufer erweitert, ist nicht überliefert. An einem schönen Tag jedenfalls lässt sich Ludwig mit einem der selten gebrauchten wittelsbachischen Leibschiffe nach Leonihausen bringen. Nach all den Jahren mehr oder weniger prekärer Existenz erhält Joseph Leoni Besuch vom bayerischen König, der sein Haus und seinen Geschmack würdigt: „Die Wahl des Platzes, auf welchem diese Villa erstanden, bezeichne den Italiener", soll Seine Majestät laut Adolph von Schaden in Leonihausen geäußert haben. Aus dem Munde Ludwigs I. ist dieses Urteil in der Tat eine Auszeichnung. Bekanntlich hat der König auf zahlreichen Italienreisen seine Liebe zur Antike vertieft und fördert in München die klassizistische Architektur.

Der Besuch des kunstsinnigen Monarchen könnte mit einem anderen außergewöhnlichen Ereignis in Leonihausen im Sommer 1831 in Zusammenhang stehen. Auf einer Italienreise 1818 hat Ludwig einst Bekanntschaft mit einem deutschen Künstlerbund gemacht, der von Rom aus eine religiöse Erneuerung der Malerei anstrebt. Ludwig, zu dieser Zeit noch Kronprinz, ist von der Kunst der später „Nazarener" genannten Maler tief beeindruckt. Er beruft mehrere Vertreter dieser Schule nach München, auch ihren wichtigsten Exponenten Peter von Cornelius, der die Glyptothek neu gestaltet und später die Leitung der Akademie der Künste übernimmt. Auch Friedrich Overbeck, einen weiteren Protagonisten des romantisch-frommen Stils, versucht der König als Professor für die Kunstakademie zu gewinnen.

Genau diese beiden Maler besuchen im August 1831 Leonihausen. Anlass ist ein opulentes Fest, von Professoren der Akademie und jungen Künstlern für Friedrich Overbeck ausgerichtet. Overbeck hält sich zu dieser Zeit in München auf und wird von seinen Anhängern als Leitfigur verehrt. Er und manche seiner Jünger gleichen äußerlich einem Christusbild des Cinquecento und hüllen sich in lange Gewänder. Dieses Erscheinungsbild ist es, das dem Künstlerbund den zunächst spöttischen Namen „Nazarener" einbringt.

Unter den Teilnehmern ist auch der junge Maler Franz August Schubert, ein Student von Cornelius. Er beschreibt den Ablauf des Festes sehr genau in seinem Tagebuch.

Am 13. August versammeln sich die Künstler morgens früh um sieben Uhr am Sendlinger Tor in München. Von dort setzt sich ein Festzug aus mehreren prächtig geschmückten und beflaggten Gesellschaftswagen, einer davon mit zehn Trompetern, in Bewegung – stadtauswärts die Sendlinger Landstraße entlang. So zieht die Kolonne „sehr lustig durch die Dörfer bis Starnberg". Dort treffen sie den Maler Wilhelm von Kaulbach, der ebenfalls bei Cornelius studiert hat und in München an der Gestaltung der Hofgartenarkaden und der Residenz mitwirkt. Kaulbach hat die Segelschiffe, die in Starnberg warten, mit Kränzen und Fahnen geschmückt. Schubert berichtet:

> Wir brachten nun noch die unsrigen Fahnen an u. ließen dann zur Einschiffung blasen. Das große Hauptschiff war außerordentlich schön u. lustig durch die vielen Fahnen. Es wurde abgesegelt, voraus ein kleines

> Schiff mit der Fahne des Münchener Wahrzeichens, dann das Hauptschiff, zur Rechten der Kahn mit den Trompetern, zur Linken das mit denen, welche singen konnten u. hinten das Schiff mit den Übrigen. So segelte die Flotte mit Musik und Gesang den 1 Std. langen Weg bis zum Leoni, unserm Bestimmungsort. Auf der Hälfte des Weges kam uns Prof. Heß u. Ruben entgegengerudert u. einige Zeit nachher Prof. Zimmermann, die alle schon vorausgefahren waren.

Heinrich Maria von Hess und Clemens von Zimmermann sind Professoren an der Kunstakademie und werden beide zu den „Nazarenern" gerechnet. Schubert fährt fort:

> Bald hörten wir nun auch den Gruß der Kanonen von Leoni herüber u. einige Zeit darauf wurden wir daselbst unter Kanonendonner von den Übrigen, die das Fest daselbst vorbereitet hatten, begrüßt. Das Gasthaus des Leoni liegt sehr angenehm u. fast am See. Hinter dem Hause war ein Zelt, geräumig für 60 Personen zum Speisen u. dieses war sehr schön mit Blumenguirlanden geschmückt, vor demselben wurden nun noch unsere Fahnen aufgepflanzt. Es war 1 Uhr, als wir anlangten, bis 2 Uhr vertrieb sich die Gesellschaft gruppenweise sehr angenehm die Zeit durch Spazierengehen. Badenfahren, auf dem See u. dergl.
>
> Um 2 Uhr ging es zu Tische u. bald wurde nun dem Overbeck ein Toast gebracht, darauf dem König als Beschützer und Förderer der Kunst, dann wurde es sehr heiter, ein Toast drängte den andern. Overbeck wurde so vergnügt, wie ich ihn mir kaum denken konnte. Seine Milde und Herzensgüte, die sich in jedem Wort und Blick so deutlich aussprach, läßt sich nicht beschreiben.
>
> Cornelius habe ich nie so lustig gesehen. Gegen 8 Uhr abends wurde zur Einschiffung geblasen u. nachdem wir noch dem Wirth vom Leoni vom Schiffe aus noch ein Lebe Hoch für die gute Bewirthung gebracht hatten, segelten wir wieder nach Starnberg. Nach einem kurzen Aufenthalt daselbst wurden die Fackeln angezündet und die Rückfahrt angetreten. Um 1 Uhr kamen wir wieder in München an. Doch nicht alle, einige durch den Wein zu sehr Verwundete, mußten theils schon beim Leoni, theils erst in Starnberg bleiben. Das Fest war so angenehm

> u. lustig, daß es aller Erwartung übertroffen hat, dem Overbeck hat es außerordentliche Freude gemacht. Vergessen habe ich zu erwähnen, beim Mahl wurden 2 schöne Lieder von Förster gesungen: Des Festes Gruß an Overbeck und dann das Lied von den alten Künstlern, diese haben sehr großen Eindruck auf Overbeck gemacht, wenigstens die Theilnahme, die er damit bezeugte.[65]

In der Atmosphäre der Villa Leoni, so scheint es, verwandelt sich selbst eine Prozession „langhaariger Altkatholiken“, wie Spötter die Künstlervereinigung nennen, in eine ausgelassen feiernde Gesellschaft. Bemerkenswert in Schuberts Leoni-Beschreibung ist – neben den wieder einmal eingesetzten Böllerkanonen – auch die Erwähnung des Festzeltes hinter dem Haus für immerhin 60 Gäste.

Die Möglichkeiten, die „Leonihausen“ innen und außen trotz der Schlichtheit bietet, die gute Küche, das Vertrauen, das die Wirtsleute den Gästen entgegenbringen, natürlich die Lage mit direktem Zugang zum Wasser und Anlegestelle für die Boote: All das macht das Haus zu einem in seiner Epoche wohl einzigartigen Ort, für den die Zeitgenossen nach passenden Begriffen suchen. 200 Jahre später würden Journalisten vielleicht von einer „Eventlocation“ sprechen.

Zwar fehle es am Starnberger See „nirgends an Bewirthung, mehr oder minder gut“, schreibt Bruckbräu, „doch die wahre Heiterkeit, das wahre Leben am See, ist nur auf der Villa Leoni zu Hause. [...] Da lebt man so zwanglos, wie in einem Bade“. Von Schaden „glaubt nicht in einem Gasthause, sondern im Zirkel einer befreundeten Familie zu leben“. Vielleicht liegt der Schlüssel zu diesem Leonihausener Lebensgefühl in der Philosophie des Gastwirts, die er in einer Zeile jenes Gedichts auf den Gästekarten ausdrückt: „Ein unbeschränktes Thun, nach Jedens eigner Art.“

So kommt es nicht von ungefähr, dass es in erster Linie die Künstler sind, die sich in Leonihausen so zu Hause fühlen, dass sie gerne immer wieder die mehrstündige Reise mit der Kutsche und anschließend mit dem Boot oder zu Fuß auf sich nehmen, um an diesem besonderen Ort dem zwanglosen, unbeschränkten Tun zu frönen...

* * *

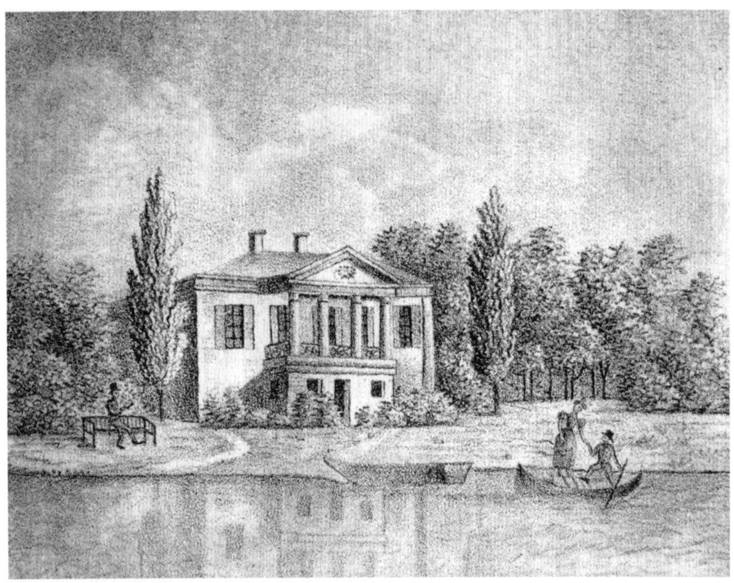

Leonihausen. Zeichnung von Adolph von Schaden, 1832

Neben den Schauspielern, Sängerinnen und Sängern des Theaters und den Schriftstellern Bruckbräu und Saphir finden sich mehrere bedeutende Münchner Maler bei Leoni ein. Peter von Cornelius, Friedrich Overbeck und Wilhelm von Kaulbach wurden schon genannt; später besucht der Landschaftsmaler Carl Rottmann oft das Haus am See.

Friedrich August Schubert erwähnt am Rande seiner Beschreibung auch den Maler Eugen Napoleon Neureuther. Dessen Urenkel und Ururenkel werden als Skirennfahrer noch mehr Berühmtheit erlangen als ihr künstlerischer Vorfahre. Neureuther hat an der Münchner Akademie bei Wilhelm von Kobell studiert und gehört zum Kreis um Cornelius. Zwar wird Neureuther in Schuberts Bericht nicht ausdrücklich als Teilnehmer des Künstlerfestes am See genannt, aber seine aquarellierte Zeichnung des Hauses Leoni von 1839 mit einer fröhlichen Gruppe in einem Boot zeigt, dass auch er den Ort kennt. Das Bild ist auf dem Einband dieses Buches zu sehen.

Die bekannteste bildliche Darstellung der Villa Leoni stammt von dem Landschaftsmaler und Hofgalerie-Inspektor Johann Jakob

Dorner. Er hat als Trauzeuge des Ehepaars Leoni fungiert, kannte bereits Krenner und ist mit Johann Ulrich Himbsel Gründungsmitglied des Münchner „Kunst-Vereins". Dorners Ölgemälde aus dem Jahr 1835 zeigt das Haus Leoni von der Südseite (siehe Seite 104/105). Künstlerisch hingegen etwas unbeholfen, dafür detailliert, ist eine Frontalansicht des Gebäudes in der Beschreibung des Starnberger Sees von Adolph von Schaden aus dem Jahr 1832.

Diese und einige weitere Abbildungen, abgeglichen mit einer um 1880 aufgenommenen Fotografie (siehe Seite 212), zeigen übereinstimmend wesentliche Charakteristika, die man wiederum mit den teilweise schon zitierten Beschreibungen abgleichen kann. So lässt sich ein recht genaues Bild des Gebäudes und seiner unmittelbaren Umgebung entwerfen: Die Villa liegt auf einem von Natur aus bestehenden Ufervorsprung, der die vielgerühmte Aussicht über einen großen Teil des Sees gewährt. Die kleine Landzunge ist durch künstliche Aufschüttung noch etwas vergrößert worden und weist mit ihrer Spitze Richtung Starnberg. Karl Wilhelm Vogt spricht 1839 von einer „in den See hinaus laufenden Gallerie" und von einem „Seehafen in nuce".[66] Tatsächlich erkennt man auf einigen Bildern, dass der Vorsprung zu einer Art Aussichtsplattform mit Geländer ausgebaut worden ist und – jedenfalls in späteren Jahren – noch durch einen Bootssteg verlängert wird.

Auf der Linie seiner seeseitigen Fassade wird das Haus von zwei Säulenpappeln symmetrisch flankiert. Die schlanke, hohe Baumart heißt auch Pyramidenpappel oder Italienische Pappel. Auch König Ludwig I. lässt einige Jahre später seine neuerbaute Prachtstraße in München – die Ludwigstraße – von diesen Pappeln säumen, um das mediterrane Flair der Avenue zu vervollkommnen. Die Säulenpappel ist ein sehr schnell wachsendes Gehölz. Auf den frühesten Darstellungen der Villa Leoni erkennt man, dass die Bäume das zweigeschossige Gebäude nur wenig überragen. Auf Bildern um 1860 sind sie etwa doppelt so hoch, auf Bildern um 1875 dreimal so hoch wie das Haus.

Sein charakteristisches Gesicht erhält das Haus durch den weit vorspringenden Säulenvorbau in der Mitte der Westfassade. Auf einem erdgeschossigen Unterbau stehen vier runde Säulen, die einen

Dreiecksgiebel tragen und eine überdachte, mit einem Eisengeländer versehene Veranda bilden.

„Das Innere der Villa ist höchst geschmackvoll eingerichtet“, urteilt Adolph von Schaden. „In dem geräumigen und heiteren Wohnhause ist ein sehr hübscher, gegen den See führender Speisesaal parterre“, berichtet Karl Wilhelm Vogt 1839 in Übereinstimmung mit von Schaden, der den „freundlichen Speisesaal“ im Erdgeschoss erwähnt. Die Enkelin des Malers Carl Rottmann erinnert sich an Ausflüge zur Villa Leoni mit „einer ungeheuer vergnügten Gesellschaft“ um ihren Großvater. Für den 40-köpfigen Rottmann-Kreis habe sich der Speisesaal jedoch als zu klein erwiesen.

Direkt darüber, in der Beletage, befindet sich der sogenannte Konversationssaal. Aus diesem Saal tritt man, so von Schaden weiter, „auf den sehr geräumigen Balkon, von welchem man der herrlichsten Aussicht genießt, und mit Herrn Leoni's trefflichem Fernrohre selbst in den weit entlegenen Gebirgen Gegenstände unterscheiden kann.“ Außerdem erwähnt von Schaden im ersten Obergeschoss „etliche Gastzimmer“. Vogt rühmt sie sogar als „die freundlichsten Gastzimmer, die man sich denken kann“ – ein Eindruck, der wohl nicht zuletzt den hohen Sprossenfenstern zu verdanken ist. Die seeseitige Westfassade zeigt in der ersten Etage fünf solche Fenster, von denen die drei mittleren auf den Balkon hinausgehen, also sicher zum Konversationssaal gehören. Je zwei große Fenster befinden sich auch an der südlichen und an der nördlichen Gebäudeseite, weitere an der Rückseite.

Die Fenster des Erdgeschosses sind weniger und deutlich kleiner. Seeseitig kommt nur durch den Vorbau Tageslicht in den Speisesaal. Um die Ecke an der südlichen Hauswand aber ist ein Erdgeschossfenster zu erkennen, möglicherweise etwas größer als sein Pendant auf der Nordseite. Wahrscheinlich erstreckt sich der Speisesaal über die ganze Gebäudebreite (klassizistische Villen haben meist einen symmetrischen Grundriss) und bietet auch nach Süden Ausblick. Dann wäre im rückwärtigen Teil des Hauses immer noch Platz für Küche, Speisekammer und einen weiteren Raum.

Doch wo lebt das Ehepaar Leoni? Es ist anzunehmen, dass die Hausherren in einem der freundlichen Zimmer der Beletage schlafen. Wenn das Dachgeschoss geräumig ist – an drei Seiten des Daches sind Gauben eingebaut –, könnte man auch dort ein komfortables Schlafzimmer einrichten. Wahrscheinlicher ist es aber, dass unter der Schräge die Kammern der schwarzlockigen Rosine und der Nanni liegen.

Zwei Schornsteine ragen aus dem First des Walmdachs: einer für den Küchenherd, der andere deutet darauf hin, dass auch der Speise- oder der Konversationssaal an kühlen Tagen durch einen Ofen beheizt werden können.

Die Darstellung auf Max Joseph Wagenbauers bekanntem Ölgemälde *Ostufer des Starnberger Sees* aus dem Jahr 1813 hingegen weicht in mehreren Punkten von den anderen Abbildungen ab: Das von Wagenbauer gemalte Haus ist wohl eingeschossig; der Säulenvorbau ist ein Portikus, der zwar auf einem Terrassensockel, aber nicht auf einem erdgeschossigen Unterbau steht. Der First des Portikus liegt auf einer Höhe mit dem First des Hauses. Auf allen anderen Darstellungen der Villa ist das Vordach deutlich niedriger als das Hauptdach. Auf allen anderen Darstellungen fehlen auch die beiden sehr auffälligen, mannshohen, geschwungenen Laternen, die Wagenbauer vor den Säuleneingang stellt.

Alle diese Abweichungen könnte man mit einem späteren Umbau des Hauses zu erklären versuchen – gäbe es nicht die Aussagen des Buchenpauli und den Freistiftsbrief des Grafen von La Rosée, die belegen, dass erst viele Jahre nach 1813 ein gemauertes Haus auf diesem Grundstück erbaut wird. So muss Wagenbauers Bild wohl als Dokument eines Entwurfs gewürdigt werden, der erst später eine etwas abgewandelte Form annimmt.

* * *

Das Gasthaus Leoni ist in den frühen 1830er Jahren nicht nur ein angesagter Ort, sondern auch bereits eine etablierte Institution. Die alteingesessenen Gastwirte in Berg aber wollen sich auch Jahre nach der Eröffnung nicht mit der Konkurrenz abfinden. Die Leonis müssen nicht nur mit den Tücken des Berger Hofgärtners leben, auch Anton Fink, Gastwirt zur Post in Aufkirchen, gibt nicht auf. Im Winter 1833/34 erwirkt er einen Gerichtsbeschluss gegen Leoni und dessen Nachbarn Gröber (wahrscheinlich Georg Gröber, der Sohn des alten Buchenpauli). Daraufhin beschweren sich Leoni und Gröber bei der Regierung des Isarkreises, worauf diese den Gerichtsbeschluss aufhebt. Gegen diese Entscheidung wiederum legt Fink Berufung ein, direkt an den König adressiert. Der Grund des Streits ist folgender: Weil Leoni mittlerweile mehr Platz für seine Gäste braucht, pachtet er Räume des Buchenpauli-Hofs. Dort schenkt Gröber Bier aus – als Angestellter des Gasthauses Leoni, wie es scheint. Fink sagt nun: Der Regierungsbescheid gehe „von der Voraussetzung aus, daß Gröber nur in Diensten und im Namen des Leoni Bier ausschenke, daß das Bier nur aus einem Keller geschenkt und die Speisen aus einer Küche verabreicht werden". Allein, führt Anton Finks Advokat aus, hätte eine nähere Untersuchung „zu der Überzeugung geführt, daß die Angabe des Leoni und Gröber wahrheitswidrig und eine leere Fiction sey": Nicht auf fremde Rechnung schenke Gröber Bier aus, sondern auf seine eigene. „Gröber läßt nehmlich das von ihm abgenommene Bier nicht in die Bierbüchlein des Wirths Leoni eintragen weil er dadurch ein zwischen ihm und dem Letztern bestehendes Dienstverhältniß anerkennt, sondern lediglich um sich dadurch den Schein zu geben, als existiere ein solches."

„Daß das Bier vom Gröber und Leoni aus einem Keller geholt werde", rechtfertige nicht die Vermutung, „daß jener nur im Namen des Letzteren sein Gewerke ausübe". In Assenbuch befinde sich nur ein einziger Keller (wahrscheinlich unter dem Hof des Buchenpauli), den Leoni und Gröber gemeinschaftlich nutzen. Außerdem, erinnert Fink weiter, „beschränkt sich Leonis Conzeßion nur auf die Sommermonate und einzig auf die Seegäste. Demungeachtet maßt sich Gröber an auch im Winter Bier auszuschenken (weßhalb auch im Winter meine Reclamation erhoben wurde) und zwar – nicht für Seegäste, die ja in dieser Jahreszeit daselbst kein Vergnügen finden würden, sondern für die Bauersleute, unter denen, wie das Pfarramt Aufkirchen bezeugen kann, überdieß regelmäßig Raufhändel vorzufallen pflegen."

Für Gastwirt Fink und seinen Advokaten liegt ein klarer Fall von „Gewerbsanmaßung" des Fischers Gröber und „doppelter Gewerbsausübung" durch Leoni vor. Sie ersuchen den König, den beiden diese Verstöße „bey Vermeydung einer ergiebigen Geldstrafe“ verbieten zu lassen.

Seinen sachlichen Einspruch weitet Fink dann jedoch zu einer grundsätzlichen Klage über das Übel des Wettbewerbs aus, durch den er die Existenz seiner Familie bedroht sieht:

> Früher blühte die uralte Wirthsgerechtigkeit in Aufkirchen, in deren Besitz ich mich zur Zeit befinde! Mit bereitwilliger Hand setzte mir die königl. Kreisregierung in der jüngsten Zeit eine nicht geringe Anzahl von Gastwirthen auf den Nacken, und entzog dadurch meinem Gewerbe wesentliche Vortheile.
> Sollten bey allem denn auch derley Anmaßungen geduldet werden können, so sähe ich am Ende keinen andern Weg vor mir, als den, meine 9 lebenden Kinder der Gemeinde zur Verpflegung zu überlassen, und mein gänzlich zerstörtes Gewerbe dem Gränznachbar abzutreten, der sich mit seinem Gefährten Gröber in den Gewinn hieraus theilen mag.

Finks Verbitterung ist so groß, dass sein Advokat es ihm offenbar nicht ausreden kann, Leoni auch persönlich zu schmähen:

> Gastwirth Leoni dürfte sich zufrieden geben, in dem Besitze eines nicht unbedeutenden Pensionsgehalts zu seyn, der ihm als ehemaligen Hofsänger für seine selbst in dem letzten Jahrzehnt des abgewichenenen Jahrhunderts nicht als beyfallswerth anerkannten Gesangs zu Theil geworden ist. Wenn dieser Leoni demohngeachtet ungenügsam das häusliche – und Familien-Glück seines Nachbarn durch Übergriffe in ihre Privatrechte zu untergraben sich bestrebt, so dürfte eine um so triftigere Ursache vorhanden seyn, seinem unbefugten Streben Einhalt zu thun.

Die Kunde, dass Leoni als Sänger keine Lorbeeren ernten konnte, ist also bis nach Aufkirchen gedrungen. Dieses Wissen kommt dem Postwirt gelegen – wobei er und sein Advokat mit ihrer Annahme eines „nicht unbedeutenden Pensionsgehalts“ für den Hofsänger die mit jährlichen 450 Gulden bezifferte Realität verkennen.

So wird in dieser Beschwerde nicht nur das Motiv der persönlichen Missgunst gegenüber dem zugereisten Konkurrenten allzu deutlich, Fink begeht auch den Fehler, die Gewissenhaftigkeit der königlichen Beamten infrage zu stellen: „Hätte eine königl. Kreisregierung der Sache durch eine genaue Untersuchung dieser Handlung näher auf den Grund sehen lassen wollen, so würde Sie bald entdeckt haben, welche Täuschung hier in Mitte liege." Das wird nicht gern gehört.

Am 21. Juni 1834 ergeht eine Entscheidung aus der Residenz, die Beschwerde des Wirts Anton Fink von Aufkirchen zum einen „soweit hierin wegen angeblicher doppelter Gewerbsausübung von Seite des Leoni u. wegen Gewerbsanmaßung von Seiten des Gröber Rekurs geführt ist", abzuweisen, und es zum anderen der Kreisregierung zu überlassen, eine mögliche Überschreitung von Leonis beschränkter Konzession zu überprüfen. Gemeint ist die zeitliche Beschränkung des Gastwirtschaftsbetriebs auf die Monate April bis Oktober. Möglich also, dass einige Bauern nun im Winter beim Buchenpauli abgewiesen werden und für einen Trunk und eventuelle Raufhändel wieder in der Aufkirchner Post einkehren. Leonihausen und seinen Besitzer hat der Angriff, wie es scheint, nicht beschädigt.

* * *

Aus dieser Episode geht einmal mehr hervor: Leonihausen ist im Winter als Gaststätte geschlossen. Doch was machen seine Besitzer in der kalten Jahreszeit? Die ersten Villen am Starnberger See sind Sommerhäuser im wörtlichen Sinn, mit einfachen Fenstern und nur wenigen Öfen.[67] Ihre Münchner Besitzer verbringen in aller Regel nur die Sommermonate am See. Gilt das auch für Joseph und Rosina Leoni? Zu ihrer Zeit gibt es noch keine behördlichen Melderegister, die eindeutige Auskunft über ihren Wohnort geben könnten. Die Pfarrei Aufkirchen, zu der Assenbuch gehört, erstellt aber jedes Jahr einen „Status animarum", ein Verzeichnis mit dem Bestand der (katholischen) Seelen in der Gemeinde. In Assenbuch sind ab 1825 die Bewohner der wenigen Höfe aufgelistet, aber nicht die Besitzer des Gasthauses Leoni, obwohl Joseph und Rosina katholisch sind. Sie gehören also nicht zur Gemeinde – offenbar wohnen sie nicht ständig dort.

Nebenbei sei angemerkt, dass das Seelenregister beim Buchenpauli-Hof außer Bartholomäus Gröber, seiner Frau und seinen Kindern Georg und Katharina auch eine Marie Aulitschek und „deren unehel. Kind 3 Jahre" verzeichnet. Aulitschek – so heißt der Kreiskassier, der zu Krenners und Leonis Gesellschaft gehört und mit Gröber über den Wert des hölzernen Sommerhauses gesprochen hat... Ist Marie seine Tochter, die mit ihrem unehelichen Kind als Magd beim Buchenpauli untergekommen ist? Diese Geschichte muss wohl ein Geheimnis bleiben.

Der Sommer 1834 ist heiß und ungewöhnlich lang. Noch Ende Oktober dauert das warme, trockene Wetter fort. Trotz des Ärgers im Frühjahr ist die Saison in Leonihausen schließlich gut verlaufen. Aber die Einhaltung der Zeiten wird dieses Jahr besonders genau beobachtet, und so schließen Joseph und Rosina Leoni an Allerheiligen 1834 ihr Haus trotz des schönen Wetters für den Winter. Gröbers (oder Marie Aulitschek) könnten einen Schlüssel bekommen, um gelegentlich nach dem Rechten zu sehen. Dann lassen die Leonis sich, mit einigem Gepäck beladen, nach Starnberg rudern, von Georg Gröber vielleicht, und nehmen dort die Postkutsche nach München.

Im Münchner Straßen- und Häuserverzeichnis von 1833 und im Adressbuch von 1835 sind nicht alle Einwohner der Stadt aufgeführt, sondern nur die Hausbesitzer und diejenigen, die in der Stadt ein Gewerbe betreiben. Leonis sind nicht verzeichnet. Wenn sie in München eine Wohnung haben, dann wohnen sie dort zur Miete.

* * *

Joseph Leoni scheint rüstig und bei guter Gesundheit zu sein. Stammgast Bruckbräu bemerkt in seiner 1835 erschienenen (und wahrscheinlich im Vorjahr geschriebenen) ersten Version der Leichenseher-Geschichte, dass der „bejahrte" Besitzer der Villa „selbst noch jugendlich-fröhlich die Kreise seiner muntern Gäste belebt und Scherze mit Scherzen vergilt". Doch wir wissen nicht, wie sehr ihm die letzten Anfeindungen seines Konkurrenten zugesetzt haben.

Kurz nach Weihnachten 1834, am 27. Dezember, stirbt Joseph Leoni, abends um dreiviertel 5 Uhr in München. Als Todesursache wird „Brustwassersucht" angegeben: ein unspezifisches Krankheitsbild, das auf eine Herzerkrankung oder auch auf eine Lungenentzündung zurückgehen kann. Seine Sterbedaten und die Angaben „kgl. Hofkapellsänger, 64 Jahr alt, verheurathet" finden sich im Sterbebuch der Pfarrei zu Unserer Lieben Frau in München. In den Kirchenbüchern der Pfarrei Aufkirchen, zu der Assenbuch gehört, ist nichts verzeichnet. Leoni muss seinen Wohnsitz im Sprengel der Frauenkirche gehabt haben, der die nördliche Hälfte der Stadt mit Ausnahme der St.-Anna-Vorstadt (des Lehels) umfasst.

Nur knapp informiert der *Bayerische Landbote* am 30. Dezember. Die Altersangabe weicht etwas von der im Sterbebuch ab.

> Gestorben in München:
> Hr. Joseph Leoni, k. Hof-Kapellsänger, 65 J. alt. Der Gottesdienst ist morgen Vormittags 9 Uhr in der Metropolitan-Pfarrkirche zu U. L. Frau.

Das ist alles. Es gibt keinen Nachruf, nicht einmal einen Artikel des treuen Bruckbräu zu Leonis Tod. Die Nachwelt flicht dem Sänger keine Kränze – noch nicht.

Zum Zeitpunkt der Trauerfeier am Silvestermorgen ist Joseph Leoni schon seit zwei Tagen beerdigt. Sein Grab befindet sich im Alten Südfriedhof, Sektion 6, Reihe 15, Nummer 7.

Moderne Zeiten

> Die Unterzeichnete giebt sich die Ehre, einem hohen Adel und verehrungswürdigen Publikum hiemit ergebenst anzuzeigen, daß die Gastwirthschaft ihres verstorbenen Mannes, des k. Hofkapellsängers Joh. Leoni, zu Assenbuch am Würmsee, (oberhalb des k. Lustschlosses Berg) am 15. April wieder eröffnet wird, und bittet um geneigten Zuspruch.
> Starnberg. Rosina Leoni.

Diese gute Nachricht erscheint im *Münchener Tagblatt* vom 14. April 1835. Auch nach Joseph Leonis Tod bleibt „Leonihausen" eine „sehr besuchte Wirthschaft am See", wie Leopold Lechner 1840 feststellt. Lechner verwendet noch den vom Erbauer erfundenen Hausnamen, der in dieser Zeit jedoch allmählich aus dem Sprachgebrauch verschwindet. In der ersten Auflage des kleinen Reiseführers *Der Würm-See in Oberbayern* von 1857 würdigt Andreas Link Leoni (und meint damit das Gasthaus) als „Eigenthum der Frau Rosine Leoni, Wittwe des kgl. Hofsängers Joseph Leoni, das fortwährend den besten Ruf und wegen seiner schönen Aussicht über den See nach dem Gebirge lebhaften Besuch genießt".

Schon ab 1840 bürgert sich der Name „Leoni" auch als Synonym für den Ort Assenbuch ein. So bemerkt Vogt 1839: „Die Lebemänner aus München [...] nennen auch Aßenbuch oder richtiger Asenbuch nicht also, sondern Leoni nach dem Wirthshause daselbst."

Zwei Fremdenanzeigen im *Bayerischen Volksfreund* und im *Polizey-Anzeiger von München* erscheinen mysteriös: Anfang Dezember 1840 und Ende Mai 1841 logieren „Mad. Leoni, Gastgebersfrau und Hr. Brizzi, Geschäftsführer von Altenbuch" im Goldenen Löwen in München. Der Druckfehler „Altenbuch" erscheint beide Male, möglicherweise ist der Ort absichtlich falsch angegeben worden. Leonis Schwager Antonio Brizzi lebt zu der Zeit am Tegernsee. Denkbar ist, dass Antonios Sohn Ferdinand, in München im niederen Polizeidienst tätig, zeitweise als Geschäftsführer der Pension fungiert. Weitere Hinweise darauf fehlen jedoch.

Das Gasthaus Leoni bleibt weiterhin ein Anziehungspunkt für Künstler, was verschiedene Quellen belegen. Der schon erwähnte Dich-

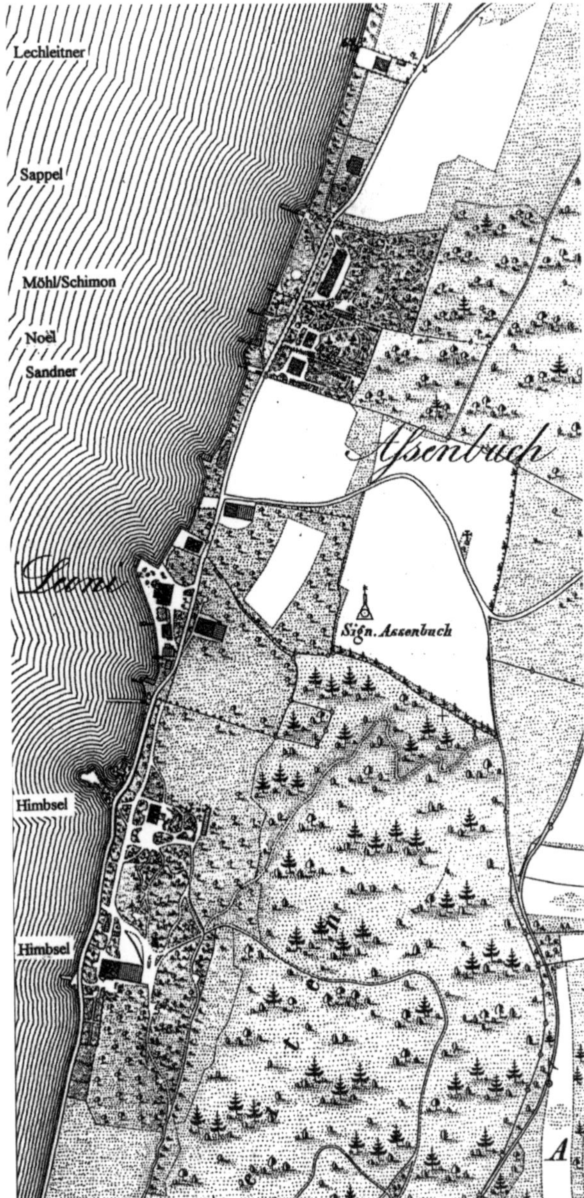

Flurkarte von 1863. Man erkennt den Grundriss der Villa Leoni und einige Nebengebäude. Gegenüber der Straße der Buchenpauli-Hof der Familie Gröber, heute Gastl.

ter Leopold Lechner schildert in seiner in Hexametern gehaltenen *Landparthie* von 1840 auch eine Begegnung im Gasthaus am See:

> Und so eil' ich zurück nach Leoni, wo harrend der Schiffer
> Mich zur weiteren Fahrt aufnimmt nach genossenem Frühstück.
> Gar ein niedliches Häuschen, umgeben von Buschwerk und Lauben,
> Ladet am Ufer des See's zur Erquickung ermüdeter Wandler,
> Und ein Mädchen ganz zierlich geschürzt bewirthet die Gäste
> Ihnen mit freundlichem Gruß auftischend den dampfenden Kaffee.

Lechner ergeht sich ein wenig in der Beschreibung des reizvollen, „von verblühtem Hollunder" beschatteten Platzes am Wasser, trifft dort „muntre Gesellschaft" an, Herren, die vergnügt Zigarren „in der Morgenluft schmauchen". Auch ein Flirt mit einer jungen Dame bahnt sich an – doch dann wird seine Aufmerksamkeit auf eine andere Gestalt gelenkt:

> Seh ich am nahen Salon mit von Säulen getragenem Vorsprung
> Einen schon alternden Mann den erquickenden Morgen genießen.
> im grauzeuchenen Rock und bedeckt mit mailändischem Strohhut,
> Schaut, auf den hölzernen Stuhl hingelehnt vor dem niedlichen Häuschen
> Mit oft lächelndem Blick nach den spielenden Enten. [...]
>
> Jener gemüthliche Mann, er ist – wer sollt' ihn nicht kennen! –
> Eßlair ist es, – der Deutschen gepriesener Heros der Bühne! –
> Der nun der ländlichen Ruhe bedarf für die alternden Glieder.[68]

Ferdinand Eßlair, einer der berühmtesten Schauspieler auf deutschen Bühnen der Goethezeit, scheint also bis in sein letztes Lebensjahr 1840 Stammgast bei Leoni zu sein.

* * *

Die Enkelin des Landschaftsmalers Carl Rottmann berichtet von Erzählungen ihrer Mutter Sylvia: „Die kleine Villa ‚Leoni', bewirtschaftet von einem ehemaligen Sänger der italienischen Oper mit seiner Frau, war der Sammelplatz einer ungeheuer vergnügten Gesellschaft, die sich alle um Rottmann scharten." Dann folgt die schon bekannte Schilderung der für die große Gesellschaft sehr beengten Verhältnisse. Da Sylvia Rottmann erst 1828 geboren ist, dürften ihre Erinnerungen in die Zeit nach Leonis Tod fallen; hier haben sich wahrscheinlich Ungenauigkeiten der Überlieferung eingeschlichen – auch was die „italienische Oper" betrifft. Ein Schlüsselerlebnis Rottmanns aber, das an die Umgebung von Assenbuch geknüpft ist, findet sich ebenfalls in den Aufzeichnungen der Enkelin:

> Bei Großvaters einsamen Morgenspaziergängen oder Ritten soll es gewesen sein, daß er durch einen dichten Buchenwald auf einen Hügel gelangte, der ihm die herrlichste Fernsicht über See und Berge bot. Entzückt kehrte er heim und erzählte bei Tisch von dem neu entdeckten Aussichtspunkt. Gegen Abend führte er die ganze Gesellschaft hinauf. Auf dem Weg dahin sollte niemand reden noch aufschauen, bis Großvater „Jetzt" riefe. Alles brach in Bewunderung aus beim Anblick der Landschaft in der prächtigsten Abendbeleuchtung und Großvater rief: „Ich habe viel großartigere Gegenden gesehen im Leben, aber eine lieblichere kenne ich nicht", anderntags ließ er eine Holzbank auf dem Aussichtspunkt aufstellen.

Nach Rottmanns Tod errichten seine Freunde dort im Jahr 1858 einen Obelisken. Der Platz erhält den Namen „Rottmannshöhe".[69]

Rottmanns Malerfreund Wilhelm von Kaulbach und seine Frau mieten während der Sommermonate 1850 und 1851 das erste von Baurat Ulrich Himbsel in Leonis Nachbarschaft erbaute Haus, das zu dieser Zeit dem Schriftsteller Friedrich Wilhelm Hackländer gehört. Kaulbachs Tochter Josefa, die später den ebenfalls in Leoni ansässigen Maler Friedrich Dürck heiratet, berichtet von den fröhlichen Fahrten der Familie: Frühmorgens beginnt die Reise in der Münchner Bayerstraße mit dem Postwagen, der nach drei bis vier Stunden Fahrt über Sendling und den Forstenrieder Park Starnberg erreicht. Dort nimmt man im Gasthof Pellet einen Imbiss ein und schifft sich dann mit kleinen Fischerbooten nach Leoni ein. Ein Grund der Aufenthalte ist der Auftrag Himbsels an mehrere Künstler, sein zweites, weit größeres, 1842 fertiggestelltes Haus am See mit Gemälden auszugestalten. Eine illustre Riege von Malern ist an diesem Projekt beteiligt: Wilhelm von Kaulbach, Moritz von Schwind, Clemens von Zimmermann, Friedrich Dürck, Peter von Cornelius, Carl Rottmann und Carl August Lebschée.

„Daß es bei solcher gemeinsamer Arbeit sehr fidel und übermütig zuging, läßt sich denken, besonders, da der gute Hilari-Bolgiano, der kgl. Hofkonfektmeister König Ludwigs I., sein möglichstes tat, um die Künstler bei Laune und gut im Futter zu halten", schreibt Josefa Dürck-Kaulbach und fährt fort:

> Jedoch die Hauptperson für leiblichen Speis und Trank blieb immer Frau Leoni selbst, die dickste Frau der Welt, die nur vom Lehnstuhl aus wegen ihrer Körperfülle ihr kleines Reich dirigieren und tyrannisieren konnte. Ihre Tochter Resl dagegen, das häßlichste Frauenzimmer der Welt, war Mädchen für alles und sorgte dementsprechend für die anspruchslosen Gäste.[70]

Diese erstaunlichen und zunächst verwirrenden Beobachtungen führen uns zurück zu Rosina Leoni. Sie dirigiert den Betrieb vom Lehnstuhl aus noch einige Jahre und stirbt am 19. Dezember 1861 „an Lungenlähmung", wie das Kirchenbuch mitteilt. Der Befund könnte Josefa Kaulbachs Erinnerung an Rosinas körperlichen Zustand bestätigen. Laut Taufschein wurde Rosina 1788 geboren und müsste demnach 73 Jahre alt geworden sein. Das Sterbebuch gibt jedoch ihr Alter mit 68 Jahren an, ebenso die Todesanzeige in der Münchner Zeitung *Neueste Nachrichten aus dem Gebiete der Politik*. „Wer nur immer ihren biedern Charakter, ihre aufopfernde Liebe und seelenvolle Gutmüthigkeit kannte, wird unsern Schmerz und Verlust zu ermessen wissen", heißt es im Anzeigetext, der mit dem Namen von Rosinas Adoptivtochter Mathilde Leoni unterzeichnet ist.

Mathilde, zu diesem Zeitpunkt elf Jahre alt, ist die leibliche Tochter der Köchin Rosina Hartl und „des Patriz Jäger, Schmiedsohnes von Berg", wie das Familienbuch der Pfarrei Aufkirchen verrät. Rosina Leoni hat sie adoptiert, um die Existenz des illegitimen Kindes zu sichern. Wahrscheinlich geraten in Josefa Kaulbachs Erinnerungen die Familienverhältnisse im Hause Leoni etwas durcheinander. Ob es Bruckbräus umschwärmte „schwarzlockige Rosine" ist, die später zum „hässlichsten Frauenzimmer der Welt" mutiert, bleibt fraglich.

In den „Status animarum" der Pfarrei Aufkirchen aus den 1840er Jahren sind Rosina Leoni, die Köchin Rosina Hartl und eine namentlich nicht benannte Kellnerin in Assenbuch/Leoni verzeichnet. Anders als zu Joseph Leonis Lebzeiten wohnt die Belegschaft des Gasthauses Leoni nun also dauerhaft dort. Daher findet Rosina Leoni ihre letzte Ruhe auf dem Friedhof von Aufkirchen.

Nachdem dank Baurat Ulrich Himbsel seit 1851 ein öffentliches Dampfschiff die wichtigsten Orte am Starnberger See – auch Leoni – anfährt, und die Eisenbahn ab 1854 München mit Starnberg verbindet, gibt es keine Beschränkung mehr für den Ausflugsverkehr zum See. Die Anreise von München nach Leoni verkürzt sich auf rund zwei Stunden. Um den zunehmenden Touristenandrang aufnehmen zu können, werden an der Südseite des Gasthauses zwei Nebengebäude errichtet, die auf der Flurkarte von 1863 zu erkennen sind. Möglicherweise meint Rottmanns Enkelin mit „Hühnerburg" und „Mäusesalettchen" diese Gebäude.

Rosina Leonis Adoptivtochter Mathilde erbt das Anwesen, stirbt jedoch schon 1863 im Alter von 13 Jahren. Daraufhin geht die Gastwirtschaft in den Besitz von Rosina Hartl über. Sie führt den Betrieb weiter und heiratet 1869 (damals 57 Jahre alt) den drei Jahre älteren Witwer Adam Schloter aus Dillingen. Im Jahr 1872 verkaufen die Schloters das Gasthaus an den Münchner Cafébesitzer Franz Paul Probst, der es noch im selben Jahr seinem Adoptivsohn Ludwig Wörl überschreibt. Wörl gelingt es, den zwischenzeitlich etwas heruntergekommenen Betrieb „zeitgemäß ausgestattet" wieder „zu einem Lieblingspunkte der Ausflüge am See" zu machen, wie eine spätere Auflage von Links Reiseführer urteilt. 1879 verkauft Wörl jedoch das Haus an den Kaufmann Franz Bronberger.

Auf der wahrscheinlich um diese Zeit entstandenen Fotografie kann man bei genauer Betrachtung sehen, dass das Dach des Säulenvorbaus etwas nach vorne geneigt ist. Wahrscheinlich hat sich das Fundament gesenkt. Bronberger lässt den Vorbau entfernen, erhält das Haus, errichtet aber direkt an dessen Südseite ein viel größeres, dreistöckiges Hotelgebäude. Auf einem Foto um 1890 erkennt man neben diesem Neubau noch das Leonihaus, wohl ohne Portikus, und einige der hohen Pappeln. Im Frühjahr 1893 erwirbt der Feldafinger Hotelier Oskar Strauch den Gasthof zu einem Preis von 220.000 Mark. Die Tage der Villa Leoni sind gezählt. Strauch reißt das alte Haus ab und erweitert den Hotelbau. An der Stelle der von zwei charakteristischen, unterschiedlich hohen Säulenpappeln flankierten Villa Leoni entsteht der nördliche Flügel des Seehotels Leoni mit seinen zwei ebenfalls charakteristischen, unterschiedlichen Türmen – vielleicht eine Reminiszenz an das frühere Ensemble. Das Hotel wird zu einem beliebten Postkartenmotiv und einem Wahrzeichen des Ostufers, bis es Mitte der 1970er Jahre einem schmucklosen Neubau weichen muss.

Die Baugeschichte des Ortes Leoni ist gut dokumentiert, vor allem in dem prächtigen Band *Frühe Villen und Landhäuser am Starnberger See* von Gerhard Schober und in der von Erwin Georg Hipp verfassten Dokumentation über das Himbsel-Haus.

* * *

Über das letzte verbliebene Kind der Leonis, den jüngsten Sohn Friedrich, ist noch zu berichten. Seine Wege scheinen die des Vaters (wenn er denn Friedrichs Vater ist) nicht mehr zu kreuzen. Friedrich Leoni studiert zunächst in Erlangen, dann in Landshut Medizin und legt im Jahr 1826, als die Universität von Landshut nach München verlegt wird, seine Dissertation mit dem Titel *De cirsocele* vor. Wie zu dieser Zeit üblich, ist die Arbeit in Latein verfasst. Der medizinische Terminus im Titel bezeichnet eine Krampfaderbildung im Bereich des Samenstrangs. Friedrich Leonis Doktorarbeit kann noch heute in der Münchner Universitätsbibliothek eingesehen werden.

Am 12. März 1828 wendet sich Friedrich mit einem für seine Zeit ungewöhnlichen Gesuch an das bayerische Innenministerium, die „Bitte der Annahme einer Stelle im Ausland betreffend". Das Schreiben gibt Aufschluss über Friedrichs Sicht der familiären Umstände, über seine Berufsauffassung und über seine Einschätzung der Perspektiven für einen jungen Mediziner.

> Nur Liebe zur Wissenschaft konnte mich bewegen, meine Laufbahn als Studierender der Arzneikunde, ungeachtet der für jeden Studierenden überhaupt, für die unverhältnißmäßige Menge junger Ärzte aber ins-

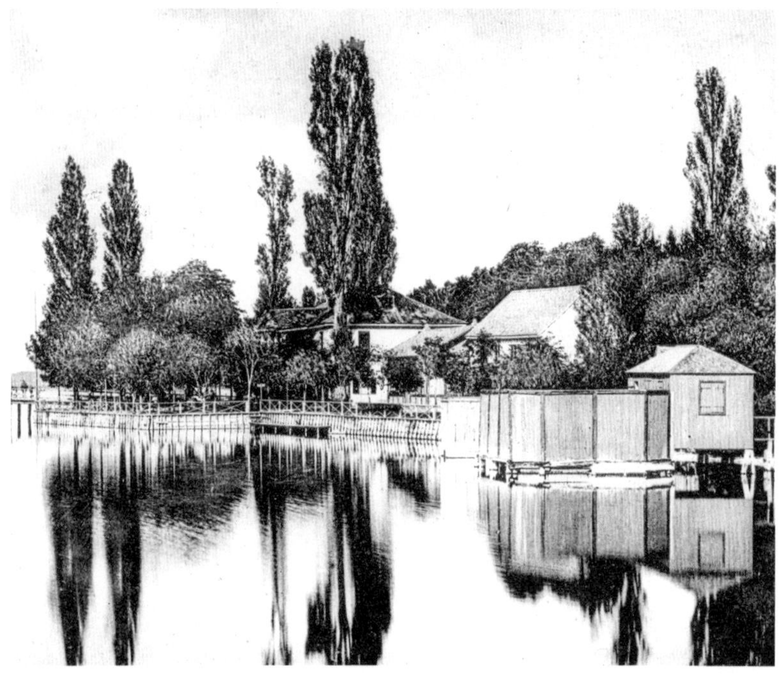

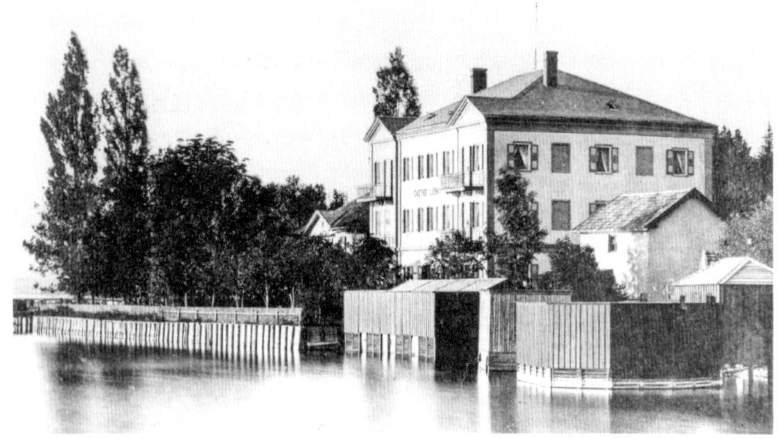

Oben: Gasthaus Leoni auf einer Fotografie um 1880

Unten: Der neu erbaute Gasthof Leoni auf einer Fotografie um 1890. Halb verdeckt ist daneben noch das alte Haus erkennbar.

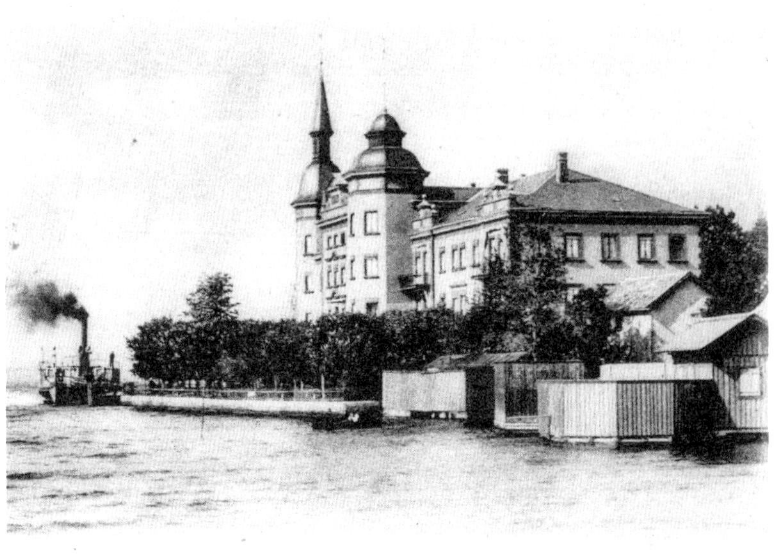

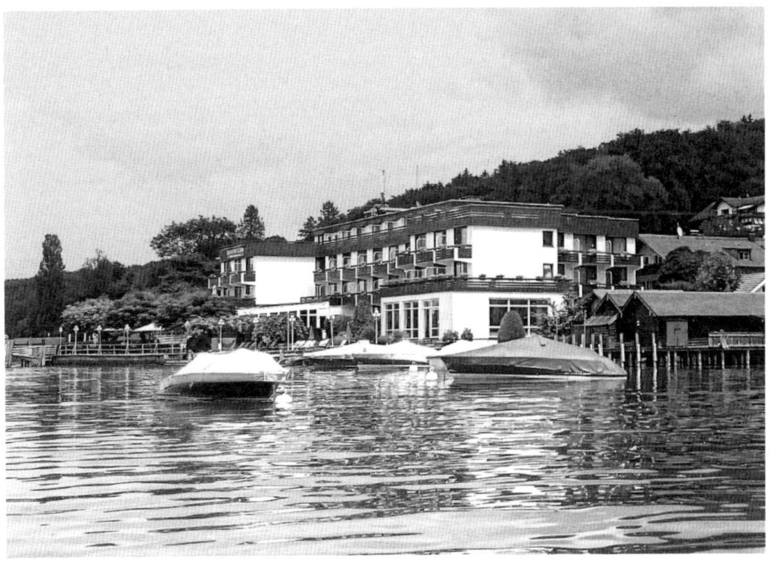

Oben: Ansichtskarte um 1900 mit Erweiterung des Hotelbaus

Unten: Seehotel Leoni, 2018. Hotelneubau aus den 1970er Jahren

> besondere mißlichen Aussichten zu vollenden. Da bereits vor vier Jahren meine Mutter, welche eine Pension genoß, starb, und mein Vater, der k. Hofsänger Joseph Leoni, seines Einkommens selbst höchst nothwendig bedarf, so konnte ich, ohne alles Stipendium oder andere Unterstützung, nur mit Aufopferung eines bedeutenden Theiles meines mütterlichen Erbgutes meine Studien bis zur Erhaltung des Doctordiploms /:im Sommer 1826:/ fortführen.
> Seit diesen zwei Jahren aber haben sich die jungen Ärzte so sehr vermehrt, daß beinahe schon jeder Marktflecken mit einem praktischen Arzte versehen ist, geschweige der Menge derjenigen zu gedenken, die hier und anderwärts noch ihr biennium practicum machen: gewiß keine tröstlichen Verhältnisse.
> Diese Umstände und die Überzeugung, daß bei einer solchen Concurrenz ungeachtet des beßten Willens meine Dienste dem Vaterlande überflüßig sein würden, so wie die Nothwendigkeit, für meinen Unterhalt zu sorgen, zwingen den allerunterthänigst-treugehorsamst Unterzeichneten, auf einige Zeit im Auslande, wo noch Bedarf an Ärzten ist, sein Glück zu suchen.

Daher stellt Friedrich die Bitte, „dem allerunterthänigst-treugehorsamst Unterzeichneten, welcher über Dresden und Berlin nach Petersburg reist, allerhuldvollst zu erlauben, im Falle einer vorkommenden Versorgung, selbe unbeschadet seines Indigenats [Staatsangehörigkeit] annehmen zu dürfen" und schließt:

> Da bereits zwei meiner Brüder, Joseph Leoni, Lieutenant im ehemaligen ersten leichten Bataillon, und Clemens Leoni, Junker im achten Linienregimente, dem Vaterlande dienend verstorben sind, und ich nie durch Genuß eines Stipendiums oder einer anderen Unterstützung dem Staate unmittelbar zur Last fiel, überdieß wegen des Todes meiner zwei Brüder von der königlichen Regierung des Isarkreises meine Militärentlaßung de dato 16. April 1823 erhielt, sehe ich um so zuversichtlicher der Gewährung dieser mir durch die Nothwendigkeit abgedrungenen Bitte entgegen.

Nach polizeilicher Prüfung erhält Dr. Friedrich Leoni im Mai 1828 die Genehmigung, „sich auf längere Zeit unbeschadet seines Indigenats, nach Rußland begeben zu dürfen, nachdem derselbe in seinen Vorstellungen ausdrücklich angezeigt hatte, daß er daselbst für einige Zeit Unterhalt und Versorgung zu suchen beabsichtige."

Der junge Arzt ist zu dieser Zeit bereits Familienvater. Sein Sohn Anton wird 1825 in Landshut geboren, als Friedrich noch studiert. Dass er seine Familie nach Russland mitnimmt, ist unwahrscheinlich. Zeitgleich mit seiner Abreise bricht zwischen dem Zarenreich und dem Osmanischen Reich ein Krieg aus. Als die Russen auf dem Balkan und im Kaukasus auf türkisches Gebiet vorrücken, begleitet Friedrich Leoni den Feldzug als Militärarzt. Im Jahr 1829 breitet sich im Gebiet des heutigen Bulgarien und der europäischen Türkei eine Epidemie im russischen Heer aus, die die Region nicht zum ersten Mal heimsucht: die Pest. In den russischen Lazaretten von Warna und Adrianopel führen die Ärzte, unter ihnen viele Deutsche, einen aussichtslosen Kampf gegen die Seuche. Jedes Militärhospital in der Region verdiene „einen eigenen Abschnitt in der medicinischen Geschichte dieses Feldzuges", schreibt der Rezensent eines Berichts deutscher Ärzte in St. Petersburg, „aber in den meisten endigte es damit, daß Kranke, Beamte und Aerzte starben, und keiner übrig blieb, der erzählen konnte, was da geschah. Ueber 300 Aerzte wurden weggerafft."[71]

Am 25. November 1830 meldet das *Münchener Conversations-Blatt* kurz: „Unser Landsmann, Hr. Dr. Leoni, der als Arzt in russischen Diensten dem Feldzuge gegen die Türken beiwohnte, ist nach eingetroffener Meldung gestorben." In einer medizinischen Zeitschrift von 1832 wird erwähnt, Dr. Leoni sei „in Varna an der Pest" gestorben.[72]

Was bleibt, ist das Bild eines abenteuerlustigen jungen Mannes, sprachbegabt, vielseitig interessiert, als junger Arzt furchtlos, vielleicht auch von Unruhe getrieben. Nach dem Soldatentod seiner beiden Brüder selbst nicht mehr wehrpflichtig, sucht er dennoch den Einsatz als Militärarzt in einem Kriegsgebiet und lässt dort sein Leben, wenn auch nicht im Gefecht, sondern im Kampf gegen den „Schwarzen Tod".

Einige Jahre nach Friedrichs Tod ist seine Familie – jedenfalls sein Sohn Anton – wieder (oder immer noch) in Landshut nachweisbar. Aus den Jahresberichten der dortigen Königlichen Studienanstalt geht hervor, dass Anton Leoni, elf Jahre alt, geboren in Berg bei Landshut, im Schuljahr 1835/36 die 1. Klasse der Lateinschule besuchte. Zum „Stand der Ältern" ist angegeben: „Doktor der Medicin †". Im folgenden Schuljahr findet sich unter der 2. Klasse der Vermerk, dass Anton Leoni „im Laufe des zweiten Semesters freiwillig ausgetreten" ist. Da ist er zwölf Jahre alt, in Deutsch ausgezeichnet, in den anderen Fächern mittelmäßig. Wahrscheinlich entscheidet Antons Mutter, dass der Junge lieber einen Volksschulabschluss und dann eine kaufmännische Lehre machen soll.

Im Juni 1851 jedenfalls trifft ein „Herr Anton Leoni, Handl.-Commis. aus Landshut" im Gasthof Goldener Adler in Innsbruck ein. Doch schon im April 1857 stirbt Anton Leoni 32-jährig in Landshut. Ob er Nachkommen hinterlassen hat, ist bisher nicht bekannt.

Ein großes Rätsel gibt ein Eintrag im Münchner Adressbuch von 1842 auf. Unter der Rubrik „Particuliers, Privatiers, Geschäftsleute, Gelehrte etc." ist ein „Leoni, Friedr., Dr. med." in der Tattenbachstraße 1, 3. Stock verzeichnet. Im Branchenabschnitt der Ärzte fehlt der Name. Das heißt, dieser Dr. Leoni hat zu dieser Zeit in der Tattenbachstraße eine Wohnung, führt aber keine Praxis in München. Nicht genug mit diesem Phantom: Ein ebenfalls im Jahr 1842 erschienenes *Medicinisches Schriftsteller-Lexicon der jetzt lebenden Ärzte* führt Friedrich Leoni mit seiner Dissertation über die Cirsocele auf. Taucht etwa der auf dem Balkan Totgeglaubte Jahre später lebendig in München auf? – Während der Pestepidemie im russisch-türkischen Krieg herrschten Chaos und Panik. Zeugen berichten von unübersehbaren Massen an Todesopfern und von buchstäblich ausgestorbenen Hospitälern. Die Toten mussten so rasch wie möglich begraben werden. Konnte unter solchen Umständen mit Sicherheit festgestellt werden, ob einzelne Personen gestorben oder vielleicht doch aus dem Seuchengebiet geflohen sind?

Doch Friedrich Leoni hinterlässt später keine Spuren mehr. So kommt eher die Möglichkeit in Betracht, dass die Wohnung in der Münchner Tattenbachstraße von Friedrich Leonis Frau (die wir nicht kennen) unter dem Namen des vermissten und vielleicht noch nicht für tot erklärten Ehemannes angemeldet wurde.

* * *

Weit mehr als über mögliche Nachkommen von Joseph Leoni lässt sich über Familie Brizzi in Erfahrung bringen. Antonio Brizzi, gefeierter Tenor und Joseph Leonis Schwager, ist ab 1805 am Münchner Hoftheater verpflichtet, gastiert aber auch im In- und Ausland. Bereits 1817, im Alter von 47 Jahren, wird Brizzi pensioniert und widmet sich dem Gesangsunterricht. Seine Ehefrau Francesca genannt Fanny, Leonis Schwester und ebenfalls Sängerin, stirbt nach unbestätigten Angaben im Jahr 1819. Antonio Brizzi heiratet wieder und lebt mit seiner zweiten Frau Maria in München und am Tegernsee, wo er am 11. April 1854 stirbt und begraben wird.

Antonio und Fanny Brizzi haben mindestens zwei Kinder: eine prominente Tochter und einen Sohn, dessen Nachkommen bis in unsere Tage von sich reden machen.

Die 1796 geborene Carolina macht bereits in jungen Jahren als Opernsängerin Karriere. Nach Anfängen in München singt sie in Paris, Venedig und Neapel. Mehrmals steht sie in Mozarts Oper *La Clemenza di Tito* an der Seite ihres Vaters auf der Bühne: Antonio Brizzi als Titus, Carolina in der Hosenrolle des Sextus. 1820 schreibt das *Morgenblatt für gebildete Stände* über Carolina Brizzi: „Tochter des bekannten Tenors; sie ist seit dem Frühjahre 1819 in Neapel und macht sich ziemlich beliebt. Sie hat einen schwachen aber gutgebildeten mezzo sopr., und lässt nur etwas mehr Ausdruck und Gefühl im Vortrage wünschen, um das zu seyn, was sie seyn sollte."[73] Nach einem Gastspiel 1823 in Madrid verliert sich ihre Spur. Möglicherweise hat sie geheiratet und sich von der Bühne zurückgezogen.

Die folgende Chronologie der bemerkenswerten Familiengeschichte der Brizzis erschließt sich durch Abgleich von Daten aus der Ahnenforschungs-Webseite ancestry.com, aus Münchens historischen Adressbüchern und aus Presseberichten. Carolinas Bruder Ferdinand, geboren 1808, heiratet zweimal und bleibt Zeit seines Lebens als Polizeioffiziant in München, zieht dort aber unzählige Male um, wie den Münchner Adressbüchern zu entnehmen ist.

Ein künstlerisches Erbe scheint sich nur in Antonios jüngstem Sohn aus zweiter Ehe, dem Landschaftsmaler Carl Brizzi auszuprägen – und in Ferdinands ältester Tochter Fanny, die zeitweise als Musiklehrerin arbeitet.

Ganz andere Wege gehen Ferdinands Söhne: Der ältere, Ferdinand Walter, geboren 1852, schlägt sich viele Jahre lang als Hilfsarbeiter im Steuerkatasterbüro durch. Doch mit fast 40 Jahren gelingt ihm der Sprung in die Selbstständigkeit. „Fischereiutensiliengeschäft und Köderfischhandlung" steht über dem Geschäft in der Corneliusstraße, das Walter 1891 eröffnet. Aus dem kleinen Laden wird wenig später die Fischgerätehandlung Walter Brizzi am Sendlinger-Tor-Platz Nr. 11. Brizzi lässt Werbepostkarten drucken, auf denen Angler an einem oberbayerischen See dargestellt sind. In den ersten Jahren des 20. Jahrhunderts vergrößert sich die Firma zur überregional bekannten „Süddeutschen Fischereigeräte- und Netz-Industrie München", die von Walter Brizzi junior und seiner Frau Margarethe bis zum Ersten Weltkrieg geführt wird.

Ferdinand Walter Brizzis jüngerer Bruder Maximilian Alfonso hingegen wandert als junger Mann nach Amerika aus und wird mit seiner aus Sachsen stammenden Ehefrau Emilie geborene Altendorf in Omaha/Nebraska ansässig.

Ein Sohn des Auswandererpaars, Ferdinand Henry Brizzi, zieht von Nebraska nach Florida. Dessen Sohn Ferdinand, genannt Fred, geboren 1932, schmuggelt Drogen aus Südamerika nach Florida und sitzt dafür sechs Jahre im Gefängnis. In die Schlagzeilen kommt Antonios Ururenkel Fred aber durch eine andere Gangster-Story. Fred Brizzi behauptet nämlich, dass er die berüchtigten Alcatraz-Ausbrecher Clarence und John Anglin, die bei ihrer Flucht aus dem Gefängnis 1962 in der Bucht von San Francisco ertrunken sein sollen, im Jahr 1975 munter in Brasilien angetroffen habe – was sich nie zweifelsfrei klären lässt. Fred stirbt 1998 im mittelamerikanischen Belize.

Eine andere Linie der Brizzis bleibt im Mittleren Westen der Vereinigten Staaten und ist dort noch heute vertreten. Ihr prominentester Spross, ein Urururenkel von Antonio Brizzi und Fanny Leoni-Brizzi, macht zunächst juristische Karriere als „prosecutor" (Staatsanwalt) in Indianapolis und arbeitet heute in derselben Stadt als Strafverteidiger. Mehrmals kommt er selbst mit dem Gesetz in Konflikt und wird zuletzt 2017 wegen Vorteilsannahme mit einer Disziplinarstrafe belegt.

Nachwort

Mit Leonis internationaler Verwandtschaft sind wir in der Gegenwart angekommen. Hier stehen wir nun und blicken zurück auf die Geschichte und auf Geschichten, von denen nicht alle eine Auflösung und ein Ende gefunden haben. Einige Fragen sind noch zu beantworten, andere müssen vorerst offenbleiben.

Leonigarten und Leoniweiher

Was wurde aus dem ehemaligen Wohnort der Leonis in München? Aus verschiedenen Quellen geht hervor, dass der Schlossermeister Korbinian Mayr, der im großen Stil ins Baugeschäft eingestiegen war, den Grund im Jahr 1825 erwarb, den Weiher trockenlegte, „Garten und Hügel eben" machte und dort mehrere Häuser erbaute. Auf Stadtplänen der 1830er Jahre erkennt man bereits eine lange neue Häuserzeile entlang der Herrnstraße.

Noch heute ist zwischen den Häusern Herrnstraße Nr. 44 und 52 die Baulinie unterbrochen. Dort zweigt ein kleiner Weg zu den Gebäuden Herrnstraße 46 und 48 im Inneren des Häuserblocks ab. Dieser Weg verläuft genau an der Stelle der Brücke, die einst den Zugang über das Wasser des Weihers zum Leonigarten bildete. Das Haus Herrnstraße 46 steht auf den Fundamenten des einstigen schmalen, im Viereck des Gartens diagonal ausgerichteten Nebengebäudes; Nr. 48 befindet sich am Ort des Haupthauses, in dem Joseph und Marianna Leoni wohnten.

Offenbar waren die Begriffe „Leonigarten" und „Leoniweiher" in München so bekannt, dass noch lange nach Trockenlegung des Gewässers Ortsangaben wie „am ehemaligen Leoniweiher" etwa in Zeitungsannoncen gängig blieben. Noch 1851 gab der Kunstschreinermeister Franz Xaver Fortner seine Adresse mit „Herrenstraße Nro. 17 im vormaligen Leonigarten" an. Eine Münchner Nostalgie, die auch den Gastwirt Christian Holzer veranlasst haben mag, um 1840 seinen Biergarten in der Kanalstraße 40 (später Nr. 60) „Zum Leonigarten" zu nennen. Damals existierte der Garten schon seit 15 Jahren nicht mehr, und die Wirtschaft befand sich nicht einmal auf dem Terrain

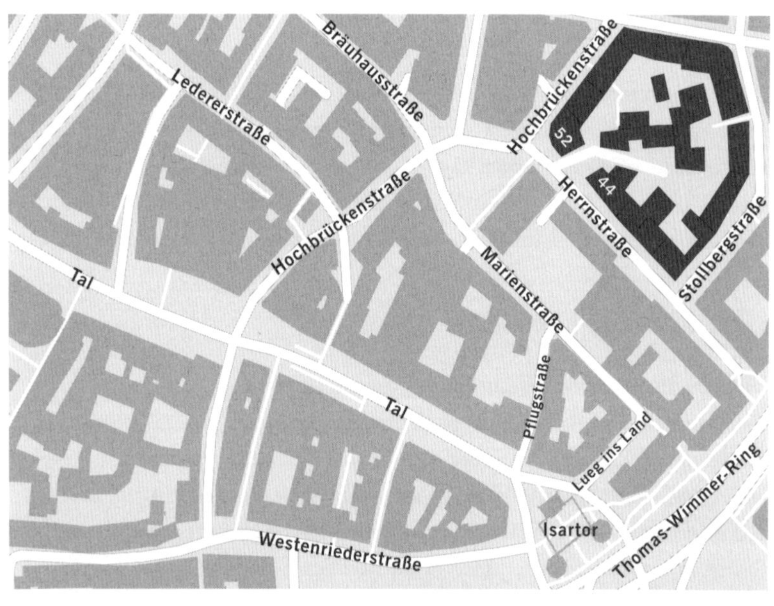

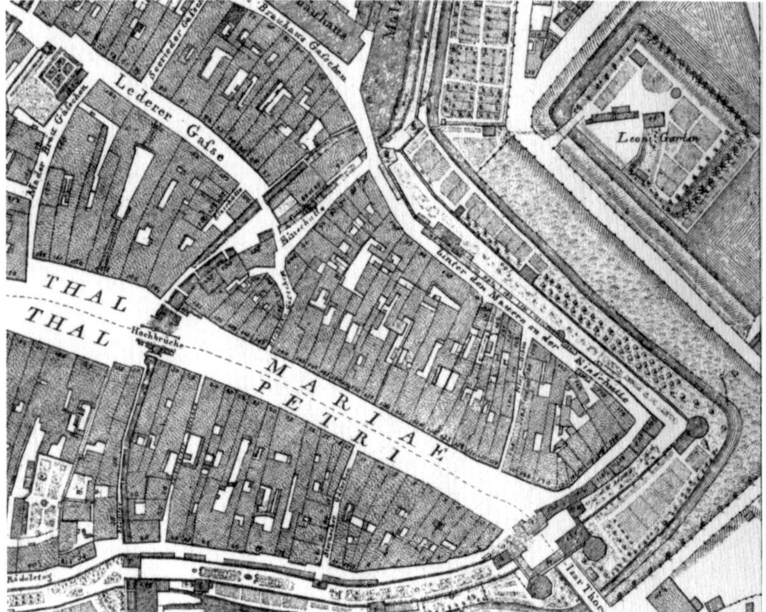

Flurkarte Königlich Baierische Haupt- und Residenzstadt München von 1809: Lage des Leonigartens und moderner Stadtplanausschnitt zum Vergleich.

des ehemaligen Weihers, sondern etwas südöstlich davon (heute Kanalstraße 14). Wegen Ausschanks von saurem Bier musste Holzer zweimal eine Geldstrafe entrichten, aber in seiner Gartenwirtschaft spielten Musikkapellen zum Tanz auf, und bei der Wahl zum Landtag 1849 fungierte der „Saal im Leonigarten des Bierwirts Herrn Holzer" sogar als Wahllokal des 44. Urwahlbezirks. Die Gaststätte „Zum Leonigarten" bestand unter diesem Namen mindestens bis 1858.

Krenners heikles Erbe

Der Name Krenner ist in bestimmten Fachkreisen noch heute ein Begriff, und zwar im Bibliothekswesen. Das liegt weniger an den historischen Werken, die Franz von Krenner verfasste, als an einem Teil seines Nachlasses, der bereits andeutungsweise erwähnt wurde und der Nachwelt Schwierigkeiten bereitete.

„Das zweyte, was mir am Herzen liegt", schrieb Krenner in seiner Verfügung (denn das erste war das Schicksal seiner Dienstboten), „ist meine große, in beynahe 4000 Bänden bestehende Bibliotheca erotica et ludicra."

> Ich habe diese äußerst seltene Sammlung, wie jedermann weiß, in keiner unedlen Absicht, sondern ganz mit literargeschichtlichem Forschungsgeiste, und dabey mit einer ungeheuren Mühe und mit einem Aufwande von mehr als 3000 fl. (die darunter befindliche Bibliothek des verstorbenen geheimen Rathes und Leibarztes von Fischer hat alleine schon 560 fl. gekostet) so weit gebracht, daß eine vollständige Sammlung durch alle Nationen und durch alle Zeitalter durch, in ganz Baiern kaum mehr existirt.
> Ich wünsche, daß diese Sammlung nicht wieder zerstreut, sondern beysamm gelassen wird. [...] Da nun in allen großen Hofbibliotheken, namentlich in Wien, ein eigenes Zimmer besteht, welches die sogenannten verbotenen Bücher enthält, was sogar zur Wesenheit einer großen Bibliothek gehört, indem sonst nicht blos die Literatoren, sondern auch Philosophen und Moralisten über Bücher, welche sie blos dem Titel nach kennen, gar nicht zu urtheilen vermögen, so bitte ich

> S. Königliche Majestät […], diese seltene Sammlung meinen Erben gegen eine, von S. Kön. Maj. selbst allergnädigst zu bestimmende, meinen, in meinen Catalogen meistens notirten Selbstkosten, oder auch einer unpartheyischen Schätzung (jedoch keines Büchertrödlers, welcher wegen der Kleinheit seines Handels 100 pCent gewinnen müsste) approximierende Summe für die Hofbibliothek zur besonderen Aufbewahrung abzulösen.

König Max I. Joseph entsprach dem Wunsch Krenners, erwarb die Sammlung für 4.000 Gulden und überließ sie der Hof- und Staatsbibliothek mit der Anweisung, die heiklen Werke „in einer gesonderten Abteilung mit eigenen mit doppelten Schlössern zu versperrenden Kästen" aufzustellen. Diese Sammlung bildete den Kern der „Remota"-Signaturen, zu denen sich später die aus politischen Gründen verbotenen Bücher gesellten. Viele Jahrzehnte lang blieben die „Krenneriana" unter Verschluss – erst 1966 hat die Bayerische Staatsbibliothek die Titel in ihren öffentlichen Katalog übernommen.

Bekannte Bilder und fehlende Bildnisse

Obwohl Franz von Krenner als „Wirklicher Geheimer Rat" und Generaldirektor des Finanzministeriums zu den höchsten Staatsbeamten der Max-Joseph-Zeit gehörte und sich außerdem durch die Dokumentation der *Bayerischen Landtagshandlungen* einen Namen als bedeutender landesgeschichtlicher Forscher und Autor gemacht hat, ist kein Porträt von ihm überliefert. Selbst in der Bayerischen Akademie der Wissenschaften, deren Ehrenmitglied er an seinem Lebensende war, und die von allen ihren Mitgliedern Porträts besitzt, fehlt Krenners Bildnis – ebenso übrigens das seines Bruders Johann Nepomuk, der sogar ordentliches Mitglied der Akademie war. Möglicherweise wollten sich die Brüder Krenner nicht porträtieren lassen.

Gab es also niemals ein Bildnis des Staatsrats Franz von Krenner? Doch, eines gab es mit Sicherheit. Von der „Ausstellung bayerischer Kunst- und Gewerbsprodukte" in München 1819 berichtet das *Morgenblatt für gebildete Leser*: „An plastischen Arbeiten fanden sich zwey von dem geschickten Hofbildhauer Hrn. Kirchmair gearbeitete Büsten, welche zwey verdiente, kürzlich verstorbene Männer, Generaldirektor v. Krenner und Kaufmann Merkel in Nürnberg vorstellen und sich durch ihre sprechende Ähnlichkeit empfahlen". Das war in Krenners Todesjahr. Bei dem Bildhauer handelt es sich um Joseph Kirchmayer aus Niederbayern, der im Auftrag König Ludwigs I. einige Büsten für die Walhalla ausgeführt hat. Naglers *Neues allgemeines Künstler-Lexicon* von 1839 bestätigt, dass sich unter seinen Werken auch eine Büste Krenners befindet. Über ihren Verbleib ist jedoch nichts bekannt.

Franz von Krenners Familienangehörige zeigten sich gegenüber dem Testamentsverwalter Johann Georg Feßmaier erkenntlich, indem sie ihm ein Gemälde aus Krenners Nachlass schenkten, und zwar „die Wagenbauerische Landschaft am Starnbergersee". Dabei handelte es sich mit größter Wahrscheinlichkeit um das 1813 entstandene Bild *Ostufer des Starnberger Sees* von Max Joseph Wagenbauer (1775–1829), das heute in der Städtischen Galerie im Lenbachhaus in München hängt (siehe Seite 102/103).

Warum dieses Gemälde nicht als authentische Quelle für die Gestalt des Hauses in Assenbuch und dessen Datierung gelten kann, wurde bereits dargelegt. Ein Detail in Wagenbauers Bild aber könnte von größerer Bedeutung sein, als bisher angenommen: die Personengruppe vor dem Haus. Wenn die Hypothese stimmt, dass der Maler hier Krenners Vision ins Bild gesetzt hat, dann könnte er den Hausbesitzer so dargestellt haben: am nächsten beim Gebäude stehend und sein Haus in stiller Zufriedenheit betrachtend – so wie es der Mann im braunen Gehrock tut, die Hände auf dem Rücken verschränkt. Ein gut situierter Mann um die 50, nicht sehr groß, Halbglatze, dem guten Leben augenscheinlich nicht abgeneigt.

Eine andere von Wagenbauer dargestellte Person könnte ein Betrachter mit etwas Phantasie auf zwei anderen Abbildungen des Ortes wiedererkennen. Auf Wagenbauers Ufervorsprung steht ein Mann, der dem Betrachter den Rücken zuwendet und mit an- oder ablegenden Gästen in einem Boot zu sprechen scheint. Er trägt (Krenner mag schon darüber sinniert haben) einen langen grauen Mantel und eine hohe Kopfbedeckung, die an einen Tschako, die in der napoleonischen Infanterie eingeführte Soldatenmütze, oder aber an einen Zylinder erinnert. – Auf der etwas laienhaft erscheinenden Zeichnung „Leonihausen" in Adolph von Schadens *Beschreibung von 1832* (siehe Seite 196) sitzt ein Mann auf einer Bank vor dem Haus. Er trägt möglicherweise einen Gehrock und hat einen hohen Hut auf dem Kopf. In seinen Händen hält er einen Gegenstand, der ein Musikinstrument sein könnte. – Der Mann schließlich, der im Vordergrund der (1839 vielleicht rückblickend entstandenen) aquarellierten Zeichnung von Eugen Neureuther (1806–1882) die Gruppe im Ruderboot mit Gesang und Gitarre unterhält (siehe Seite 106), trägt ebenfalls einen Gehrock und einen auffälligen Zylinder.

Es ist denkbar, dass hier immer dieselbe Person dargestellt wurde. Wenn das so ist, wäre die Annahme naheliegend, dass es sich bei dieser Person um Joseph Leoni handelt. Eine bezeichnete Abbildung des Sängers und Gastwirts hingegen ist nirgends belegt.

Noch eher könnte man freilich eine Darstellung der Hoftänzerin Marianna Leoni erwarten. Zwar nahmen die Porträts prominenter Bühnenpersönlichkeiten erst nach Mariannas aktiver Zeit deutlich zu (in München namentlich durch den Porträtlithografen Franz Seraph Hanfstaengl), doch liegen auch aus früheren Jahrzehnten Abbildungen, nicht selten Rollenporträts, von Schauspielerinnen und Tänzerinnen vor. Ein Porträt von Marianna Leoni geborene Schmaus ist jedoch bisher nicht bekannt.

Aus dem Jahr 1835, also dem Jahr nach Leonis Tod, stammt die wohl schönste und sorgfältigste künstlerische Darstellung der Villa Leoni: das bereits erwähnte Ölgemälde von Johann Jakob Dorner dem Jüngeren (1775–1852, siehe Seite 104/105). Da der Landschaftsmaler und Hofgalerie-Inspektor bereits Trauzeuge von Joseph und Rosina Leoni war, darf man annehmen, dass er dem Ehepaar freundschaftlich verbunden blieb und dem verstorbenen Freund, dessen Witwe und dem Haus Ehre und Anerkennung erweisen wollte, indem er eine Ansicht des Ortes malte. Möglicherweise hing das Bild dann in der Villa Leoni. Carl Wilhelm Vogt bewunderte dort 1839 „in Bildern von Dorner, Wagenbauer etc. schöne Denkmäler der Freundschaft dieser Künstler für den verstorbenen Besitzer."

Das Foto des Gemäldes lässt einige aufschlussreiche Bilddetails (z.B. hinsichtlich der dargestellten Personen) vermuten, die jedoch nur am Original studiert werden könnten. Wo sich dieses heute befindet, konnte bis zur Drucklegung dieses Buches nicht in Erfahrung gebracht werden.

Leserinnen und Leser, die den Standort des Dorner-Gemäldes oder auch Abbildungen unserer Protagonisten Joseph Leoni, Marianna Leoni und Franz von Krenner zu kennen glauben, sind herzlich eingeladen, konkrete Hinweise an den Verlag zu senden. Alle Hinweise werden selbstverständlich mit größter Diskretion behandelt.

Überlieferung, Legende und Gerücht

In den Beschreibungen des Ortes Leoni in der Reiseliteratur veränderten sich mit der Zeit die spärlichen Angaben über die Person Joseph Leoni und über die Entstehungsgeschichte der Villa. Adolph von Schaden informiert in seiner bereits mehrfach zitierten Beschreibung des Würm- oder Starnberger-Sees von 1832 nach heutigem Ermessen korrekt:

> Den ersten Impuls zur Gründung dieser kleinen Pflanzstadt gab der königl. pensionirte Hofmusikus Herr Leoni, welcher hier i. J. 1825 eine allerliebste, im italienischen Geschmacke angelegte und mit einem bedeckten Balkone versehene Villa erbaute, dieselbe mit englischen Parthien umgab und sofort Leonihausen nannte.

Ebenfalls 1832 veröffentlichte von Schaden außerdem eine *Kurzgefaßte Beschreibung des Starnberger-Sees, seiner Ufer und Umgebungen*. Darin wurde aus dem pensionierten Hofmusikus der „pensionirte königl. Hof- und Kammersänger Leoni". Heinrich Konrad Vogt würdigt in seinem „Seerosen"-Album von 1839 den verstorbenen „Kammersänger Signor Leoni aus Palermo", auch Heinrich Konrad Föringer gibt in einem Reisebüchlein von 1845 Leoni den Ehrentitel „Kammersänger", der nur bei besonderen künstlerischen Leistungen auf der Bühne verliehen wird und den Leoni selbstverständlich nie innehatte.

Die Erfahrungen mit Leonis gelegentlich angedichtetem Adelsprädikat könnten den Verdacht nähren, dass Leoni sich selbst als Kammersänger ausgab. Wahrscheinlicher ist aber, dass die gestiegene Bekanntheit des Ortes und des Sees die Reiseschriftsteller veranlasste, einer Schlüsselfigur wie Leoni einen hohen gesellschaftlichen Status zuzuschreiben.

Föringer ist auch der erste Autor, der die Rolle Franz von Krenners in die Ortsgeschichte einbaute, wenn auch in Form einer Halbwahrheit:

> Der k. Staatsrath v. Krenner baute sich [...] unmittelbar am Ufer ein niedliches Häuschen, und überließ dasselbe bei seinem Tode als Legat dem b. Kammersänger Leoni. Dieser wohnte da, und bewirthete seine ihn besuchenden Freunde aus der Residenz. Bald wurde der Raum zu eng für die Gäste. Leoni baute eine größere Villa (1825) und errichtete eine förmliche Gastwirthschaft.[74]

Diese beiden Elemente der Legende, nämlich die Erbschaft und Leonis private Bewirtung der Münchner Freunde bereits vor der Eröffnung der Gastwirtschaft 1825, schlugen von da an Wurzeln. Ludwig Steub schmückte 1860 die Geschichte etwas dichterisch aus und fügte noch ein weiteres Element hinzu: die Leidenschaft des italienischen Sängers für die Kochkunst.

> Es war einmal ein Staatsrath in Bayern, gar treu bis an das Grab. Als dieser kam zu sterben, gönnt' er alles seinen Erben, ausgenommen ein niedliches Häuschen bei Assenbuch, welches er vielmehr dem italienischen Sänger Leoni, seinem Freunde, als Vermächtniß hinterließ. Wie mancher Sänger und Dichter wünscht sich wohl einen solchen Staatsrath zum Freunde! Der wackere Leoni liebte es aber, was sich bei italienischen Sängern nicht selten findet, in seinen Mußestunden vor dem Herde zu stehen und das Innere der Kochkunst zu studiren.[75]

Gustav Adolf Horst gibt in seinem reich bebilderten Band *Der Starnberger See. Eine Wanderung durch seine Uferorte in Wort und Bild* von 1876, der auch als Nachdruck weite Verbreitung fand, die Legende verkürzt wieder, macht aber aus Krenners „niedlichem Häuschen" (was den Angaben vom Buchenpauli nahekommt) einen „Landsitz“. Danach konnte auch Wagenbauers gemalte Vision als Abbild der Wirklichkeit gelten.

Aufgrund von Leonis Herkunft lag es nahe, in ihm – mit Carl Rottmanns Enkelin – einen „Sänger der italienischen Oper“ zu vermuten. Der für Starnberg bedeutende Richard Paulus (von dem noch die Rede sein wird) sprach 1926 von dem „Hofopernsänger Josef Leoni“.[76]

So formte sich im Laufe des 19. und 20. Jahrhunderts durch Variation und Ausschmückung eine Legende, die mit ihren Versatzstücken aus Hochkultur und großbürgerlicher Eleganz einen vornehmen Klang erhielt und dem Prestige des Starnberger Sees entsprach. In Vollendung liest sie sich etwa so wie in einem Beitrag von Klaus Kratzsch zur Festschrift für den Architekten Wolfgang Braunfels aus dem Jahr 1978:

> Am Ostufer war es der Staatsrat v. Krenner, der die erste klassizistische Villa bei den Fischerhütten in Assenbuch besaß. Er war ein Freund der Oper und vermachte das Anwesen dem von ihm geschätzten Hofopernsänger Giuseppe Leoni, der hier nach seinem Abschied von der Bühne gern Freunde aus der Stadt empfing und bewirtete. Da immer mehr Gäste in Assenbuch eintrafen, entschloß sich Leoni zum Bau einer größeren Villa, die er 1825 als Gasthaus und erste Pension am See eröffnete.[77]

Ein Zusammenhang zwischen der Kunst des Sängers und der generösen Freundschaft des Staatsrats liegt scheinbar auf der Hand, was sowohl Pankraz von Freyberg (in einer Abhandlung von 1985 über die auch am Starnberger See tätige Malerin Electrine von Freyberg)[78] als auch der Berger Ortschronist Hans Rudolf Klein 1998 später konkretisieren: Krenner habe Leoni als Opernsänger „verehrt“. Ausschließlich bei Klein finden sich dann noch überraschende, jedoch unbelegte Angaben über Leonis Herkunft, die das ihm zu Lebzeiten gelegentlich zugeschriebene „von“ zu rechtfertigen scheinen: Er sei ein „Sohn des Marchese Leoni aus Sizilien“ gewesen, und „Leonis Mutter, Bianca di Caroli, soll eine Nichte des Dogen von Venedig gewesen sein.“[79] Andere Hinweise auf diese Verwandtschaft konnten jedoch nirgends ermittelt werden. Es kann als sicher gelten, dass Teresa Coppola Leoni Josephs Mutter war.

Die Legendenbildung ist offensichtlich. Man muss jedoch mangels Belegen einräumen, dass ein Teil des Narrativs sich tatsächlich so zugetragen haben könnte: dass Leoni in der Zeit nach Krenners Tod 1819 das „hübsche Sommerhaus von Holz" am Seeufer genutzt haben könnte, um dort Freunde zu bewirten, auch wenn es ihm nicht gehörte und er die Liegenschaft erst 1825 erwarb.

Laut Eintrag im Kirchenbuch starb Joseph Leoni eines natürlichen Todes. Doch durch die Überlieferungsgeschichte geistert auch das Gerücht einer anderen Todesursache.

Ein zuverlässiger Gewährsmann berichtet, das Starnberger Heimatmuseum (heute Museum Starnberger See) habe in den 1950er Jahren eine Stichwaffe ausgestellt, die als „Dolch des Leoni" bezeichnet worden sei. Mit diesem Dolch habe sich Joseph Leoni, so die damalige Erläuterung, das Leben genommen.

Suizide wurden noch im 19. Jahrhundert häufig vertuscht, um die Ehre des Toten zu wahren und sein kirchliches Begräbnis nicht zu gefährden. Auch schließt der medizinische Befund der „Brustwassersucht" eine Gewalteinwirkung nicht aus. So heißt es in einem Lehrbuch der Speziellen Nosologie (Krankheitslehre) von 1835: „Zuweilen ist es äußerliche Verletzung, welche offenbar Brustwassersucht hervorbringt, ein Schlag oder Fall auf die Brust."[80] Noch konkreter berichtet der Arzt und Psychologe Carl August Diez in einer Abhandlung über den Selbstmord:

> Ich sah in einem Falle, wo alle Symptome auf beginnende Brustwassersucht hindeuteten einen mißlungenen Versuch zum Selbstmorde. Ein Mann von 69 Jahren, der schon früher zuweilen Symptome von Geisteszerrüttung gezeigt hatte, stach sich mit einem alten rostigen Messer, das er senkrecht auf die Achse des Körpers mit dem Rücken nach oben, der Schneide nach unten hielt, in die Luftröhre; die Blutung aus den Gefässen der Haut und wahrscheinlich aus einem Zweige der Arteria thyreoidea war bald gestillt, und die Wunde heilte in wenigen Tagen. Esquirol erwähnt einen Fall, wo die rechte Lunge von einem mit Hydatiden gefüllten Sacke umgeben war.[81]

Auch auf Internetseiten über den Starnberger See kann man die Behauptung finden, Leoni sei mehreren Autoren zufolge durch Selbstmord gestorben. Die erschöpfende Recherche der historischen Quellen erbrachte jedoch keinerlei Hinweise darauf, weder in veröffentlichter Literatur noch in archivierten Dokumenten. Ein Motiv für eine Verzweiflungstat wäre im Frühjahr 1834 denkbar gewesen: der aufgrund der Anschuldigungen des Aufkirchner Postwirts Fink drohende Entzug von Leonis Gastwirtschaftskonzession. Doch dieser Kelch war im Winter längst an ihm vorübergegangen. Rosina Leoni konnte das Gasthaus zu Beginn der folgenden Saison wieder öffnen. Auch von hohen Schulden ist nicht auszugehen, sonst hätte Rosina das Haus verkaufen müssen.

Tatsächlich scheint das Gerücht über Leonis Suizid nur einer einzigen Quelle zu entspringen: Es taucht zum ersten Mal 1926 in einem Wanderbuch *Starnberger See und Würmtal* von Dr. Richard Paulus auf, der einen kurzen historischen Abriss über Leoni mit dem Satz beschließt: „Josef Leoni endete später durch Selbstmord“.[82]

Der stets mit Doktortitel genannte Kunsthistoriker Richard Paulus, nach dem auch der „Dr.-Paulus-Weg“ in Starnberg seinen Namen hat, war der Gründer des Starnberger Heimatmuseums – jenes Museums, in dem später wohl ein Exponat das sonderbare Gerücht zu bestätigen schien. Heute sind im Museum weder der Dolch noch eine dazugehörige Legende bekannt. Ein eventuell infrage kommendes Stilett in den Beständen des Museums konnte nicht zugeordnet werden.

Der Tod des Museumsgründers wiederum ist tragisch mit dem Ort Leoni verknüpft. Im Februar 1929 wollte Dr. Paulus die Tragfähigkeit der Eisfläche auf dem Starnberger See feststellen. Vor Leoni brach er ins Eis ein und starb nach seiner Rettung an Herzversagen.

Vieles spricht dafür, dass Joseph Leoni in seinen Jahren am Starnberger See ein ausgeglichener, zufriedener Mensch wurde. Leonihausen brachte ihm an seinem Lebensabend die Anerkennung ein, die er als Musiker nie erlangen konnte. Marianna hatte ihn von Anfang an überflügelt, mit Rosina aber stand ihm eine Partnerin in seinem neuen Beruf ebenbürtig zur Seite. Doch auch wenn Joseph Leoni unspektakulär an einer Erkrankung gestorben ist und mit den Sakramenten der katholischen Kirche versehen im Alten Südlichen Friedhof ruht – das Gerücht von Leonis Freitod und der ominöse Dolch fügen sich in diese Biografie: in eine Geschichte von Glück und Unglück, Brüchen und Aufbrüchen, Kunst und Not, Schein und Wirklichkeit.

Anhang

Anmerkungen

1 Briefe Mozarts an seinen Vater vom 2. und 6. Oktober 1777
2 Schubart 1806, S. 130
3 Schubart nach Tasler 2009, S. 65
4 Burney 1980, S. 227
5 Königlich-Baierisches Regierungsblatt vom 30. März 1814
6 Soeltl 1837, S. 139
7 Lipowsky 1828, S. 98
8 Dieke 1934, S. 156
9 Generallandesarchiv Karlsruhe
10 Mlakar 1992, S. 138
11 vgl. Mlakar 1992, S. 119
12 Briefe Mozarts an seinen Vater vom November 1780
13 Anonymus, Unpartheyische Beurtheilung 1784, S. 20
14 Pezzl 1784, S. 226
15 Schröder 1819, S. 80f.
16 von Wiebeking 1808, S. 10
17 Eisenmann 1814, S. 153ff.
18 Neue Münchner Zeitung vom 14. Juli 1849
19 Crux 1795
20 Bruckbräu 1864, S. 38
21 Münchener Tagblatt vom 16. August 1802
22 Anonymus, Dramatischer Briefwechsel 1797, S. 33f.
23 Stegmann 1798, S. 273
24 Rudhart 1865, S. 134
25 Mayr 1800, Nr. XXIII, S. 67f.
26 Münchner Theater-Journal 1800, Fünftes Heft, S. 169ff.
27 Kreittmayr, § 42 mit Anmerkungen
28 Artikel „Fontaine, Johanna" in: Lipowsky 1811
29 Lehr- und Erzihungsplan 1789, S. 8f.
30 Zeitung für die elegante Welt vom 13. September 1803
31 nach Grandaur 1878, S. 68
32 nach Leuthäuser 1893, S. 18f.
33 von Lang 1842, S. 173f.
34 Mändler 1854, S. 8
35 Carl-Maria-von-Weber-Gesamtausgabe online, Tagebucheinträge von Mai bis Juli 1811
36 AMZ Nr. 25 vom 23. Juni 1813
37 Carl-Maria-von-Weber-Gesamtausgabe online, Tagebucheinträge März 1814
38 Rumohr 1815, S. 37
39 Baierische Nationalzeitung Nr. 117 vom 18. Mai 1818
40 Münchener Politische Zeitung vom 18. April 1807
41 Jahres-Bericht von der Königlichen Gymnasial-Anstalt zu Kempten im Oberdonaukreise, 1820

42 Fremden-Anzeigen in den Zeitungen Landshuter Wochenblatt, Regensburger Wochenblatt, Allgemeines Intelligenz-Blatt der Stadt Nürnberg
43 Blondeau/Cavallo 1727, S. 27
44 Westenrieder 1784, S. 26f.
45 von Baader 1832, S. 10f.
46 Pikant 1863, S. 18
47 Sterzinger/Gröber /Maucher 1999, S. 124
48 Kreittmayr, §2
49 Koebler 1827, S. 154
50 von Destouches 1828, S. 126
51 vgl. Glück 1807, §613
52 Schlichthörle 1845, S. 344
53 Bruckbräu 1835, S. 212–221
54 nach Bast und Thissen 2015
55 Bruckbräu 1866, S. 17f.
56 Lewald 1835, S. 102f.
57 Die freie Presse Nr. 10 vom 4. März 1830
58 Der Bazar für München und Bayern Nr. 153 vom 3. Juli 1833
59 Münchener Conversations-Blatt Nr. 201 vom 20. Juli 1831
60 Bruckbräu 1827, S. 173
61 Münchener Conversations-Blatt Nr. 169 vom 18. Juni 1831
62 Münchener Conversations-Blatt Nr. 201 vom 20. Juli 1831
63 Münchener Conversations-Blatt Nr. 178 vom 27. Juni 1831
64 Münchener Conversations-Blatt Nr. 201 vom 20. Juli 1831
65 unveröffentlichte Tagebücher in Privatbesitz
66 Vogt 1840, S. 11
67 vgl. Schober 1998, S. 21
68 Lechner 1840, S. 42ff.
69 Decker 1957, S. 30f.
70 Dürck-Kaulbach 1917, S. 56
71 Jenaische allgemeine Literatur-Zeitung Nr. vom 65, April 1837, Sp. 35–40
72 von Gietl 1832, S. VI
73 Kritik einer Opernvorstellung in Neapel im Morgenblatt für gebildete Stände vom 14. Juni 1820
74 Föringer 1845, S. 22f.
75 Steub 1860, S. 444f.
76 Paulus 1926, S. 52
77 Kratzsch 1978, S. 203
78 vom Freyberg 1985, S. 146
79 Klein Bd. 2, 1998, S. 31f.
80 Reinhard/Authenrieth 1835, S. 260
81 Diez 1838, S. 279
82 Paulus 1926, S. 52

Literatur- und Quellenverzeichnis

Literatur

- Annalen der baierischen Litteratur vom Jahr 1781, Nürnberg 1782.
- *Anonymus:* Unpartheyische Beurtheilung der Münchner Hof- und Nationalbühne bey Gelegenheit der aufgeführten teutschen Operette Das Lustlager zur Rettung der Ehre der Bühne sowohl, als des Publikums, [München] 1784.
- *Anonymus:* Dramatischer Briefwechsel das Münchner Theater betreffend, Viertes Schreiben, von einem Freunde der Schaubühne, München 1797.
- *Anonymus:* Rezension über „Medicinisch-praktische Abhandlungen von deutschen in Rußland lebenden Ärzten.", in: Jenaische allgemeine Literatur-Zeitung Nr. 65, April 1837, Sp. 35–40.
- *von Baader, Joseph:* Vorschlag zur Herstellung einer Eisenbahn zwischen München und Starnberg in Verbindung mit einer Dampf-Schifffahrt auf dem Würmsee zur Erleichterung der Zufuhr von unzähligen Produkten aus dem bayerischen Oberlande in die Hauptstadt, und zur Bequemlichkeit der Reisenden und Lustfahrenden nach jenen Gegenden, München 1832.
- *Bast, Eva-Maria/Thissen, Heike:* Münchner Geheimnisse. 50 spannende Geschichten aus der Weltstadt mit Herz, München 2015.
- *Baumgartner, Anton:* Polizey-Uebersicht von München vom Monat Dezember 1804 bis zum Monat April 1805, 2 Bände, München 1805 (Nachdruck Braunschweig 1991 und 1992).
- *Blondeau, Philipp/Cavallo, Joseph Antoni:* Vollständiger Bericht von allen Sehenswürdigen Freuden-Festen Welche Hochfeyrlich begangen worden in und nahe der Churfürstl. Haupt- und Residenzstadt München Anno 1727 vom 28. Mertzen bis den 26. May, München 1727.
- *Bruckbräu, Friedrich Wilhelm:* Neuestes Taschenbuch der Haupt- und Residenzstadt München und den Umgebungen, München 1827.
- *Ders.:* Schauerliche Ahnung. Skizze eines Ausfluges, in: Ders.: Schürzen-Räthsel, Stuttgart 1835, S. 212–221.
- *Ders.:* Nach Regen folgt Sonnenschein. Eine Erinnerung aus meiner Jugend, in: Bayerischer verbesserter neuer Volkskalender für den Bürger und Bauersmann auf das Schaltjahr 1864, München 1864, S. 38–43.
- *Ders.:* Zwei Leichenseher: Eine schmerzliche Erinnerung, in: Bayerischer verbesserter neuer Volkskalender für den Bürger und Bauersmann auf das gemeine Jahr 1866, München 1866, S. 17–18.
- *Burney, Charles:* Tagebuch einer musikalischen Reise. Gekürzte Neuausgabe, Wilhelmshaven 1980.
- *Callisen, Adolph Carl Peter:* Medicinisches Schritsteller-Lexicon der jetzt lebenden Ärzte, Altona 1842.
- Carl-Maria-von-Weber-Gesamtausgabe. Digitale Edition, URL: http://weber-gesamtausgabe.de/A070002 (Version 3.2.1 vom 8. Januar 2018).
- *Crux, Peter:* Liebe, das Glück aller Völker, München 1795.
- *Decker, Hugo:* Carl Rottmann, Berlin 1957.
- *v. Destouches, Joseph Anton:* Die Haupt- und Residenzstadt München und ihre Umgebungen. Ein Wegweiser für Fremde und Einheimische, München 1828.

- *Dieke, Gertraude:* Die Blütezeit des Kindertheaters. Ein Beitrag zur Theatergeschichte des 18. und beginnenden 19. Jahrhunderts, Emsdetten 1934.
- *Diez, Carl August:* Der Selbstmord, seine Ursachen und Arten vom Standpunkte der Psychologie und Erfahrung dargestellt, Tübingen 1838.
- *Dürck-Kaulbach, Josefa:* Erinnerungen an Wilhelm von Kaulbach und sein Haus, München 1917.
- *Eisenmann, Joseph Anton:* Beschreibung der Haupt und Residenzstadt München und ihrer Umgebungen: in topographischer, geschichtlicher und statistischer Hinsicht, München 1814.
- *Eschenburg, Barbara/Althaus, Karin/Friedel, Helmut:* Vom Spätmittelalter bis zur Neuen Sachlichkeit: Die Gemälde im Lenbachhaus München, München 2009.
- *Föringer, Heinrich Konrad:* Der Würmsee und seine Uferorte. Eine historisch-topographische Skizze, München 1845.
- *von Freyberg, Pankraz:* Maria Electrine Freifrau von Freyberg, geb. Stuntz (1797–1847). Eine Münchner Malerin, Lithographin und Radiererin, München 1985 (= Oberbayerisches Archiv, Bd. 110).
- *von Gietl, Franz Xaver:* Beobachtungen bayerischer Aerzte über Cholera Morbus, München 1832.
- *Glück, Christian Friedrich:* Ausführliche Erläuterung der Pandecten nach Hellfeld. Ein Commentar, Erlangen 1807.
- Gothaer Theaterkalender auf das Jahr 1777, Gotha 1777.
- *Grandaur, Franz:* Chronik des Königlichen Hof- und National-Theaters in München, München 1878.
- *Gröber, Roland:* 545 Jahre Fischereiordnung am Würmsee. Festschrift zum Fischerjahrtag 2015 in Feldafing, Neustadt an der Aisch 2015.
- *Heißerer, Dirk:* Wellen, Wind und Dorfbanditen. Literarische Erkundungen um den Starnberger See, München 1995.
- *Ders.:* Die Maxhöhe. Vom Dampfschiff zum Windrad, Berg 2002.
- *Hiltl, Doris/Sebald, Katja:* Ohne Geist keine Kunst. Starnberger Künstlerleben im 19. und 20. Jahrhundert, Starnberg 2010.
- *Hipp, Erwin Georg:* Das Himbsel-Haus in Leoni am Starnberger See, Berg 2003.
- *Horst, Gustav Adolf:* Der Starnberger See. Eine Wanderung durch seine Uferorte in Wort und Bild, München 1876.
- *Huber, Brigitte:* Mauern, Tore, Bastionen. München und seine Befestigungen, München 2015.
- *Iffland, August Wilhelm:* Almanach für Theater und Theaterfreunde auf das Jahr 1807, Berlin 1807.
- *Kellner, Stephan:* Bibliotheca erotica Krenneriana – eine bürgerliche Privatsammlung um 1800, in: Bibliotheksforum Bayern 22 (1994), S. 64–68.
- *Klein, Hans Rudolf:* Berg am Starnberger See mit seinen historischen Ortschaften. Band 1: Die Gemeinde Berg und die Hofmark Berg mit Aufkirchen, Berg 1998.
- *Ders.:* Berg am Starnberger See mit seinen historischen Ortschaften. Band 2: Assenbuch, Assenhausen, Allmannshausen, Berg 1998.
- *Koebler, Johann W.:* Wegweiser in der Königlich Bayerischen Haupt- und Residenz-Stadt München und ihren Vorstädten, München 1827.

- *Kratzsch, Klaus:* Johann Ulrich Himbsel und seine Villa am Starnberger See, in: Festschrift Wolfgang Braunfels, hrsg. von Friedrich Piel und Jörg Traeger, Tübingen 1978.
- *Kreittmayr, Wiguläus:* Codex Maximilianeus Bavaricus Civilis oder: Baierisches Landrecht. Neue, unveränderte Auflage, München 1821.
- *Ders.:* Anmerkungen über den Codicem Maximilianeum Bavaricum Civilem, München 1791.
- *von Lang, Karl Heinrich:* Skizzen aus meinem Leben und Wirken, meinen Reisen und meiner Zeit in zwei Theilen. Teil 2, Braunschweig 1842.
- *Lechner, Leopold:* Die Landparthie. Poetische Beschreibung des Würmsees und seiner Umgebung, München 1840.
- Lehr- und Erzihungsplan nebst Vorschrift für die kurfürstlich Pfalzbaierische Militärakademie in München, München 1789.
- *Leuthäuser, Max:* Die Scheinwelt und ihre Schicksale. Eine 127-jährige Historie der Münchner kgl. Theater, München 1893.
- *Leoni, Friedrich:* De cirsocele, Medizinische Inaugural-Dissertation an der Universität Landshut, Landshut 1826.
- *Lewald, August:* Panorama von München. Band 2, Stuttgart 1835.
- *Link, Andreas:* Der Würm-See (Starnberger See) in Oberbayern, Nachdruck der 1. Auflage von 1857, Gräfelfing 1983.
- *Ders.:* Der Starnberger See und seine Umgebung vom Würmtal bis zum Alpenrand, Faksimile-Neuauflage der 1879/80 erschienenen 6. Auflage, hrsg. von Gerhard Schober, Gauting-Buchendorf 1994.
- *Lipowsky, Felix Joseph:* Baierisches Musik-Lexikon, München 1811.
- *Ders.:* Karl Theodor, Churfürst von Pfalz-Bayern, Herzog zu Jülich und Berg etc etc., wie er war und wie es wahr ist, oder dessen Leben und Thaten, Sulzbach 1828.
- *Mändler, Friedrich:* Erinnerungen aus meinen Feldzügen in Oesterreich, Tyrol, Russland, Sachsen und Frankreich in den Jahren 1809 bis 1815 und Episoden aus meinem Garnisonsleben, hrsg. von Adolph Schneidawind, Nürnberg 1854.
- *Mayr, Georg Karl (Hrsg.):* Sammlung der Churpfalz-Baierischen allgemeinen und besonderen Landes-Verordnungen von Sr. Churfürstl. Durchläucht Maximilian Joseph IV. Erster Band, München 1800.
- *Mlakar, Pia/Mlakar, Pino:* Unsterblicher Theatertanz. 300 Jahre Ballettgeschichte der Oper in München. Band I: Von den Anfängen um 1650 bis 1860, Wilhelmshaven 1992.
- *Mozart, Wolfgang Amadeus:* Ballettmusik zur Oper Idomeneo KV 367, in: Neue Mozart-Ausgabe II/6/2, hrsg. von Harald Heckmann, Kassel u.a. 1970.
- *Müller von Asow, Erich (Hrsg.):* Briefe Wolfgang Amadeus Mozarts. Erster Teil: Familienbriefwechsel aus den Jahren 1769–1779. Zweiter Teil: Familienbriefwechsel aus den Jahren 1780–1791 und Briefe an verschiedene Empfänger, Berlin 1942.
- *Overskou, Thomas:* Den danske Skueplads, i dens Historie fra de første Spor af danske Skuespil indtil vor Tid, Kopenhagen 1856.
- *Paulus, Richard:* Starnberger See und Würmtal, München 1926 (= Bayerische Wanderbücher, hrsg. von Alexander Heilmeyer, Erste Reihe, Heft 6).
- *Pezzl, Johann:* Reise durch den baierschen Kreis, Salzburg/Leipzig 1784.

- *Pikant, F. W. [= Friedrich Wilhelm Bruckbräu]:* Villeggiatura, in: Humoristisch-satyrischer Vexirspiegel von München, München 1863, S. 16–25.
- *Regnet, Carl Albert:* München in guter alter Zeit, München 1879 (Nachdruck München 1984).
- *Reinhard, Carl Ludwig/Authenrieth, Johann Heinrich Ferdinand (Hrsg.):* Spezielle Nosologie und Therapie, Würzburg 1835.
- *Rudhart, Franz Michael:* Geschichte der Oper am Hofe zu München, Freising 1865.
- *Rumohr, Carl Friedrich:* Denkwürdigkeiten der Kunstausstellung des Jahres 1814, München 1815.
- *von Schaden, Adolph:* Neueste topographisch-statistisch-humoristische Beschreibung des Würm- oder Starnberger-Sees, seiner Ufer und interessanten Umgebungen, München 1832.
- *Schiønning, Peter:* Peter Schiønnings dagbog, Online-Veröffentlichung des Dänischen Nationalmuseums: https://natmus.dk/historisk-viden/temaer/militaerhistorie/soeofficeren-peter-schioennings-liv/kilder/peter-schioennings-dagbog/
- *Schlichthörle, Anton:* Die Gewerbsbefugnisse in der K. Haupt- und Residenzstadt München, Erlangen 1845.
- *Schober, Gerhard:* Bilder aus dem Fünf-Seen-Land, Starnberg 1979.
- *Ders.:* Frühe Villen und Landhäuser am Starnberger See, Waakirchen-Schaftlach 1998.
- *Schröder, Friedrich Ludwig:* Beitrag zur Kunde des Menschen und des Künstlers, zweiter Theil, Hamburg 1819.
- *Schubart, Christian Friedrich Daniel:* Teutsche Chronik aufs Jahr 1776, Ulm 1776.
- *Schubart Ludwig (Hrsg.):* Christ. Dan. Friedr. Schubart's Ideen zu einer Ästhetik der Tonkunst, Wien 1806.
- *Sebald, Katja:* Unbekanntes Fünfseenland. Von Fischern, Fürsten und Fantasten, München 2016.
- *Stegmann, Karl Joseph:* Fragmente über Italien. Aus dem Tagebuch eines jungen Deutschen, Tübingen 1798.
- *Sterzinger, Sonja/Gröber, Roland/Maucher, Paul:* Johann Ulrich Himbsel 1787–1860, München 1999.
- *Steub, Ludwig:* Das bayerische Hochland, München 1860.
- *Tasler, Angelika:* Die Kirchenmusik Peter von Winters (1754–1825): Leben und Wirken des Münchner Hofkapellmeisters. Band 1, Freiburg/Berlin/Wien 2009.
- *Vogt, Heinrich Konrad:* Briefe vom Würmsee an einen Freund, in: Seerosen. Ein Album landschaftlicher und historischer Erinnerungen, Nr. 1 (Juli 1839), Lindau 1840, S. 3–20.
- *Westenrieder, Lorenz:* Beschreibung des Wurm- oder Starenbergersees und der umherliegenden Schlößer etc., Nachdruck der 1. Auflage von 1784, München 1977.
- *Westenrieder, Lorenz:* Der Würm- oder Starnbergersee und die umliegende Gegend. 2. vermehrte Aufl. mit 13 Kupfern, München/Burghausen 1811.
- *von Wiebeking, Carl Friedrich:* Beyträge zur Wasser-, Brücken und Straßenbaukunde oder wissenschaftliche Darstellung der in den neuesten Zeiten ausgeführten oder in der Anlage begriffenen Bauwerke und Beschreibung der vorzüglichsten Maschinen. Erstes Heft, Darmstadt 1808.
- *Winter, Peter:* Die Brueder als Nebenbuhler (I fratelli rivali). Eine Oper in 2 Aufzügen mit italienisch und deutschem Text, in Klavierauszug übertragen von Cannabich, Bonn o. J.

- *Zanetti, Emilia:* Artikel „Guglielmi“ in: Die Musik in Geschichte und Gegenwart, hrsg. von Friedrich Blume, Band 5, Kassel und Basel 1956, Sp. 1054–1062.
- *Zenger, Max:* Geschichte der Münchener Oper, München 1923.

Adressbücher von München

- *Müller, Carl Friedrich:* Anzeigebuch aller Haus- und Grundeigenthümer der königlichen Haupt- u. Residenz-Stadt München und der fünf Vorstädte: Schönfeld-, St. Anna-, Isar-, Ludwigs- und Maximilians-Vorstadt: nach der neuesten fortlaufenden Numerirung der Besitzungen und mit Angabe ihrer unveränderlichen Namen für das Jahr 1823, München 1823.
- *Reitmayr, Joseph Sigmund:* Handels- und Gewerbs-Adress-Taschenbuch der königlich-baierischen Haupt- und Residenz-Stadt München, München 1818.
- *Siebert, M.:* Adreßbuch von München und der Vorstadt Au, München 1842.
- Verzeichniß der sämmtlichen Hausbesitzer der Stadt und ihres Burgfriedens, München 1803.

Bekanntmachungen

- Seiner Churfürstlichen Durchleucht zu Pfalz etc. etc. Hof- und Staatskalender, München [1780–1790].
- Seiner Churfürstlichen Durchleucht zu Pfalzbaiern Hof- und Staatskalender, München [1791–1799].
- Churfürstlich-Pfalzbaierischer Hof- und Staatskalender, München [1800–1802].
- Anzeige, wie die kurfürstlichen Herren Hofmusici das ganze Jahr hindurch in der kurfürstlichen Hofkapelle bey dem Hochamte, der Vesper und Litaney etc. wie auch in andern Kirchen nach Abtheilung der Wochen zu erscheinen haben, München [1802–1805].
- Anzeige, wie die königlichen Herrn Hofmusici das ganze Jahr hindurch in der königlichen Hofkapelle bey dem Hochamte, der Vesper und Litaney etc. wie auch in andern Kirchen nach Abtheilung der Wochen zu erscheinen haben, München [1807–1822].
- Anzeige, wie das Personal der königl. Hofmusik das ganze Jahr hindurch in der königlichen Hofkapelle bey Hochämtern, Vespern und Litaneyen etc. wie auch in andern Kirchen nach Abtheilung der Wochen zu erscheinen hat, München [ab 1823].

Zeitungen

- Allgemeine Musikalische Zeitung
- Allgemeines Intelligenz-Blatt der Stadt Nürnberg
- Baierische National-Zeitung
- Der Bayerische Landbote
- Der Bayerische Volksfreund, München

- Der Bazar für München und Bayern. Ein Frühstücks-Blatt für Jedermann und jede Frau
- Der dramatische Censor
- Die freie Presse
- Flora: ein Unterhaltungs-Blatt
- Journal des Luxus und der Moden
- Königlich Baierischer Polizey-Anzeiger oder Kundschafts-Blatt von München
- Königlich-Baierisches Intelligenzblatt
- Königlich-Baierisches Regierungsblatt
- Kurfürstlich gnädigst privilegirte Münchner Zeitung
- Kurpfalzbaierische Staats-Zeitung von München
- Landshuter Wochenblatt
- Morgenblatt für gebildete Leser (bis 1837 Morgenblatt für gebildete Stände)
- Münchener Conversations-Blatt
- Münchener Politische Zeitung mit allerhöchstem Privilegium
- Münchener Tagblatt
- Münchner Theater-Journal. Eine Wochenschrift
- Neue Münchner Zeitung
- Neueste Nachrichten aus dem Gebiete der Politik
- Oesterreichische militärische Zeitschrift
- Regensburger Wochenblatt
- Wiener Theater-Zeitung
- Zeitung für die elegante Welt

Quellen

Die Quellen vieler Zitate in diesem Buch (Korrespondenz der Familie Leoni und ihres Umfeldes, Korrespondenz, Notizen und Buchhaltung Franz von Krenners, Buchhaltung der von Krenner'schen Nachlassverwaltung, Personalakten, Briefprotokolle, Kataster-Einträge) sind unveröffentlichte, handschriftliche Archivalien. Sie befinden sich im Bayerischen Hauptstaatsarchiv sowie im Staatsarchiv München

Bayerisches Hauptstaatsarchiv

- Familienakten Krenner
- HR I 457/13
- HR I 469/631
- MF 7577
- MF 35634
- MF 35635
- MF 36949
- MF 55819

- MH 1826
- Kriegsarchiv UP 12948
- Kriegsarchiv UP 12949
- Kriegsarchiv OP 79692

Staatsarchiv München

- Briefprotokolle 10814
- Kataster 12445
- Kataster 12453
- NR 1819/82
- NR 1852/506

Die zitierten Kirchenbücher (Tauf-, Heirats- und Sterbematrikel) der Münchner Frauenkirche und der Pfarrei Aufkirchen am Starnberger See werden im Archiv der Erzdiözese München und Freising in München aufbewahrt. Ebenfalls nicht mit Endnoten belegt wurden Zitate aus Theaterzetteln. Die Theaterzettel des Münchner Hof- und Nationaltheaters befinden sich im Deutschen Theatermuseum München.

Abbildungsnachweis

- Bayerische Akademie der Wissenschaften: 135
- Bayerisches Hauptstaatsarchiv: 86, 99, 129
- Bayerisches Landesamt für Breitband, Digitalisierung und Vermessung: 220 unten
- Bayerische Staatsbibliothek München: 11
- Bayerische Staatsbibliothek München/Bildarchiv: 35
- Katasteramt/Vermessungsamt Starnberg: 206
- Christian Lehmann: 182 rechts, 213 unten
- Deutsches Theatermuseum: 69
- Dr. Benno Gantner: 212 unten
- Münchner Stadtmuseum, Sammlung Graphik/Gemälde: 98
- Privatbesitz: 13, 27, 43, 51, 52, 72, 108/109, 112, 184, 212 oben, 213 oben
- Schober, Gerhard: Frühe Villen und Landhäuser am Starnberger See. Zur Erinnerung an eine Kulturlandschaft, Waakirchen-Schaftlach, S. 375: 104/105
- Stadtarchiv München: 97 (HV-BS B 1-40), 100/101 (HV-BS-B-23-27)
- Städtische Galerie im Lenbachhaus und Kunstbau München: 102/103, 123
- Stiftung Preußische Schlösser und Gärten Berlin-Brandenburg: Umschlag, 106/107
- The New York Public Library Digital Collections: 33
- Universitätsbibliothek Johann Christian Senckenberg, Frankfurt am Main: 182 links
- Volk Verlag: 110/111
- Volk Verlag, unter Verwendung von OpenStreetMap – Veröffentlicht unter CC-BY-SA 2.0: 220 oben
- Zentralinstitut für Kunstgeschichte: 196

Danksagung

Mein Dank gilt den vielen Menschen, die mit Hinweisen, Materialien oder Recherchen zur Arbeit an diesem Buch beigetragen haben. Besonders erwähnen möchte ich in alphabetischer Reihenfolge: Dr. Christine Ankermüller (Archiv des Erzbistums München und Freising), Dr. Cajetan von Aretin (Ludwig-Maximilians-Universität München), Dr. Rainer Brüning (Generallandesarchiv Karlsruhe), Veronika und Giuseppe Castiglione, Marie-Christine Didierjean (Archiv des Erzbischöflichen Ordinariats Freiburg), Johann Dreyer (Vermessungsamt Starnberg), Dr. Benno Gantner, Familie Gastl-Pischetsrieder, Therese Hueber, Dr. Christine Jeanneret (Universität Kopenhagen), Dr. Stephan Kellner (Ludwig-Maximilians-Universität München), Sibylle Küttner (Museum Starnberger See), Roman Maruhn (Goethe-Institut Palermo), Markus Mooser, Eva Pasetti, Gerhard Plankenhorn, Christine Rettinger (Galerie Wimmer, Berg), Herbert Schmied, Gerhard Schober, Friederike Schubert-Ruthenberg und Friedegard Holmer, Marinko Soldo und Christine Wolf (Pfarramt Mariä Himmelfahrt Aufkirchen), Dr. Angelika Tasler, Otto Wild (Bayerisches Landesamt für Vermessung und Geoinformation), Michael Zellner (Grafiksammlung des Münchner Stadtmuseums) und nicht zuletzt die zahlreichen Mitarbeiterinnen und Mitarbeiter des Bayerischen Hauptstaatsarchivs, des Staatsarchivs München, des Stadtarchivs München, des Deutschen Theatermuseums München, der Universitätsbibliothek München und des Zentralinstituts für Kunstgeschichte, die mir freundliche und sachkundige Hilfestellung bei der Recherche gaben.